U0133953

王水照 著

苏东坡

和他的世界

中华书局

图书在版编目（CIP）数据

苏东坡和他的世界/王水照著. —北京:中华书局,2023.8
ISBN 978-7-101-13167-3

Ⅰ.苏… Ⅱ.王… Ⅲ.苏轼(1036~1101)–生平事迹
Ⅳ.K825.6

中国国家版本馆 CIP 数据核字(2023)第 087430 号

书　　名	苏东坡和他的世界
著　　者	王水照
责任编辑	贾雪飞　周　天
封面设计	刘　丽
责任印制	管　斌
出版发行	中华书局
	(北京市丰台区太平桥西里 38 号　100073)
	http://www.zhbc.com.cn
	E-mail:zhbc@zhbc.com.cn
印　　刷	天津图文方嘉印刷有限公司
版　　次	2023 年 8 月第 1 版
	2023 年 8 月第 1 次印刷
规　　格	开本/920×1250 毫米　1/32
	印张 14⅝　字数 300 千字
印　　数	1-8000 册
国际书号	ISBN 978-7-101-13167-3
定　　价	98.00 元

王水照　1934年生，浙江余姚人。文学史家，复旦大学文科资深教授。1955年考入北京大学中文系学习，1960年毕业后进入中国科学院哲学社会科学部（今中国社会科学院）文学研究所工作。1978年春，调入复旦大学中文系任教。兼任中国宋代文学学会会长、名誉会长等。2012年获上海市学术贡献奖。著有《苏轼选集》《苏轼研究》《宋代文学通论》《钱锺书的学术人生》《北宋三大文人集团》《王水照文集》等，编有《历代文话》《王安石全集》《司马光全集》等。

目录

下篇　王水照讲东坡诗词文

上篇　王水照苏轼研究

壹

——

综论十题

▶ 清王原祁《西湖十景图》

第一讲　永远的苏东坡

苏东坡，我想这个名字大家都知道。苏东坡有个特点，就是他一方面非常雅，是宋代文化的最高成就的代表，雅得不得了，另一方面，他又很俗，就是说，中国老百姓眼里我们的古代作家当中，最有群众基础的恐怕就是苏东坡：读者可能在中学课本里面，读到过两首苏东坡的诗词；即使没有读过他的诗词的话，也可能到过杭州；如果到过杭州，总知道杭州有一个苏堤，那个苏堤，就是苏东坡修建的；如果杭州也没有去过，大概总吃过或听到过"东坡肉"，那个"东坡肉"就是苏东坡倡导的。因为他这个人确实又俗又雅，所以是最为中国老百姓所接受的人物。

苏东坡究竟长得什么样子，我们从一幅画来看。

这幅画是清代一位很有名的考据家，叫翁方纲，中国乾隆年间一个很有名的学者，收藏的。苏东坡现在流传下来的画像比较多。苏东坡在世的时候，我们现在有材料可以考据，有六个人给他画过像。当然，很可惜，这六幅画都没有流传下来。现在流传下来的苏东坡的画像非常非常多。根据翁方纲的考证，这幅画像比较接近苏东坡的原貌，所以，这上面的字都是翁方纲的题词。这幅画呢，根据翁方纲的考证，宋代有个画家叫李公麟，也是苏东坡的朋友，原画是他画的。

翁方纲得到了这幅画的母本后，就请他的朋友朱野云来临摹。翁方纲请人临摹这幅画的目的是什么呢？就是每年苏东坡的

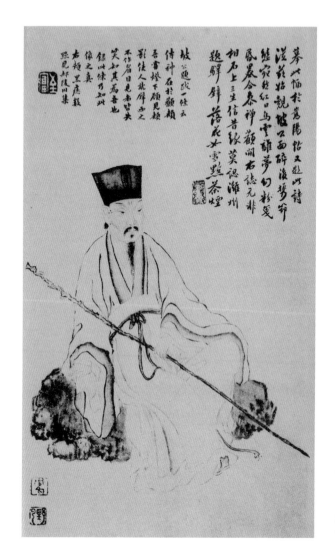

蒌此幅于莫阳贴又题此诗
滋荣粘觉藐口西醉波梦节
経窈鬆红乌雲離夢勾粉篓
昏晨合泰禅颜闰右德元非
相為上三生信昔緣莫認潍州
題騨鐸 落晨女雲點茶煙
坡公遁疑一條云
傳神石於額頰
吾當燈下顧見額
影徒人就鲜而之
不作眉見香笑失
笑和其為吾也
鎮此陳乃如此
像之真
左颊其處数
照見郎陵川集

生日，也就是每年的十二月十九日，翁方纲都会邀
请他的好多朋友，在一起举行寿苏会，也就是这一
天，用苏东坡的画像给苏东坡来祝寿。翁方纲当时
是个非常有名的学者，所以他聚集了很多很多人，

在他家里面给苏东坡祝寿。祝寿的时候，他就把这幅画供起来，见画如见人。

根据我的研究，我也认为这幅画比较接近苏东坡的原貌。根据是什么呢？根据是苏东坡的诗，以及苏东坡朋友的记载。

比如说，有人说，苏东坡是四川人，大家以为四川人个子比较矮，但苏东坡不是这样。苏东坡是个儿比较高的。因为苏东坡有一首诗给他的弟弟子由，说子由的身体"长如丘"。有的人说这个"丘"是指"孔丘"，那大概不至于。宋代的时候，孔子的地位已经很高了，若说子由长得像孔丘一样高，好像又不太尊敬，所以这个"丘"可能是指山丘。随后，有人说，东坡诗里有提到，苏东坡的身高和他弟弟一样高，所以，他的第一个特点是个子比较高。

第二个特点，是这个人比较瘦，脸型也比较瘦。有朋友写给他的诗句，说他的长相像个"圭"一样。圭是中国古代的一种礼器。"圭"的样子呢，顶部是圆的，下面是方的，苏轼大致是这么个脸型，这幅画呢；也基本上是这个样子。

第三个特点，是眼光炯炯有神。这是很多人描述过的。这幅画呢，因为是苏东坡喝醉了酒，坐在石头上面，所以醉眼朦胧啊，眼光炯炯有神的形态就表现不出来了。

第四个特点，就是胡须。现在很多的画像都把苏东坡画成大胡须，连腮胡子，但实际上苏东坡的胡须是山羊胡子。这里有一个很有趣的旁证。他有一名学生叫秦观，是个连腮胡子的形象。苏东坡跟他开玩笑说"小人樊须也"，这句话出自《论语》。文人开玩笑嘛，都是要文绉绉的，掉书袋的。"小人樊须也"，樊须是个小人，樊须的"须"，和繁体的"鬚"读音是相同的，就是说，

永远的苏东坡

坡公诞辰九百八十周年寿苏之日志感

姚江 王水照

▼ 王水照手书《永远的苏东坡》

2007年11月8日，王水照先生在绍兴文理学院风则江大讲堂，以《永远的苏东坡》为题，从"说不全的苏东坡""说不完的苏东坡""说不透的苏东坡"三个方面，讲述了他所认识的苏东坡。九百多年来，苏东坡在中国文化史、人文史上的影响一直不断，拥有一代又一代读者，这个影响在王水照先生看来是永远的。

苏东坡

说不透的

说不完

说不全

你是个小人，你是个大胡子。既然有这样一则玩笑，就可以反证苏东坡不是大胡子。如果他是大胡子的话，就不会跟秦观开这个玩笑。所以，苏东坡面相的特点，应该是个子高，眼睛有神，面相比较瘦，特别是他的山羊胡子。后世的画上苏轼的胡须都是大胡须，我想，是不对的。

所以，读者要想象苏东坡长什么样，我还是倾向于觉得苏东坡长这个样子。当年是不是这样，还需要再研究！

苏东坡的生卒年应该是1037年至1101年，字子瞻，号东坡居士，但是现在"东坡"这个号，反而比他苏轼的正名还要流行得广泛。这里有个小问题。苏东坡生于宋仁宗景祐三年，这一年是公元1036年；但是，因为他的生日在阴历十二月十九，转换成公历就变成1037年1月8号了。这个细节一般人不太注意。当然根据中国传统史书的写法，写成1036也不算大错。古代的史学家习惯用阴历来记载一个人的生卒年。你不可能把出现的每一个日期都转换成公历，那是不得了的工程。但是，我们要了解，如果要给苏东坡过生日的话，那么应该算在1037年；如果要给苏东坡做1000周年纪念活动的话，那么应该是2037年去做而不是2036年去做。

那么，下面我正式开讲我的三个题目。第一个是说不全的苏东坡，第二个是说不完的苏东坡，第三个是说不透的苏东坡。

一 说不全的苏东坡

什么叫作"说不全的苏东坡"？就是说，给苏东坡定位相当困难。为什么呢？这就牵扯到中国知识分子，特别是中国知识分子中知识精英的知识结构问题。

中国知识分子的知识结构到宋代有了一个相当大的变化。宋以前的知识分子，也就是所谓的"士"，他们的知识结构一般都比较简单。比如说李白、杜甫，他们当然是中国的伟大诗人，一个是浪漫主义诗人，一个是现实主义诗人，他们主要的成就是诗歌。诗以外，杜甫写过几篇赋；李白有一篇散文，《古文观止》里也选进了，另外他的两首词《忆秦娥》《菩萨蛮》到底是不是他写的，还不能定论。李白、杜甫是伟大的作家，但是主要成就偏重于诗歌。

这种情况到了宋代以后有了非常大的改变。宋代是文官政府，以科举取士，使得一般的平民知识分子都大量涌入士大夫的圈子。十万进士支撑了宋代以后一千多年的中国历史，特别是文化创造的那部分，是由这十万进士，以及没有中进士的后备队伍所支撑的。这种现象在宋代非常突出。这也是近代有些历史学家把宋代社会作为中国古代社会重要转型标志的一个原因，有的学者认为从古代转到近代是从宋代开始的。

陈寅恪先生就说过："华夏民族之文化，历数千年之演进，造极于赵宋之世。"宋代的开国皇帝是赵匡胤，赵宋就是指宋代。在陈寅恪先生这样一个史学大家看来，中国的华夏文化到了宋代是"造极"，他对宋代的评价是非常高的。

在这样的背景底下出现了一大批"百科全书式"的人物，现在西方研究宋代的历史学家就把这一批知识精英称为"前近代知识分子的共同体"。研究这个"共同体"，是现在宋代史学、整个中国历史学里的一个重大课题。

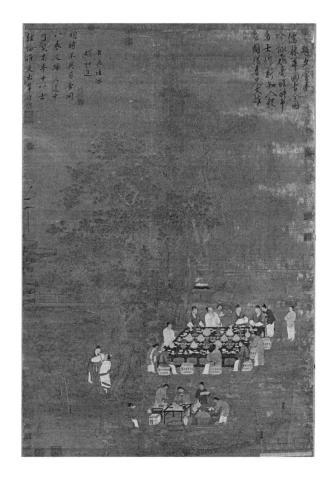

▼ 北宋赵佶《文会图》
台北故宫博物院藏
画面右上方为赵佶的自题诗《题文会图》，左上角则是宠臣蔡京的和诗："明时不与唐同，八表人归大道中。可笑当年十八士，经纶谁是出群雄。"意在称颂当时朝中人才之盛，文治更过盛唐。

宋代是一个非常矛盾的社会。一方面，宋代文化的发展超过了汉唐，国家的经济实力也超过了汉唐，但在军事上不行。北宋是被金人灭亡的，南宋是被蒙古人灭亡的。老实说，宋代一方面是一个巨大的"惊叹号"，我们惊异于宋代的文化、经济发展到那么高的高度；但是另外一方面它又是一个"大问号"，它的军事实力是那么薄弱。这是一种非常奇特的社会情况。在这种社会情况下，综合型的知识分子精英对社会起着更大的作用。

宋代的政治、经济、军事并不是全面均衡的发展，这当然跟宋太祖开国时定的"祖宗家法"有关系，他只重视文而轻视了武。宋太祖黄袍加身，他实际上是搞政变上台的，因此怕自己底下的大将取而代之，所以在治军方面采取排除异己的态度。宋代领兵打仗的元帅都是文官，比如范仲淹，他应该是个文人，写过《岳阳楼记》，但是当时打西夏时他任主帅，据说打得也还比较好，所以有"范夫子肚子里有十万精兵"之说。但后来我去宁夏参观历史博物馆的时候，才知道当年的西夏人对他的评价并不高，说他经常被党项族的人打败。

在这种情况下，宋代社会还能保持这么高的文化发展水平、这么强的经济实力，其中的一个原因就是有一大批知识精英存在，而且他们的知识结构都非常全面。

第一个具有全面知识结构的人就是欧阳修。欧阳修既是诗人、散文家，又是词人、经学家和诗歌评论家。在他以后的司马光、王安石都是这种情况，甚至连我们非常讨厌的秦桧、贾似道，这两个宋代最有名的奸相，从他们的知识结构、文化素养以及能力来说，也不是一般人所能企及的。

苏东坡更是其中最杰出的代表。首先，我们可以给苏东坡各种各样的定位。

（一）大诗人

苏东坡是个大诗人。他流传至今的诗歌一共有 2 700 多首，他作为宋代的大诗人是没有问题的。我们中国的诗歌非常发达，可以说是一个诗的国家。中国的诗歌如果从艺术类型上去分类，主要是唐诗和宋诗这两个大体系。诗歌史上给唐诗一个专有名词叫"唐音"，给宋诗一个专有名词叫"宋调"。苏东坡以及他的门生黄庭坚对于"宋调"的奠定起了决定性的作用。

那么，什么叫"唐音"和"宋调"呢？这是一个研究课题，一时说不清楚，不能给它下一个周密的、确切的定义。但是钱锺书先生在《谈艺录》中说："唐诗多以丰神情韵擅长，宋诗多以筋骨思理见胜。"也就是唐诗一般比较自然，最好的代表就是李白，他写诗好像不需花力气，神采丰满，神韵充足；宋诗比较见心思，写的时候要用心思，而且背后有很深的学问基础。这是两种不同的艺术类型。我们读懂了苏东坡的诗，很大程度上也就知晓了"宋调"的特点。

所以，对苏东坡的第一个定位是诗人。

（二）词家

苏东坡是一个革新派的词人。在中国的词史里面，有所谓"豪放派"与"婉约派"的区别。传统的词本来比较婉约，这跟词的功能有关系。一些文人填词，其主要功能是在酒宴上供歌女歌唱，以此助兴。这使得词带有浓厚的女性化色彩，题材和风格都比较婉约。今天文艺学评价的标准比较多元化了，对这么多的婉约词不能一笔抹杀，但是如果我们的两万多首词都讲风花雪月、男女爱情，没有更多的社会内容和人生体验在里面，那么词的发展也就停顿了。

幸亏出了个苏东坡，因为他的词已经慢慢跟歌唱相脱离。他的大部分词不是应歌，而主要是为了抒写他自己的感情和思想而作。这样一来，无论词的内容、题材还是风格都有了很大的变化，中国词史上就开创了豪放派，苏东坡就是中国豪放词的开创人。

有一个故事，苏东坡曾经担任过皇帝的顾问官，叫"翰林学士"。有一次他在学士院里面跟一个幕士聊天。那个幕士会唱歌，于是苏东坡就问他："我的词比柳七如何？"柳七就是柳永，是苏东坡词学的前辈，年纪比苏东坡要大。这个问题实际上带有竞争性，从他的潜意识来说是指"我的词跟柳永的词高下如何？"这个幕士说了一句很俏皮的话："柳七的词应该由十七八岁的女孩子拿红牙板来唱'杨柳岸，晓风残月'，学士的词应该由关西大汉用铜琵琶来唱'大江东去'"。

这话什么意思呢？幕士实际上是在调侃苏东坡。因为按照当时的规矩，没有男士唱词的，"关西大汉"是雄伟魁梧的一个形象。当时女孩子唱歌时用的乐器一般是琵琶，后来才有箫。姜夔有句诗叫"小红低唱我吹箫"，所以词是由女性唱的，伴奏的乐器是箫和琵琶，而不是铜琵琶。幕士讲这话其实是对苏东坡的调侃，也就是说你的词虽然写得不错，却不是词的本色。但这个故事妙就妙在记载了苏东坡听了后为之绝倒，很高兴，笑得前俯后仰。这说明苏东坡的器量很大。

关于词能不能改革，在当时是有争论的。以幕士为代表的一方，在他们看来，词只能写成婉约词，只能是"十七八女郎，执红牙板，浅斟低唱"，不能像苏东坡那样来写。这个争论也发生在苏东坡和"苏门四学士"之间。"苏门四学士"指的就是黄庭坚、秦观、张耒、晁补之。

有一次，张耒、晁补之跟苏东坡谈话，苏东坡又问他们，我的词跟秦观的词比，怎么样？由此看来，苏东坡也非常关注自己词的创作比起当时一流的词到底怎么样。柳永代表宋初词的水平，秦观代表他同时代的婉约词的水平，是当时婉约词最高成就的代表。晁补之跟张耒对于苏东坡的提问，回答得很妙。他们说："先生之词如诗，秦观之诗如词。"这句话同时批评了两个人，一是批评苏东坡写的词不是词，像诗；二是批评秦观写的诗，像词。秦观的诗有个外号叫"女郎诗"，很女性化。对于苏门内部的这样一个争论，苏东坡采取自由的、百家争鸣的态度，在苏门内可以进行自由探讨。

这个回答也说明了苏东坡的主要创作倾向就是以诗为词，他把原来用到诗歌里的题材、内容、风格引入到词当中。他用诗的方法来改革词和词体，但并没有把诗和词混淆起来，没有取消词的独立性，因此他的改革是成功的。这是我对他的第二个定位。

（三）散文家

中国散文史上有"唐宋散文八大家"：唐代的韩愈、柳宗元和宋代四川的三苏（苏洵、苏轼、苏辙），以及江西的欧阳修、王安石、曾巩。苏东坡一家占去了宋代六家的一半，这就意味着苏东坡的散文影响是非常大的。我们现在能够检索到的苏东坡的各体文章有4 000多篇，有的是奏议，很多是艺术性的散文。这些散文成

为中国散文史上的瑰宝，所以苏东坡当然是个散文大家。

（四）书法家

宋代的书法与唐代不同。唐代书法讲究法度，如唐代的颜鲁公讲究法度；宋代书法尚"意"，就是更加人文化。宋代书法有四家：苏轼、黄庭坚、米芾、蔡襄，简称"苏黄米蔡"。对蔡襄的排名还有点争论，有人认为蔡襄年龄最大不应放在最后。这里，名字并称时，往往有暗的规律——根据声调的平上去入。比如"王杨卢骆"，就是王勃、杨炯、卢照邻、骆宾王，也是这个规律。总之，这里苏东坡又是排第一，是宋代四大书法家之首。

（五）画家

苏东坡还是一个画家。苏东坡有一个重表兄

弟叫文同。文同在当时画竹子画得最好，并且因为他在湖州当过知州，所以人们把文同所开创的专门画竹子的画派叫"湖州竹派"。宋代人对于竹子是非常看重的，因为竹子代表雅。苏东坡曾说过"食可一日无肉，居不可一日无竹"，他认为没有竹人就俗，所以他跟文同学画。现在有个成语叫作"成竹在胸"，这是苏东坡在一篇文章里总结文同画竹的经验时提出的一个理论口号，说的是画竹的时候不是一枝一叶地画，而是把整株竹子全都熟记于心，然后一挥而就，这样才是画竹。苏东坡喜欢画竹子，画怪石，现在有他的一幅画怪石的画留了下来。

苏东坡是中国很重要的文人画家，他和朝廷里的画匠不一样，画匠是工笔画，苏东坡的画以意为主，主要讲究笔墨趣味，表达自己内心的感情。所以，苏东坡毫无疑问是画家。

▼ 北宋苏轼《枯木怪石图》 私人收藏
苏东坡的画画老师是他的重表兄弟文同，虽然现在留下来的传为东坡的画不算少，但受到认可最多的可能还是这幅《枯木怪石图》：枯木一株、怪石一方、野竹一丛，确实有点苏东坡的味道。

（六）经学家

《十三经》是中国古代最重要的典籍。古代的学者用注解经的方法来表述自己的哲学思想，中国的哲学史都是以注解的形式来表达观念的。比如"宋明理学"，对于《易经》有各种各样的解释。苏东坡对中国经典中的三部书——《易经》《论语》《尚书》都做过注解，这是苏东坡很看重的。对于当时的知识分子来说，给经书作注是他在学术上安身立命的首要处。苏东坡晚年到贬地，到海南岛，最后才完成这三部书的注解，然后非常郑重地托付给他的朋友。现在的《东坡易传》在中国《易经》的发展史上有重要地位，就是以前对他有批评的朱熹对他的《易经》解注也做了肯定评价。所以他又是个经学家。

（七）医学家

现在有一部书，叫作《苏沈良方》。苏东坡和沈括两个人收集了当时民间流传的土方，后人把他们的资料合编成《苏沈良方》。沈括因为编了《梦溪笔谈》，很有名，英国很有权威的李约瑟编了一部《中国科学技术史》，对沈括的《梦溪笔谈》做了很高的评价。

苏东坡也关心药方的收集，并且他自己也学习看病，也懂医术。这里讲个小故事，苏东坡很不幸，死于自己对自己的误诊。苏东坡一生很坎坷，最后被贬到了海南岛。到65岁的时候，皇帝才下令让他返回中原。后来到南京、镇江、常州一带，最后在常州定居。因为当时交通工具的限制，他就乘船回来。这一路过来时正好是7月份，天气非常热，河水非常脏，并且他在海南岛感染了瘴气，就是现在的疟疾，也叫"打摆子"。

在这样的情况下，苏东坡病倒了。但船上没有医生，他就自己给自己开药方。苏东坡在最后的一个多月里经常写诗，写文章。我们根据他的诗和文章，几乎可以把他当时每天的病状建立一个档案，就像现在的病历卡一样。他当时鼻子出血，人不能平卧，只能仰坐，所以最后他死在县令送给他的一把躺椅上，他就这样离开了人世。当时他主要的毛病应该是热毒，但是他给自己开了三副药：人参、茯苓、麦门冬。麦门冬是凉药，用凉药治是对症下药的；但是人参和茯苓是带热性的大补药。因此，他的鼻血流得越来越厉害，后来连牙齿都流血了。最后，他就死在了常州。现在常州还保留着他的终老地藤花馆的旧迹，藤花馆的旧址，据说不是宋代的房子，可能是清代的。

但是无论怎么说，苏东坡与沈括的《苏沈良方》对后世的药物学来说很重要。

（八）美食家

苏东坡还是一个美食家。他研究美食跟我们今天研究美食不一样，他主要是为了生存。

苏东坡的一生三起三落，非常坎坷。他最后快死的时候，有一句诗："问汝平生功业，黄州、惠州、儋州。"他回来的路线就是从南京、镇江到常州。在镇江时，他去了趟金山寺，金山寺中有幅朋友给他画的像，苏东坡就在画像上题了这几句诗："问汝平生功业，黄州、惠州、儋州。"就是说，问问你平生建立了哪些丰功伟绩呢？在黄州，在惠州，在儋州。

这三个州是什么意思呢？黄州是他第一次被贬官所在的地方。中国第一个大文字狱就是苏东坡遭受的"乌台诗案"。苏东坡写了一些诗，他的政敌就认为这些诗里有攻击皇帝的内容，所以就把他下了大狱。后来经过好多人的营救才出了狱，出来后又贬官到黄州，就是现在湖北黄冈。黄州是他不得意的地方，是他的伤心地，但倒的确造就了他文学创作的高潮。他的前后《赤壁赋》和《赤壁怀古》词都是在那里写的。第二次是惠州，就是今天的广东惠州，这是他第二次遭贬官所在的地方。第三次是儋州，就是海南岛的儋县。

所以，他写"问汝平生功业，黄州、惠州、儋州"，实际上原意是自嘲——看到这个画像，苏东坡就问自己，这一生有没有建立什么功业？没有。他一生的功业在黄州、惠州、儋州，在贬地生活了13年，就过去了。他是自己调侃自己，自己对自己开玩笑。

但是，我们现在解读起来，可以解释成苏东坡在黄州、惠州、儋州13年的贬谪时期中，完成了他人生思考中最深刻的部分，获得了一整套对付困难、对付挫折、对付死亡的办法。所以，在苏东坡的一生中，这13年的生活是很苦的。他在面对这13年困苦生活的时候，是怎样坚持下来的呢？他想方设法去获得食物素材，能够得到什么材料，就尽量把它做出好的味道来，尽量享受生活。所以苏东坡作为美食家是带有非常强烈的自救信息的。

东坡肉是怎么来的呢？东坡肉最早是由苏东坡在黄州创造

的。当时他去黄州时，发现了一个很奇怪的现象：黄州这个地方猪很多，但是当地的老百姓不知道怎么吃，只使用它的皮，使用它的粪便种庄稼，没有人去吃猪肉——穷人不会吃，富人不想吃。从外形来说，猪很脏。苏东坡就发明了一个文火炖猪肉的方法。把猪肉拿来以后，剥皮，洗干净，然后用文火慢慢地炖。后来他第二次到了杭州，才把东坡肉发展成型。今天，我们到杭州去可以吃到很好的东坡肉。所以，苏东坡总是在很困难的生活条件下，面对非常艰苦的生活环境，想方设法使得自己的生活变得丰富。

唐诗是在边疆产生的，是在文人的大场合中产生的，是在高山大河上产生的，疆场、塞北就是唐诗产生的地方。宋诗则转向于日常生活。苏东坡的诗集里，写到过各种各样的美食，比如各种各样的鱼、各种各样的羹、各种各样的饮料等。这样的作品有一百多首，他都能写得津津有味。

在海南岛的时候，他写过《谪居三适》，就是谪居生活中三件舒适的事情。哪三件是令他感到很舒适的事情呢？早晨梳头，中午午睡，晚上洗脚，就是这三样都很简单的生活。我建议你们去读一读，写得非常有味道。这说明苏东坡的眼睛善于在人家看不到的生活中发现美。第一个把牛粪入诗的就是苏东坡。

古代有一句诗，叫"刘郎不敢题糕字，虚负诗中一代豪"。重阳节，人们不是都要吃重阳糕吗？刘郎，就是刘禹锡，是唐代一位大诗人，他在诗歌里面就不敢用这个"糕"字，因为这是个俗字。在唐代，俗字是不能入诗的。但苏东坡不一样，他在海南岛的时候，别人问他的家在什么方向。他说在有牛屎的地方，沿

▶ 明拓《晚香堂苏帖》苏轼书《献蚝帖》册页 故宫博物院藏

《献蚝帖》是苏轼于元符二年（1099）在儋州写给幼子苏过的一封信，谈及海南盛产生蚝，可煮可炙，十分美味，并叮嘱切勿外露此消息，以免他人求谪海南，瓜分美味。

着这个方向走就能找到他的家："但寻牛矢觅归路，家在牛栏西复西。"他连牛屎都能入诗，但我们没有感觉到什么不好，反而觉得这首诗很有味道。

所以关于苏东坡对美食的追求，我们应该更多地从人文的背景去理解。

（九）政治家

苏东坡一生曾经在八个地方做过地方官。每到一个地方，都会在那里留下政绩。用我们现在的话来说，就是真心地为老百姓办好事，办实事。他刚到徐州上任五天，黄河决口，徐州发大水了，黄河水就淹到了徐州城下。苏东坡就在徐州城上跟民工一起抗洪。抗灾成功后，建造了一个黄楼，是土筑的，用来镇压洪水。现在徐州又造了一座新的黄楼。

大家现在去杭州玩，知道西湖上有两个堤，一个叫作白堤，一个叫作苏堤。据说，白堤是白居易造的，苏堤是苏东坡造的。这话对了一半，苏堤是苏东坡造的，但白堤不是白居易造的。一个证据就是，在白居易的诗歌里面已经提到了白沙堤的风景怎么好，白居易到杭州去当太守之前白堤就已经有了。

白堤比较短，而苏堤的确是苏东坡呕心沥血、经过详细的调查研究建造出来的。苏东坡第二次在杭州担任的是知州，做地方的长官，对杭州的用水系统和西湖的疏浚问题十分重视。由于长期种菱

▼ 元夏永《黄楼赋图》 美国大都会艺术博物馆藏
这幅画虽有黄鹤楼诗意，而画面中间却用微楷录苏辙《黄楼赋并叙》中苏轼与客人游于黄楼之上的一段对话。

角、荷花，西湖的湖面变得越来越小，水质越来越坏。苏东坡经过很长时间的调查，决定在西湖的南北之间架一个通道，用疏浚出来的污泥造一个堤，这就是苏堤。他非常会动脑筋，当时老百姓中有许多灾民，那年正好大旱，他就采取以工代赈的办法，让老百姓出工以代替"赈灾"。所以这个工程完成以后，西湖的水更清了，南北交通更方便了，老百姓也获得了实惠。他考虑得非常细，做到了一举两得。

第一次评的西湖八景里，很多景点都跟苏东坡有关，苏堤上的一些景观如平湖秋月、三潭映月都是。三潭映月是怎么来的呢？当时，苏东坡造完苏堤之后，就想在湖中立些标志，禁止在这个湖区种菱角、种荷花。就是这么简单，起一个实用性的作用。后来，在上面建了三个石塔，慢慢演变成了现在的这个样子。在月光的映照下，三潭映月就成了一个很好的景致。所以我们说苏东坡的这些考虑是非常仔细的。

可以说，中国的第一个自来水管也是苏东坡想出来的。那时候，他在惠州，没有做官。他看到广州城里喝水很难，因为广州靠近海洋，喝的水都是咸水。所以，他就专门画了图，让当地人从山上拔了很多竹子，一根一根接过去，做成管道，把山上的水引到了广州城。这恐怕是中国的第一条自来水管道。所以，苏东坡在实用方面的智慧也是非常突出的。

这样讲下来，有没有把苏东坡说全了呢？已经讲了大诗人、大词人、散文家、书法家、画家、经学家、医学家、美食家、政治家这样九个，是不是已经全了呢？其实，还没有说全。因为，苏东坡还是诗歌评论家、文物鉴赏家等。所以，要把他说全是很不容易的。总的来说，苏东坡是个这样一个杰出的人物，是当时的文化精英。他的出现，也表明一个人的聪明才智可以发达到一个什么样的程度。

二 说不完的苏东坡

苏东坡有多方面的才能、深邃精微的人生思考、丰富的文化性格。就像研究《红楼梦》有"红学"、研究《文心雕龙》有"龙学"，研究苏东坡自然也有"苏学"，这是清朝人提出来的。苏东坡多方面的文化创造为历来研究"苏学"的人不断地提出新问题。九百多年来，谈苏东坡的人很多，著作也很多，但是说不完。我想借这个机会着重给大家介绍一下新时期以来，在苏轼研究上的一些情况。今天只是介绍这一时段，作为一个简单的例子，说明苏东坡成为学术上、文化上、文学史上的一个话题，会永远被争论下去。

新时期开始的时候，在苏东坡问题上有一个争论，就是关于苏东坡政治态度的争论。具体地说，就是苏东坡跟王安石变法的关系。大家都知道，苏东坡是反对过王安石变法的。

在王安石变法以前，苏东坡曾经给皇帝写过奏章，提出过一系列改革主张。某些方面，他的改革措施比王安石还要激进。因为苏东坡是从四川出来的，他的家庭不是名门望族，所以他对于民生、对于老百姓的情况比较了解。到了汴京以后，对于整

▶ 北宋苏轼《行书治平帖》 故宫博物院藏

这幅字为苏轼于北宋熙宁年间在京师时所作，那时正是他与王安石的新法主张相冲突的时候。

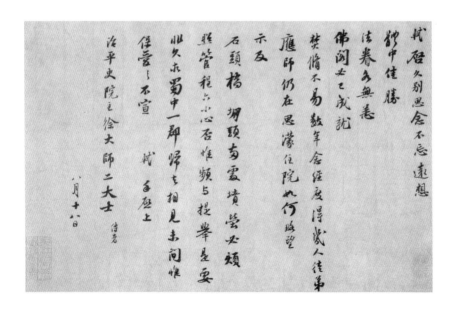

个经济情况、政治情况、社会情况的感受非常清晰。所以，他必然对于宋初以来政府积贫积弱的形势感受深切。但是，王安石在宋神宗的支持下，在全国范围内推广新法，进行政治改革。这个时候，苏东坡就持反对态度了。

后来，王安石变法失败去了南京，成为一个退休的宰相，住在蒋山。当时，苏东坡正好贬官黄州，遇到皇帝赦免，沿着长江也到了南京。这时，两人见面，极其要好。苏东坡说了一句话，叫"从公已觉十年迟"。

王安石邀请他说，你刚被赦免来到这里，朝廷也没有新的职务委派给你，就与我"比邻"吧，就是说我们一起做邻居吧。因为王安石的这个邀请，苏东坡作了一首诗：

次 荆 公 韵

骑驴渺渺入荒陂，想见先生未病时。

劝我试求三亩宅，从公已觉十年迟。

"从公已觉十年迟"就是说，他感到与王安石的这次相遇迟了十年。十年是什么意思？十年前就是王安石刚刚变法的时候。从那个时候以来，他对新法的看法就已逐渐有所改变了。他觉得十年的新法实践里，确有扰民的地方，但也有利民的地方。应该衡量利弊，利和害的地方要进行分析，去掉不好的，吸收好的。所以在这个政治基础上，他跟王安石和好了。

后来，朝廷让司马光上台了。司马光在很短的时间里就把苏东坡召回汴京，还给他一连升了好几级。司马光认为苏东坡原来是反对王安石变法的，所以就把他召回来了。苏东坡的名声很大，司马光希望他能成为自己废除新法的得力助手。但是他没有想到，他们在讨论"免役法"该不该废除的时候，发生了严重的分歧，两人公开大吵。吵完以后，苏东坡回到家里，一边脱衣服，一边说："他是什么司马光，简直是司马牛。"两个人的性格都比较硬，就像两个"钢铁"公司。

就像苏东坡自己说的，他的政治原则是独立的。过去的时候，因为王安石当宰相，所以很多人都唯王荆公马首是瞻，王安石怎么说，就跟着他怎么做。后来的人则都是以司马光为首，他们都没有坚持政治上的独立立场。既然苏东坡是有政治原则的，不是随风倒的，那司马光对他那么好，一直提拔他，他跟司马光的政见怎么说不一样就不一样了？他对王安石的个人才能和品格是非常敬重的，为什么一开始他反对新法？

这里面的原因很复杂。但其中一个原因是跟那时的政治制度有关。宋代的政治制度非常值得研究。北宋有九个皇帝，南宋也有九个皇帝。其中真正有能力的皇帝，除了赵匡胤这个开国君主外，北宋也就只有一个宋神宗，南宋也就只有一个宋孝宗，其他皇帝的才能都不高。但是为什么在这样一些君主的领导下，宋代还有三百多年的基业？靠的是什么？是制度保证。

赵匡胤虽然是武将出身，但是他非常有政治智慧，制定了一整套"祖宗家法"，其中有一条就是宋代的权力要集中到皇帝手里，要防备武臣。所以，一般情况下，宋代是不设宰相的。王安石开始变法的时候只是参知政事，就是他对于政事可以参加、知道，而不是宰相，到后来，皇帝才让他做宰相。所以，宰相不多。真正最大的政治权、用人权、经济权都集中在皇帝的手里。

皇帝为了搞政治制衡，就特别要发挥谏官的作用。谏官就相当于我们现在的监察部门。谏官可以风闻言事，可以讲宰相哪里不对，哪怕经查证后没有这样的事，谏官也是没有责任的。宋真宗就说，他希望在政治上能"异论相搅"。就是说，两个人可以在不同的政治意见中互相斗争。所以，宋代初期的党争带有近代党争的色彩。不管是旧党还是新党，他们结党的原因都是为了同一个政治目的，即实践自己的政治主张。比如王安石变法，司马光就跟他有矛盾。但是现在在我们看来，这两人都是经世之臣。司马光也是中国重要的文化名人，不光是因为他写了一部《资治通鉴》，他的政治思想里也有一些可取的地方。所以是这么一个情况，即为了加强政治上的制衡作用。这跟现在西方国家的民主党上台，共和党唱反调是很

▼ 北宋司马光《资治通鉴残稿》局部 中国国家图书馆藏

这是司马光《资治通鉴》目前唯一的手稿，改动涂抹处颇多，不妨与苏轼手书对照，便可看出二人性格之迥异。

像的。

苏东坡考取进士以后，在政治道路上还有一段特殊的经历。他考进士时，欧阳修是当时的主考官，他就跟欧阳修建立了师生关系。那以后，他又考了一个特别的科，叫"制举"，地位非常特殊。制，就是皇帝的命令。这是在平常的考试科目以外，皇帝亲自下令举办的考试。"制举"里面又有一科叫"贤良方正能直言极谏"。"贤良方正"是说人品行贤良，性格刚正；"直言极谏"是说话直率，敢于向皇帝、向大臣、向宰相提意见。苏东坡考中了这个科，而且等第很靠前。从宋初以来，考中这样等第的只有两个人，苏东坡就是其中之一。所以，苏东坡自己也有一种非常强烈的责任感和荣誉感。

这样一段特殊的政治经历先天注定了苏东坡在政治斗争中的反对派地位。就是不论宰相讲什么话，他总要讲不一样的话，总要讲你的缺点、你的漏洞、你不足的地方。所以表面上看起来，苏东坡对于新法的态度有个"三步曲"：从王安石变法以前的支持变法，到王安石变法时的反对变法，再到司马光上台后的维护新法中的某些法。之所以有这么一个"三步曲"的变化，跟苏东坡的政治经历有非常大的关系。

这只是一个特殊的原因，当然还有更多其他的原因。对于苏东坡的政治态度，学者们在讨论过程中有许多不同的意见，我刚才介绍的是我的个人意见。后来大家感觉到这样讨论下去不一定能抓住"苏东坡研究"的重点。因为苏东坡留给我们后代的毕竟是他的作品，他的政治态度已经成了过去。在今天的社会当中发生作用的是他的 2 700 多首诗、300 多首词、4 000 多篇文章。所以关于苏东坡的研究，到了第二个阶段就是研究他的作品。作为一个文学家的苏东坡，在这一方面也有很多争论的问题。那些争论的大部分都是学术问题，就是对于苏东坡诗歌分期问题、苏东坡思想性质问题的研究。

还有第三个阶段。苏东坡固然是中国文学史上一个伟大的作家，但他在中国文化史上的意义并不仅仅局限在文学方面。苏东坡作为一个文化巨人，有着更广泛的意义，特别是他的人生思考、文化性格影响了一代又一代的后世知识分子。在人们对于自己人生价值的判断，以及人生道路选择的判断上，都有很大的影响，因此后来人们就更多地从文化层面上来研究苏东坡了。

所以我想，新时期以来对苏东坡的争论，从大的方面来说，是从作为一个政治家的苏东坡到作为一个文学家的苏东坡，再到作为一个文化全才的苏东坡这样的一个讨论过程。当然，这样的争论还会永远继续下去。以上讲的就是"说不完"的苏东坡。

三 说不透的苏东坡

苏东坡是一个非常复杂、非常丰富的存在。我们要下很大的气力才能真正把握他的内心世界，才能真正认识他留给我们的这么丰富的文化遗产的内涵。这里的"说不透"主要讲的是他的人生态度。苏东坡跟中国的很多知识分子一样，面临两个大问题，实际上我们现在也面临着这两个问题。一个是出处问题。出来做官，出来工作，还是退隐，不做官，这对于中国的知识分子来讲，是一个大问题。第二个是生死问题。怎么对待生，怎么对待死。出处问题是一个人跟政治、跟社会的关系，生死问题是一个人跟自然的关系，是每个人都会碰到的课题。我觉得苏东坡在处理这两个问题上，他的人生思考、文化性格，以及由此形成的一整套应对方法，在今天都有值得我们玩味的地方。

（一）出处问题

中国的传统知识分子解决这个问题有儒家经典的教导。《孟子》里有这么一句话，"达则兼济天下，穷则独善其身"。"达则兼济天下"是说，顺利的时候，要干一番事业，救国救民。"穷则独善其身"是说，当在生活道路上遇到挫折、不得意的时候，就追求自己道德的完善、人格的完整。

苏东坡是从四川出来的。四川这个地方在宋初的时候非常特殊，特别是眉山这个地方，那里的人不愿出来做官。这是什么原因呢？我想来想去，大概跟宋朝的皇帝在统一四川的时候杀人太多有关。所以在宋代，特别是川西一带的知识分子，都对当时的朝廷中央保持一种疏离的态度。所以，苏东坡一家都不出来做官。

直到后来，他的一个伯父苏涣考中了进士，苏东坡才肯出来。刚到汴京的时候，他的信心也不大，用我们现在的话来说，就是有一种"盆地"意识，觉得考不上就赶紧回家。父亲苏洵带着两个儿子苏轼和苏辙来到汴京，一举成名，兄弟俩一起考中了进士，在当时的汴京都有了名气。

欧阳修是当时的主考官，看到苏东坡的考卷和感谢信后非常高兴，说"快哉，快哉"，还表示要甘为人梯，把苏东坡推出来，让他出人头地。欧阳修对他的家人说："三十年以后，恐再无人道我。"认为未来文坛的领袖是苏东坡。苏东坡和欧阳修正好相差30岁。苏东坡就这样开始走上了仕途，这就解决了"出"的问题。

但是后来，苏东坡的一生非常复杂，概括起来就是两个循环。他总是跟朝廷中主流的政治派别起

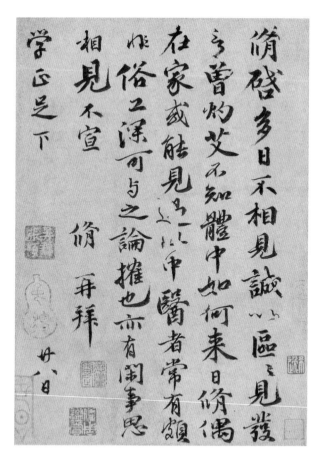

▼ 北宋欧阳修《灼艾帖》 故宫博物院藏
据考，此帖是欧阳修写给自己的学生焦千之的，对其身体状况表示关心，并邀其来家相见。

矛盾。从京官，外任，又被贬官，到了65岁的时候，朝廷才又把他召回中原。他的一生经历了多次大起大落，所以，他对于人生的态度、对于人生的思考是不断变化着的。生活的反差在这样一个杰出人物身上不断地重复。因此，他对于生命的有限性、多变性有着非常深刻的思考，他留给我们的诗歌里面所包含的东西也非常深刻，非常值得玩味。

（二）生死问题

从中国的传统文化来说，中国传统思想有三个大的体系：一是儒家，主张入世；一是道家，主张混世；另一个是佛家，主张出世。

苏东坡在做官时主要遵从儒家思想。儒家思想追求经世济时，仁政爱民，以立功、立德、立名的思想来要求自己，所以他在这方面做出了成就。而当他贬官的时候，他面对的是一个非常险恶的政治环境，以及非常恶劣的生活环境，这时候他更多地需要从佛教、道教上吸取营养来维护他生活的信念，但他最终不是一个佛教徒或者道教徒。他是利用佛教思想来支撑自己，希望对生命有一个自己的把握。

人的生命有两个性能，一个是虚无性，一个是无常性。人从哪里来的？没有人能回答。虽然人的一生是虚幻的，不能把握的，但苏东坡尽量从虚无的一生中把握好现在。

苏东坡诗集里有一句诗"吾生如寄耳，归计失不早"，我在一生中就像一个匆匆来去的过客。这句诗如果按照直接的理解来说的话，应该是比较消极的。从"人生如寄"的认识出发，得出的结论可以是多种的：有人说是得过且过，有人说今朝有酒今朝醉。但苏东坡不一样。我曾经考察过，在他的诗里共有九处用了"吾生如寄耳"句，但从上下文联系起来分析，其用意都是积极的，告诉我们，人生虽然有虚无性，但是人可以把握这个虚无，并在这个虚无中找到自己的实在。

人生的另一个特点是无常。苏东坡说："人生到处知何似？应似飞鸿踏雪泥。"人生虽然无常，但无常的时候我们总有一个落脚点，那个落脚点值得尊重。

苏东坡很多诗对人生的虚无性和无常性都有积极的解释。

苏东坡的死非常有意思。他在常州去世之前，杭州径山寺的住持维琳专门赶来见他最后一面。两人互赠佛偈，维琳对苏东坡说："端明宜勿忘西方。""端明"是苏东坡的一个荣誉称号。苏东坡说："西方不无，但个里着力不得。"就是说西方是没有的，我不愿意去。佛偈其实是一首五言诗，一共八句，最后两句结语非常重要："平生笑罗什，神咒真浪出。"苏东坡说他平生笑话天竺高僧鸠摩罗什，鸠摩罗什怕自己死后进地狱，要他的徒弟为他念咒语。苏东坡说："我一生没做过坏事，我不会入地狱。"苏东坡到临终对于佛教里面的迷信的成分是坚决排斥的。所以苏东坡的死功德圆满，为自己的一生画了一个很好的句号。

总的来说，苏东坡是没有穷尽的，因此，他是永远的。

第二讲　苏东坡的三种立体影像

"苏海"这个词汇，有它的来历。最早的时候，南宋时候有个人叫李淦，他写了一部著作，叫作《文章精义》，是中国"文章学"成书的一部比较早的著作。他这部《文章精义》中有一个说法叫作"韩如海""苏如潮"。这个"韩"就是指韩愈，说韩文公的文章像海一样阔大、深广。"苏"就是指苏轼，后来皇帝给他苏文忠公的谥号时，说苏轼的文章像潮水一样。如果看过钱塘江的大潮，就知道这个潮水汹涌奔腾，汹涌向前，还有各种形状，变幻莫测。

李淦用海、潮分别来形容韩愈、苏东坡的文章。但是后人觉得应该把他们换一换，因为韩文公的文章讲究气势。如他的《马说》，"世有伯乐，然后有千里马，千里马常有，而伯乐不常有"，像这样的一种文章，讲究气势，所以用"潮水"来形容韩愈的文章，可能更合适。而苏东坡所创造的文化世界，主要是博大、深广，所以用"海水"来形容苏东坡的文章可能更合适。后来，这句评语就变成成语了，叫作"苏海韩潮"，就这么凝定下来了。清朝最后一个给苏东坡全部的诗歌进行注解的人，叫王文诰。他在注释完苏东坡的诗歌之后，就写了一卷书，叫作《苏海识余》，就用"苏海"来隐喻苏东坡创造的整个文学的世界的深和广。

我也觉得，用"海"来形容苏东坡比用"潮"来形容要合适一些。因为，上文我也讲过了，苏东坡是一个全才，无论诗、词、文、绘画、书法，各个领域上都处于北宋那个时代的巅峰，所以，这么一个知识结构全面，在各个领域都能取得这么大的成就的大家，我想用"海洋"形容他是合适的。

但是，苏东坡创造了这些文化的业绩后，后代要继承它，在继承的过程中，就不断发生了问题。因为，他所创造的东西实在太丰富，也太复杂了，不是一目了然的。于是，大家在接受的过程中出现各种各样的问题，研究者可以提出各种各样的论题，创作家可以从苏东坡的诗词里去吸收营养，大众也可以阅读苏东坡的诗、文、词等作品，可是，在接受过程中，慢慢发生变异，从某种意义上，人们心中的苏东坡和那个九百年前活在历史舞台上的苏东坡已经有点不一样，叫作"第二个苏东坡"。这种现象并不是损害苏东坡，反而使我们对苏东坡的理解更丰富深刻，所以，研究"苏东坡的文

南宋李嵩《钱塘观潮图卷》局部 故宫博物院藏

每年农历八月十六至十八日为钱塘江的大潮汐期，其时海水沿喇叭形的钱塘江口逆江而上，如"玉城雪岭，际天而来，大声如雷霆，震撼激射，吞天沃日，势极雄豪"。

学遗产接受史"，就是后人怎么接受苏东坡，是个非常有意义的题目。

现在，有的先生已经写出这样的著作来，如王友胜的《苏诗研究史稿》，曾枣庄的《苏轼研究史》，就是两部"苏轼文学接受史"，把这将近一千年来，大家对他怎么接受的，怎么评论他的，甲眼中的苏东坡是怎么看的，乙眼中的苏东坡又是怎么看的，逐一罗列，并详加研究。接受史，现在看起来，应该是文学文化现象中的一个正常的现象。因为一个文学作品的完成，首先是作家对客观事物有反映，才会通过作家天才的头脑把它写下来。写下来后，这个作品是不是已经完成了呢？还没有。还要经过一个流通过程。大家在不断的阅读当中，在不断的解释当中，使这个作品更加完善。所以，从某个意义上来说，这个作品的最后完成是在读者的手里面，或者在研究者的手里面。

因此，要全面理解苏东坡，就必须了解这个过程。这在研究苏东坡的学问里面，就有一门就叫作"苏轼接受史"的学问。之前提到的苏东坡创造的豪放派的词风。首先，他的学生意见就不一样。他问两个学生，他的词和秦观的怎么样？学生说，先生的词像诗，秦观的诗像词。这就是一个接受史问题。他的两个学生对先生的词和秦观的诗的不同的评价，这就是一个苏轼接受史上的内容。

新时期对苏东坡的研究主要分三个阶段，第一个阶段是作为政治家的苏东坡，第二个阶段是作为文学家的苏东坡，第三个阶段是作为文化型范的苏东坡。

一　作为政治家的苏东坡

要了解作为政治家的苏东坡，就要了解苏东坡在变法问题上的政治态度。按照我的观点，这跟他一生不同阶段有关。

苏东坡一生经历过四个阶段。

第一个阶段就是从宋仁宗嘉祐二年（1057）开始，这一年他考中了进士。那时欧阳修做主考官。在封建社会来说，考中进士，就意味着他开始走向仕途，开始做官了。所以从这一年（指嘉祐二年，1057）开始，到宋英宗治平三年（1066）是他人生第一阶段。治平三年这一年他本来在做官呢，后来因为他父亲病逝了，按照封建社会的规矩，他就要回四川老家给父亲守27个月孝。所以他就离开了政治舞台。

第一阶段的苏东坡，他的基本态度是要求改革。他为了考试写了系列文章，叫"进策"。进策就是向皇帝提建议的文章。这组文章一共有25篇，相当多。这25篇的进策，包括"策略"5篇、"策别"17篇和"策断"3篇。这些文章对当时宋代所面临的政治问题、经济问题、军事问题做出了全面分析，并提出了一系列的改良主张。

他基本上比较准确地抓住了当时的社会矛盾。宋代一方面是一个文明很发达的社会，综合国力也比较强，但是当时的社会问题比较严重。他主要抓住了三个社会问题：一是财政不丰，就是国家的财政有困难；第二是兵力不强，就是国家军事力量不强；第三是吏治不择，就是官吏没有进行很好的选择，官吏的队伍行政效率很低。抓住了财、兵、吏三个问题，应该说，苏东坡抓这三个问题是很准的。宋代社会有个比较怪的现象，整个社会的经济实力很强，但国家财政收入紧张。当时，汴京非常富庶，非常繁华，但是国家不行。因为宋代好多政策，是为了掌控皇权，因为赵匡胤是通过篡位做上皇帝的，他原来只是北周的一名大将，随后就是黄袍加身，当上了皇帝。为了巩固政权，他采取了一系列的重文轻武的政策：为了防止军队里的将军篡权，他就整天把周围的将士调来调去，做到将不识兵，兵不识将；又用了很多的收买政策，把大将的兵权收回来；又让政府的官僚机构重叠，相互牵制，设的官员很多。这些举措就造成了国家的财政收入比较紧张，国库比较空虚。

可见，苏东坡对这三个问题是抓的很准。所以，他要求宋仁宗能够励精图治，果断而力行，督查官员来进行政治上的改革。这一段的时间苏东坡的政治态度，应该说是要求改革的。这也不是他一个人的意见，是当时一般的宋代士大夫、社会精英共同的思想。这个大背景就是范仲淹为首的"庆历新政"。苏东坡对范仲淹、欧阳修搞的"庆历新政"一直非常崇敬。因此，在苏东坡人生的第一阶段，主要是要求改革的。

第二阶段始自宋神宗熙宁二年（1069），苏东坡给父亲守完27个月孝以后从四川第三次出来，到了汴京，做了京官。从这年开始，到了宋神宗元丰八年（1085），宋神宗故世，小皇帝上台，这段时间为苏东坡人生第二阶段。这段时间主要是王安石变法时期。宋神宗支持王安石变法。比起"庆历新政"，王安石变法是在更广阔的范围内进行的改革，它提出了一系列改革社会的新法。但在这个时期，苏东坡就变了，他激烈地反对王安石的新法。他的代表作品主要有两篇文章,一篇是《上神宗皇帝书》的万言书,这就给神宗皇帝提意见,第二篇是《再论时政书》。这两篇文章的主要观点是,恳请神宗皇帝自己不要先去变法,而是先要"结人心、厚风俗、存纪纲"。

所谓的"结人心"是什么意思呢?王安石变法以后,人心惶惶啊,大家人心不安定,很多人的利益受到了损害,因此要求皇帝要"结人心",要安定人心。所谓"厚风俗",主要是王安石搞新法言"利"不言"义",把民风民俗搞坏了,按照儒家传统的说法,"义"最重要,而重"义"的儒家知识分子不言"利",所以要"厚风俗",就是大家要来讲仁义道德,不要斤斤计较于利益。第三个要"存纪纲",就是要保存宋朝开国皇帝定下来的所谓"祖宗家法",要"存纪纲"。所以,他说,皇帝支持王安石变法,是求治太速,太急躁冒进了,参与搞新法的人都是小人,"听言太广",听的话太广了,什么话都听,这个不好,所以他最后就提出来,"今日之政","小用则小败",稍微用一下就要小坏了,"大用则大败",如果全面推行的话,你可能要彻底坏。假如"力行而不已,则乱亡随之",如果说一定要坚持到底,一定要搞下去的话,可能就要亡国。这个是危言耸听了。这是苏轼人生的第二阶段。

随后第三阶段,是从宋神宗元丰八年(1085)到宋哲宗元祐八年(1093)。元丰八年,支持王安石变法的皇帝神宗死掉了,小皇帝宋哲宗继位。从这年到宋哲宗元祐八年,因为它的主要在元祐年间,所以历史上叫作元祐更化。什么叫作"更化"呢?就是这个时期,神宗皇帝死掉了,小皇帝继位年纪还小,结果就由宋神宗皇帝的母亲高太后来执政。由于高太后的思想比较保守，就下令把王安石的变法全部取消，任命司马光做宰相。司马光想拉拢苏东坡，苏东坡当时刚从贬地黄州起复为登州知州，到任才五天，司马光就把他复官到汴京，希望借助于苏东坡的力量，一起把王安石新法取消，一切回到原来的样子，所以叫"元祐更化"。"更化"的意思，就是反过来，一切回到熙宁以前的情况，所以元祐被称为更化时期。但是在这个时期，苏东坡又变了。

在司马光要把所有的新法废除的过程中，苏东坡跟司马光发生了激烈的冲突。王安石的新法里面有一个"免役法"，司马光认为这个免役法也要废掉，苏东坡却认为，免役法经过十几年来的推行，有它好的地方，不应该废掉。这个法是什么内容呢？原来封建王朝有好多盘剥老百姓的法令：其中一个是地租，就是土地税，是收实物的；还有一个就是"力役"，就要出工，比如说要把某个地方国家的粮食运到另一个地方，那么就要派工，或肩挑或船运，所以就有一个劳力的问题。宋代原来解决劳力问题的方法叫作"差役法"。差役法是什么？就是说把这个差役，选择几家来负责，别的几家只出钱，结果，被选中的几家往往破产。封建社会的劳役非常繁重，往往不能保证劳役的完成。后来，王安石就搞了个"免役法"，就是说，力役的负担大家按照不同的户口的等级，大家来出钱，然后雇人来完成这个差役，这个叫作"免役法"。应该说，这两种法对老百姓来说都是负担，但是从直接的结果来算，还是"免役法"对老百姓好一些，特别是农民，他稍微出点钱以后，就可以固定在自己的土地上，不会在农忙的时候突然就把他抽调了，让他去服劳役。实施"免役法"之后，他就可以用一定的金钱，买来自己生产的权利，所以，在这个问题上苏东坡说不能变，还是王安石的这个法好，因此造成他与司马光之间的矛盾。这是第三阶段。

第四阶段比较简单，是从元祐八年（1093）宋哲宗亲政，到宋哲宗元符三年（1100）。元祐八年以后，高太后年纪大了，就把政权交给宋哲宗。宋哲宗开始亲政，自己来处理政务，一直到元符三年，苏东坡这个时候已经在海南岛，在政治上叫作"绍圣时期"。"绍圣"是什么意思呢？这个"圣"，对宋哲宗来说就是他的父亲，这个"绍"就是继承的意

▼ 明李宗谟《东坡先生懿迹图卷》局部 故宫博物院藏
画中描绘的是苏轼因赴杭州就职而途经扬州时，与两位游人笔墨相聚的情景。而此次外任杭州并不轻松，实际上是苏轼在与王安石的对抗中落败的结果。

思,"绍圣"就是继承他的父亲。什么意思呢？就是说,他在政治上要恢复到他的父亲宋神宗时候变法的方针。所以,新党又上台了,旧党又倒霉了。"绍圣时期"苏东坡基本都在贬谪,已经不做官了,先是在惠州,后来被贬到海南岛。但是,他仍坚持自己独立的政治立场,保留他政治上的自主。对于研究苏东坡的政治态度,这一时期因为他不担任具体任务,不是非常重要。

于是我们就要提一个问题,苏东坡为什么从第一阶段的要求改革,到第二阶段的反对王安石变法,又到第三阶段维护某些新法,出现这么一个"之"字形的变化呢？现在我们来解释这个原因。

第一个原因,是苏东坡政治观点本身的矛盾性。我现在研究苏东坡,对苏东坡很崇敬,但是我们今人的研究,不宜对古人采取仰视的态度,而应采取一个平视的态度,毕竟苏东坡他还是人,不是神,他有他的局限性。苏东坡的哲学观念上,总是往往在两个方面摆动：一方面他认定天下的事情要动,"动"才能进步,所以有"动"的观点；另一方面他更突出"静"的观点,用"静"来看动。就是说,他一方面肯定世界万物都在变化,在变化当中万物才能发展,但另外一方面他更要求静,要在守静的前提下解决问题。他特别要求皇帝要守静。他认为皇帝不应该太积极,不应太好动,只要设计好政策以后,就叫你的手下的官吏来运作,这样政治才能搞好。所以,他强调不同的皇帝有不同的政治风气,要在不同的政治风气里面来维持动与静之间的一个平衡。

苏东坡曾经做过主考官,他给考生出了这么一个题目叫他们来回答。我先把这个题目给解释一下。他说"欲师仁祖之忠厚"，就是打算以仁宗皇帝的忠厚为师，学习他待人和政治上比较的宽厚，但这样有什么弊病呢？"而患百官有司不举其职，或至于媮"，仁宗皇帝要求不严格、松松垮垮，结果，就是"百官有司"，很多官僚机构就"不举其职"，不能完成自己的本职工作，"或至于媮"，这个"媮"跟那个人字旁的"偷"是一个意思，就是苟且偷生，不积极有为，该怎么办？这是题目的一个方面。另外一方面，"欲法神考之励精"，如果"效法神考"，"神考"就是神宗，就是支持王安石变法的神宗皇帝，励精图治、积极有为，"而恐监司守令不识其意，流入于刻"，又恐怕"监司守令"，这个"监"就是各个地方的专员，这些官员"不识其意"，不了解神宗皇帝励精图治的本意，而"流入于刻"，"刻"就是刻薄，严苛、凶猛地盘剥老百姓。

这个题目很有意思，他不光是考了学生，实际上也是考了他自己，而且反映了他自己的政治思想，就是说，他总要取一个既忠厚又励精的中间态度。官员最好是既比较宽厚，又能励精图治，既能够避免苟且偷安的缺点，又能够避免严刑峻法的局面，所以，他要求采取一个中间的、不偏不倚的立场，这是他的政治态度中的一种矛盾性。像这样的政治立场，对于当时北宋政治上积累下来的种种问题，特别是财政问题和军事问题，没有办法解决。因为当时需要采取比较果断的行动，才能把这些问题解决。如果按照他的这一个方针，既不能这样，也不能那样，实际上什么事情都干不成，所以我认为他政治思想有矛盾性。

另外，从早年的进策来看，虽然他对于当时的问题抓得还是很准的，一个是财政不丰，一个是兵力不强，一个是吏治不择，但是，从二十五篇文章来看，它最主要讲的是"吏"的问题，即怎么样来整顿这个官僚机构，对于"财政不丰"他并没有提出具体办法。在这一方面王安石有比较成熟的经济思想和办法，相比起来应该说差距比较大。因此，实际上他对王安石的新法，在经济思想的理解上是比较有问题的，他没有理解王安石变法中比较突出的经济思想，这是他的缺点。就是说，他虽然对于社会问题有个总的看法，但是，要他自己提出一些实用意见，他还是有不足的。

当然，他也有一些比较好的见解。比如，他当时提出应该向今天的湖北、湖南地区移民。因为，当时这个地区人少地广。他认为从整个国家的长远利益考虑，向这个地方移民。这个看法应该是非常深刻。如果北宋当时这样做的话，后来金兵把汴京攻下来的时候，就不一定马上逃到南方来，可以以当时的荆湘地区为依托，抵抗一阵子。所以，后来南宋的陈亮、辛弃疾都有这个看法，这就是苏东坡观察社会问题比较深刻的地方。但是苏东坡没有形成比较成熟的经济思想，更拿不出一套经济政策，这是造成他政治立场这么变来变去的一个原因。

第二个原因，是由于他所反对的那个对立面本身的矛盾性，也就是王安石变法本身的矛盾性。"王安石变法"现在国内学术界有各种不同的评价，虽然基本上是肯定的，但也有否定的。王安石在宋代后期，特别是南宋时候，成了反面人物。因为北宋灭亡了以后，大家都来追究北宋为什么会灭亡，结果，追究来追究去，原因就是王安石变法不好。特别是他的几个助手，先是吕惠卿，后来又是蔡京等等，历史上评价不高。所以，《宋史》中对王安石也评价不高，而且吕惠卿都被列入了《奸臣传》。王安石的地位被重新抬起来，主要得益于近代的梁启超。梁启超写了一篇《王安石评传》，就把王安石全部翻案了。这个也很好理解。因为梁启超要变法，于是把王安石推出来，作为自己的同道。在学术研究上，也有不少老先生对王安石的变法提出怀疑，甚至全面否定王安石变法，但是我自己还是觉得"王安石变法"从经济、政治的角度来考虑，应该给予肯定。但是变法后来走向了反面，走向了负面，而且负面影响也很大，这也是必须看到的。

　　我现在来讲讲"王安石变法"的问题。"王安石变法"的主要目的就两个，富国与强兵，所谓"富国"就是理财，"强兵"就是要加强军事实

▼ 明佚名《耆英胜会图》局部 辽宁省博物馆藏

依据右侧人物上方所写姓名可知，他们分别为赵丙、张焘、富弼和司马光，都是洛阳"耆英会"成员，因反对王安石变法而远离政坛。整幅画将这些保守派士大夫们不问政事、优哉游哉的"退休生活"形象地描绘了出来。

力。他的目的非常明确的，一是财，一是兵。首先，讲一讲理财。理财的总原则，王安石有一句话，"善理财者，民不加赋而国用足"。"善理财者"，善于理财的人，要做到什么呢？"民不加赋"，不需要给老百姓加租加税，"而国用足"，就可以做到国家财税富足。王安石提出这个口号，司马光就攻击他，说这个事情怎么办得到呢？司马光认为，社会的财富是固定的，国家这一块拿得多了，老百姓这一块必然要拿得少，所以司马光反对这种看法。

实际上，王安石的初衷不是这样，因为从宋代的国家财政收入来说，有两大块，一块就是地租收入，就是我们现在说的土地税，一块是工商税。宋代工商业已经到了相当高的程度。工商税在王安石变法时候整个国家的收入当中，根据目前历史上留下来的数字来看，几乎占到一半，一半是土地税，一半是工商税的。也就是说，宋代有很多豪强兼并户和大工商地主，在他们手里集中了很大的财富。这些财富经过土地买卖、土地兼并和工商界的流通集中在一起，从而聚敛了大量财富。王安石谴责他们，说他们"与人主争黔首"。"人主"就是皇帝；"黔首"就是老百姓，因为过去老百姓就是黑颜色的头。就是说，这些大工商地主跟政府争财夺权。所以，王安石的变法，"理财"的那一部分就是想方设法从豪强兼并户和大工商界手里面夺取他们的暴利。

譬如说青苗法。农民们在青黄不接之际，也就是春天的时候，稻谷还没收割，但是家里面的粮食已经吃光了，这是农民们最苦的时候。那么怎么办呢？去借贷。但借贷的利息非常高，一般都要100%。提前一两个月，借了一担稻谷的话，等稻谷收回的时候，就要还两担。但是国家的青苗钱是20％的利息，也就是国家贷给当时生活困难的农民，等他粮食收起来的时候，农民将本与息还给国家。这样，不仅国家能收到利钱，老百姓也解决了生活问题，应该说王安石的设计还是相当好的。他这个设计的实质，就是将原来向大户借钱的利息，转化到国家手里边来。

王安石这些做法，应该说，初衷是比较好的。从青苗法本身来说，设计是比较完善的。但是，新法虽设计比较完善，却只能依靠当时的官僚机构来推行。在官僚机构推行的过程中，就发生了很多弊端。比如青苗法，它分配给各个地方的地方官，比如说给你一百万担，过段时期，你交百分之二十利息还给国家。但是，地方官也有难处。他把一百万担的本钱拿来以后，如果发放给真正贫苦的农民，到时候可能连本钱都收不上来，收不上来的话，地方官不就要受罚了么？所以，地方官就把拿到的本钱偏偏摊到那些不要钱的富人家，富人家不需要，就强迫他们，必须借这个青苗钱，这样才能保证最后收到利钱，本利保收。所以，在新法在执行过程中的流弊非常严重。苏东坡的好多诗歌实际上也是指这个。

我们看苏轼的一首诗：

山 村 五 绝

杖藜裹饭去匆匆，过眼青钱转手空。

赢得儿童语音好，一年强半在城中。

"杖藜"是指年纪大的人了，手里拿了根拐棍，提了盒饭，来去

宿雨清畿甸

朝陽麗帝城

豐年人樂業

壟上踏歌行

▶ 南宋马远《踏
  歌图》 故宫博
  物院藏

一场春雨过后，临
安城外万物复苏，
近处田垄上巨石犹
带雨露，农人在手
舞足蹈，踏歌而行。
画幅上方宋宁宗赵
扩抄录了王安石的
诗句"丰年人乐业，
垄上踏歌行"，正
点明了宋朝对丰收
景象和太平盛世的
向往。

匆匆。但是，"过眼青钱转手空"，从官府里面借了青苗钱，转手之间就吃光了。为什么吃光呢？就是领青苗钱的附近开了好多饭店，大肆宣传，乡下来的农民就在那里大吃大喝，一下子借的青苗钱就转手空了。"赢得儿童语音好，一年强半在城中"，拿了钱带着小孩就在城里面过了，一年当中有大部分时间在城里面过，乡下的话都不会说了，只能说城里话了。这样的诗就是苏东坡对当时的青苗法在实行过程中的流弊进行的记录。这个批评，王安石自己也是承认的。

还有一则材料讲的也是青苗法问题。陆佃是陆游的祖父、王安石的学生。他从山阴到京城应试的时候，王安石问他在路上看到新法实行的怎么样？陆佃就说："法非不善，但推行不能如初意，还为扰民。"法不是不好，但推行的结果不是原来的初意，是对老百姓的一种扰乱。所以，苏东坡原来主张变法到王安石变法时期反对新法，其中的一个原因就是不满意新法在实际执行过程中的流弊。

第三个原因，是由于苏东坡独特的仕宦经历。以前我讲过，宋代的上层政治，强调各种不同政治力量之间的一个平衡，互相牵制，所以特别强调谏官的作用。苏东坡本身考中进士以后，又考中了"贤良方正能直言极谏"的科目。这个科目出身的人就要敢于讲话，而且他跟主持政府工作的宰相或副宰相，处在一个既定的对立地位，有点像民主党上台，共和党总是讲不同的意见。所以，王安石上台的时候，苏东坡要跟王安石唱反调，司马光上台时，就要跟司马光有不同意见，后来章惇（本来是苏东坡的好朋友）上台的时候，他又与章惇发生了分歧。最后是章惇把他从惠州贬到海南岛的。同时，他自己又因为受到了两朝皇帝的特别的赏识，自己也觉得立朝应该自断、自信，他这方面的愿望比较强烈，所以就造成了苏东坡整整十几年的流放过程。

我的这个意见提出以后，学术界有不同的争议。主要有两条：

一个意见是苏东坡跟王安石的矛盾不是要不要变法的矛盾，而是怎样变法的矛盾。具体讲，苏东坡主张人治，王安石主张法治。

这是苏东坡原来的一段话："夫天下有二患"，目前政治上有两个不好的地方，"有立法之弊，有任人之失"，一个是法不好，规章制度上有问题，一个是任人不好，不能选择好的官吏，"二者疑似而难明，此天下之所以乱也"，这两个没有搞好，所以天下就乱了。但他下面的结论就有问题了。"臣窃以为当今之患"，我以为当今最主要的毛病，"虽法令有所未安"，虽然法令有不完备的地方，"而天下之所以不大治者"，天下之所以不能够大治，"失在于任人，而非法制之罪也"，原因不在于法制，而在于人。这话反映了苏东坡政治上比较幼稚的一面，因为官吏选拔制度的改革，本身就是一种法，而离开法的改革也无法正确解决择吏的问题。所以，苏东坡把解决当时的主要矛盾的办法只放在择吏上面，这是一个缺点。

而王安石主要看到法，所以他要变法。整个变法过程中颁布了很多法，青苗法、免役法、将兵法、农田水利法、保甲法，等等，希望从法制上解决社会问题。可见从政治上来说，治国、理财的经验，苏东坡比不上王安石。当然，王安石本身也是个悲剧性的人物。他什么书都看，和苏东坡一样也是一个全才，却在生命的最后目睹自己变法事业上的废止。

第二个意见，苏、王的矛盾，苏东坡主张缓变，王安石主张即变：一个是渐变，一个是突变。这个意见是不对的。因为王安石的新法并不是突然提出来的，王安石做宰相前，做过几任地方官，在今天的浙江宁波和安徽安庆，他就在做地方官的任上，利用地方官一定范围的职权，已经把新法慢慢实践过。所以，他做过试点工作。就法本身说，就政治才干和经济思想来说，王安石比苏东坡要成熟。

王安石失败的最根本的原因，就是当时还没有一个行政机构，把他的法按他本来的意思推行下去。这也是封建社会的悲剧，"经"是好经，让坏和尚念歪了。要解决这个问题，在当时的社会是不可能的事情，而且他要面对强大的反对派。北宋很多元老重臣几乎都反对变法，所以，不得不在年轻人里面去寻找可以执行新法的人。但找来的人鱼龙混杂，有的不是跟他一样想把国家治好的，里面有小人，比如吕惠卿之类的人。这样大量的小人帮助他推行新法，他的新法自然没有得到好的命运。另外，他搞改革不像我们现在，我们现在有政策的连续性，他实行变法是在皇帝支持下进行的，一旦失去皇帝的支持，就搞不下去了。因此，王安石变法时比较急躁，也是情有可原的。关于新法的讨论，大致是这么个情况。

二 作为文学家的苏东坡

在讨论政治问题的时候，大家又取得了一个共识，就是苏东坡对于我们今天的意义，重点不应该在苏东坡的政治态度上，而应在他的文学创作上。因为苏东坡留给我们的，毕竟是他的作品，就是我讲的2 700多首诗，300多首词，4 000多篇文章，还有几部经学著作。所以，这一讲第二方面就是作为文学家的苏东坡。

苏东坡一生活了六十六岁。很有意思的是，宋代好几个知识精英，都活了六十六岁。欧阳修、王安石都是六十六岁。东坡活了六十六岁，创作道路也有四十多年，在漫长的四十多年的创作历程当中，很自然要划分他的创作阶段。研究他的创作分期，可以更准确的认识苏东坡作品里面的思想面貌和艺术特点。

苏东坡写了四十多年，其中文章、诗歌、词有没有什么变化？这些变化的原因是什么？研究苏东坡作品的分期问题，应该是有意义的，可以更深入地了解苏东坡作品的一些特点。研究过程中有不同的争论和意见，大概有三种意见。

第一种是"三期说"。此说认为可以把苏东坡四十几年的创作生涯分成三期：早期、中期、晚期。"三期说"是有根据的。南宋有个诗话家叫胡仔，他有本书叫作《苕溪渔隐丛话》，是比较重要的一部诗话著作，主要是把宋代的很多诗话作品加以类编。他对苏东坡的创作提出一种看法叫作"少而锐，壮而肆，老而严"。早期作品比较敏锐、锐利，非学力所及；到了中年的时候，就是比较放笔快意，比较潇洒；到了老年，渐入化境，格律比较严格，但作品达到艺术顶峰。

苏东坡的一生就分为三个阶段。第一个阶段是他初入仕途，刚刚考中进士，是二十一岁到三十四岁。第二个阶段是三十四岁到六十岁。他考中进士，三十四岁到三十六岁在汴京做京官，就是在朝；随后是第一个外任时期，从三十六岁到四十四岁，在四个地方做地方官，一个是杭州，一个是密州，一个是徐州，一个是湖州；在湖州又发生变故了，"乌台诗案"开始了，所以从四十四岁到四十九岁，是黄州贬官四年时期。司马光上台了，他又去做了京官，从五十岁到五十四岁，又在朝了；随后，在京中与司马光及其他旧党里面的人闹翻了，他又到外面去做地方官，分别在杭州、颍州、扬州和定州，这是五十四岁到五十九岁；最后从五十九岁到六十岁，是被贬广东惠州和海南儋州。所以他的生平比较好记，两个循环——在朝、外任、贬居，在朝、外任、贬居。而且这样的生平对苏东坡来说，的确是种幸福。一个人重复地经历同一种生活，而且两次被贬经历对他的影响是非常大的。第三阶段是六十岁到他去世。这是第一个说法，根据他人生的三个阶段划分为"三期"，早期很短，中期很长，晚期又很短。这是第一种说法，现在也有人写了文章，发挥了胡仔的意见。

第二种是"两期说"。这是我的一个朋友提出来的。一个是前期，一个是后期。前期和后期以贬官黄州为界。黄州以前是前期(二十一岁到四十四岁)，黄州以后是后期(四十四岁到六十六岁)。它的区别是什么呢？前期的创作风格的特点，是从练笔到豪放风格的成熟，并且达到了创作的高峰；后期诗才逐渐衰退，风格趋向平淡，锋芒收敛，作品的现实性也随之减弱。

第三种是我自己的说法。我把它变成为：任职期、贬居期，任职期、贬居期。两个任职期(包括在朝和外任)有共同的思想和艺术特点，以儒家思想为主导，追求豪健清雄的风格；两个贬居期有他另一种的思想和艺术特点，以佛道思想为主导，追求清旷简远的风格。所以，我的分期不是按照自然的年序来分的。

以上三种意见都还在争鸣。

说说我为什么要坚持我的看法。第一说跟第二说，表面上是两种说法，实际上是一个说法，关键问题是对黄州时期创作的评价。我觉得是有问题的。第一种说法是中期划的很长，就是把黄州时期的创作跟后面、前面的都合并成一个时期。第二种说法又把黄州作为苏东坡诗歌走下坡路的一个时期。这两种说法我觉得都是不对的。应该说，苏东坡在黄州生活了四年，从文学创作来看，是他一生中一个很大的转折点。无论思想面貌还是艺术面貌，黄州之后，苏东坡都有突破性的发展。

苏东坡黄州时期的转变，首先是思想发生了很大变化。中国的传统思想是有三家：一个是儒家，一个是佛家，一个是道家。这是我们中国传统文化三大思想支柱。这三种思想原来是不一样的。儒家思想总的特点是入世，孔夫子要求知识分子有社会责任感、历史使命感；佛家的思想是出世，世界上的东西都是空的，都是假的，所以要出世，要到西方极乐世界去；道家的思想是避世，追求自己的长生不老。这三种思想不一样。但在宋人的思想发展过程当中，他们把这三种思想融合起来。宋代的和尚智圆说：

儒者，饰身之教，故谓之外典也；释者，修心之教，故谓之内典也。

意思是儒家的学说是规范立身行事的，是对外的，是教人如何出来进行活动的，属于外典；我们释家是修养内心的，要求对内心的修养，所以是内典。因为中国的儒家的确不能解决人是怎么来的，人又要到何处去。孔夫子不讲这些。孔夫子说"不语怪、力、乱、神"。孔夫子说"未知生，焉知死"，生都不知道，死更不知道，所以他对终结的东西没有回答。这是佛教的事情，佛教讲内心的修养，探究生与死的问题。所以智圆这样说。

这套思想正好也是苏东坡接受的。他在黄州以前是入世的，无论是京官还是地方官，他主要面对的任务是要完成他的职责，他的思想主要是以儒家的经世济民为主导。但是到了黄州以后，就要面对另外一个生活问题——贬居。在黄州的时候，他曾每隔一二日就去黄州的安国寺，去寺观里面修心，注意道教的丹术，学习怎么样才能长生不老。所

▼ 北宋苏轼《前赤壁赋卷》局部　台北故宫博物院藏
到了黄州以后，苏东坡面对的是另外一个生活问题——贬居生活。《前赤壁赋》和《后赤壁赋》写出了此时的旷达情怀。

以，在黄州的时候，应该说苏东坡的思想广度提升了，他主要是要处理这些有关生命和生活的问题，也因此影响到他作品的面貌。此时的代表作《前赤壁赋》《后赤壁赋》，主要是写自己旷达的情怀。所以说，黄州时期苏东坡的思想变了，黄州时期诗词风格也变了。如果说在朝时，他的诗是豪放且雄健的，到了黄州时期则主要是自然平淡、旷达脱逸的风格。诗歌风格旨趣完全不一样。

可以再举个例子。黄州贬官时期刚刚结束，苏东坡乘船到了当涂。当涂有个朋友叫郭祥正。在他家里，苏东坡写了他离开黄州以后的第一首七古长诗：

郭祥正家醉画竹石壁上郭作诗为谢且遗古铜剑

空肠得酒芒角出，肝肺槎牙生竹石。

森然欲作不可回，吐向君家雪色壁。

平生好诗仍好画，书墙涴壁长遭骂。

不嗔不骂喜有余，世间谁复如君者。

一双铜剑秋水光，两首新诗争剑铓。

剑在床头诗在手，不知谁作蛟龙吼。

前两句意思是说郭祥正请他吃饭、喝酒，之后在人家墙壁上面画竹子跟石头。苏东坡会绘画，空着肚子喝酒，之后芒角就出来了，肚子里面的肝跟肺都仿佛变得不规则，也长出了竹子和石头。"森然欲作不可回"，这些竹子和石头在肚子里左右盘桓，不可以压服下去。"吐向君家雪色壁"，就吐到老兄家里白颜色的墙壁上来，意思是说他喝了酒，满腹牢骚，满腹不平化成了一丛竹一堆石，压也压不下去，结果一下就吐到你的墙壁上了。

这样的事，黄州的时候是不写的，黄州时期不是这样的。黄州时期会写"谁道人生无再少，门前流水尚能西"，像上述在郭祥正家里的诗那种昂扬、豪健的风格，黄州的时候就不见了。因为离开了贬居的生活，苏东坡的脾气就出来了，要写这样的诗。所以我说黄州时期的创作应该得到非常大的重视。而以后的惠州时期、儋州时期的诗也正好是黄州时期的延续和发展。

至于第二种意见认为，黄州时期是他的诗歌衰败时期，这个我觉得也不对。今天苏东坡留下来的诗作一共四十五卷，黄州以后的诗还有二十六卷，怎么能叫"诗才衰落"呢。现在留下来苏东坡能

▼（传）北宋苏轼《潇湘竹石图》 中国美术馆藏

够编年的词约是两百多首。黄州以前的约九十首，黄州以后的约一百二十首，而且黄州以后有《念奴娇·赤壁怀古》等名作。所以把黄州时期说成苏东坡"诗才衰落"的时期，我觉得是不符合事实的。

关于作为文学家的苏东坡，我主要谈关于创作分期的讨论。当然还没有定论，我想借这个机会讲讲我自己的意见。

三　作为文化型范的苏东坡

苏东坡在中国文学史上主要的意义，如果仅仅局限在文学家，可能还是不够的，应该把苏东坡作为中国文人的精英，作为一种文化型范来看，可以把苏东坡看的更深刻一点，更全面一点。关于苏东坡的人生观、苏东坡的文化性格，这方面的研究著作也比较多。但也是有不同意见。

有些人提出，苏东坡作品里面主要表达的是人生空漠之感。有学者还认为苏东坡的作品表达的是对政治的逃避，进而导致对社会的逃避。有这样一些观点，让我觉得关键在于怎么来看苏东坡。

苏东坡一生道路中，如果从他的人生观的角度来看，应该有两条基本的线索。一条就是他从少年时候，受母亲教导，立志入仕，奋力向上。因为他父亲学习不太好，经常在外面游荡，就由母亲教他。苏东坡的文章里面一直强调，从小母亲教他立志入仕，按儒家的标准立功立业。这条线索在苏东坡的一生当中是始终存在的，不管他生活境遇的顺逆都始终存在，即使在贬居时期有所弱化，但是始终没有消退。

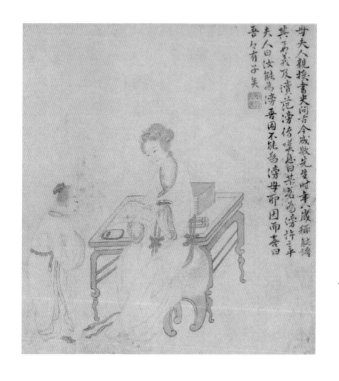

明李宗谟《东坡先生懿迹图卷》之"母夫人亲授书史，问古今成败" 故宫博物院藏

　　另外一条，就是他人生的苦难意识和虚幻意识。的确像有些学者所说，苏东坡的作品里对于人生的这种无定、无常、难以把握、虚幻等描写得比较多，感受得也比较深刻。举个简单的例子，苏东坡的诗歌里面，光是"吾生如寄耳"这一诗句，一共有九个地方，一个字都不变的。

　　对于这个问题我觉得应该有正确的分析。人的生命无常，对自己的命运不能把握，这是一个客观的事实。在苏东坡的诗歌里面，应该仔细去体会，他究竟怎样对待这样一个事实。"吾生如寄耳"这样的思想，在苏东坡以前的诗里经常见到，譬如《古诗十九首》。但前人对生命的飘忽不定，往往着眼点是短暂，悲叹人生的短暂，由此来抒发他的悲哀与苦恼。

苏东坡却不是这样的。有好几位日本的学者研究苏东坡，认为苏东坡始终把人生看成一种流程。"人生到处知何似？应似飞鸿踏雪泥。泥上偶然留指爪，鸿飞那复计东西"，人生像什么呢？像大雁在雪上留下的痕迹，变动不居；雪上偶然留下它的脚印，留下后又起飞了，也不知道去东边还是去西边了。这首诗透露出一个信息，那就是苏东坡把人生看成一个永远不停止的流程。这样，不管高兴的时候，还是悲哀的时候，它也不过是人生流程当中的一点，不会永远固定在那里的，即使人生苦难的时候，也不会固定在那里，所以应该对前途抱有希望。日本的一位汉学家吉川幸次郎针对宋诗提出了一个观点，叫作"悲哀的扬弃"。苏东坡就有"悲哀的扬弃"的精神，在苦难面前，他就能够扬弃这悲哀。

人生短暂，生命苦难，前人怎么解决这个问题呢？往往有几种办法。一个办法，就说生命既然是短暂的、苦难的，那我们去追求长生，去炼丹，去求长生不老的药吧，这是一种办法。第二种办法就是及时行乐，生命既然这么短，今朝有酒今朝醉，在醉酒中享乐。第三种办法比较高级，如庄子、陶渊明，他们提出来的是"顺应"，把自己的生命顺应到生活里去。"纵浪大化中，不喜亦不惧"，这是陶渊明的态度。人生好像大浪，不喜亦不惧，个人无所谓高兴也无所谓恐惧，这是陶渊明的态度。庄子和陶渊明是中国哲学史上很重要的两个大家了。他们的思想表面上好像

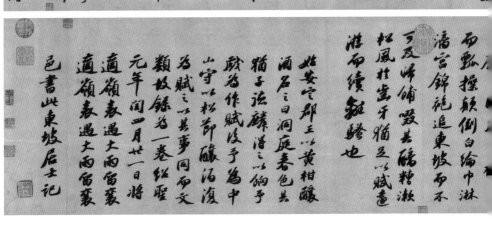

北宋苏轼《洞庭中山二赋》吉林省博物馆藏

此二赋为苏轼59岁时贬往岭南，在途中遇大雨留阻襄邑（今河南睢县）所书，"洞庭春色"和"中山松醪"均为酒名。

比较悲哀、无奈，实际也体现人的觉醒。尤其是陶渊明，我们把魏晋时期叫作"觉醒的时代"。以前的人无所谓有个人生命的感觉，但到魏晋的时候人才感觉要把自己当人，所以才有人的悲哀、人的苦恼。

但是，我觉得苏东坡比庄子、陶渊明要高明。庄、陶的思想实际上是一种没有选择的选择。"纵浪大化中，不喜亦不惧"，委身到生活中，随波逐流，带有某种混世哲学的味道，是一种反选择的选择，实际上仍是不选择。但苏东坡不是这样的，苏东坡是有选择的。他面对苦难，经过一个醒悟的过程，自己去悟，然后超越这个苦难。不论生活怎样困难，他总要把握自己，超越苦难，发现苦难中仅存的一点快乐，即"悲哀的扬弃"，使自己维持一个很好的心态。

这里举一首苏东坡在海南岛最后一年（元符二年，1099）立春写的词。海南岛已接近苏东坡生命的终点，但他仍保持非常乐观的态度，这首词可能是他在海南岛的最后一首词：

减字木兰花

己卯儋耳春词

春牛春杖，无限春风来海上。便丐春工，染得桃红似肉红。

春幡春胜，一阵春风吹酒醒。不似天涯，卷起杨花似雪花。

全词用了不少的春字。他用重字的写法，这个也是旁的人很少用的。前人虽然用过，但没有他用得这么好。这首词讲立春的那一天，大家都赶着牛去耕地，因为立春啦！要取一个比较好的兆头，所以就有"春牛春杖"，杖就是赶牛的杖。"无限春风来海上"，这个海南岛啊，之前要叫"鬼门关"，但是他感到的是无限春风从海上吹来。"便丐春工，染得桃红似肉红"，这个"工"就是神，"春工"，就是"春神"，请春神把桃花变成皮肉的红色。"春幡春胜，一阵春风吹酒醒。不似天涯，卷起杨花似雪花"，就是说虽然他处在天涯海角，但是立春以后，一阵春风把杨花卷起来，看到南方的杨花像北方的雪花一样，让人倍感亲切，他还是想到了北方，想到了北方的中原。

这一首词，是他生命快要结束的时候，一位六十多岁的老人的感受，但是这种感受却是春天般的感受、年轻人般的感受，虽然人在天涯，心里面却不像是在天涯。生活比较苦，当时海南岛什么都没有，但他仍能保持一种"悲哀的扬弃"，保持着乐观的心态。这是一种非常健全的心态。

因此，说苏东坡对政治逃避，而且发展到对社会的逃避，我觉得这些说法是不能成立的。他既没有逃避政治，也没有逃避社会，反而始终两只眼睛注视着大地，也注视着自己，并在苦难中不断超越。

第三讲　苏东坡的文化性格

苏东坡对人生价值的多元取向直接导致他文化性格的多样化。而他人生思考的深邃细密，又丰富了性格的内涵。千百年来，他的性格魅力倾倒过无数的中国文人，人们不仅歆羡他在事业世界中的刚直不屈的风节和物胞民与的灼热同情心，更景仰其心灵世界中洒脱飘逸的气度、睿智的理性风范、笑对人间厄运的超旷。中国文人的内心里大都有属于自己的精神绿洲，正是苏轼的后一方面，使他与一代又一代的读者建立了异乎寻常的亲切动人的关系。从人生思想的角度来努力掌握他有血有肉的性格整体，是很有意义的。下面仅从狂、旷、谐、适四个方面作些探索。

一　狂

中国文人中不乏狂放怪诞之士，除了生理或病理的因素外，从文化性格来看，大致可分避世和傲世两类。前者佯狂伪饰以求免祸，但也有张扬个性的意味，如阮籍；后者却主要为了保持一己真率的个性，形成与社会的尖锐对抗，如嵇康。而其超拔平庸的性格力度和个性色彩，吸引后世文人的广泛认同。

苏东坡早年从蜀地进京，原也心怀惴惴，颇有"盆地意识"；作为这种意识的反拨，他又具有狂放不羁的性格特征。文同《往年寄子平》_(子平，即子瞻)中回忆当时两人交游情景：

> 虽然对坐两寂寞，亦有大笑时相轰。
>
> 顾子心力苦未老，犹弄故态如狂生。
>
> 书窗画壁恣掀倒，脱帽褫带随纵横。
>
> 喧呶歌诗眤文字，荡突不管邻人惊。

为我们留下了青年苏轼任诞绝俗的生动形象。但是，正如他当时《送任伋通判黄州兼寄其兄孜》诗所说"吾州之豪任公子，少年盛壮日千里"，苏轼的"豪"，跟他的这位同乡一样，主要是"少年盛壮"、挥斥方遒的书生意气，尚未包含深刻的人生内涵。

岳珂《桯史》卷八云"蜀士尚流品，不以势诎"，木强刚直、蔑视权威的地方性格显然也对苏轼早期的狂豪起过作用。他当时也有"君不见阮嗣宗臧否不挂口，莫夸舌在齿牙牢，是中惟可饮醇酒。读书不用多，作诗不须工，海边无事日日醉，梦魂不到蓬莱宫"_(《送刘敬伴海陵》)的强烈感叹，也是激愤的宣泄多于理性的思考。

到了"乌台诗案"以前的外任期间，随着人生阅历的丰富，他在多次自许的"狂士"中，增加了傲世、忤世、抗世的成分。在《次韵子由初到陈州》一诗里，他要求苏辙像东晋周谟那样"阿奴须碌碌，门户要全生"，因为他自己已像周谟之兄周顗、周嵩那样抗直不为世俗所容。他在此诗中所说的"疏狂托圣明"，是愤懑的反话，其《怀西湖寄晁美叔同年》诗就以"嗟我本狂直，早为世所捐"的正面形式径直说出同一意思了。细品他此时的傲世，也夹杂畏世、惧世的心情。《颍州初别子由二首》其一

▼ 唐孙位《高逸图》
上海博物馆藏

《高逸图》表现了魏晋时期非常流行的"竹林七贤"的故事，右起第四位面露微笑，手持麈尾，依靠花枕而坐、面前摆放着两盘仙桃蔬果，一位侍者恭敬地手捧放置酒杯的盏托，立于一旁，可以推断其人就是阮籍。

说"嗟我久病狂，意行无坎井"，嗟叹悔疚应是有几分真情；《送岑著作》说"人皆笑其狂，子独怜其愚"，并说"我本不违世，而世与我殊"，似也表达与世谐和的一份追求。

"乌台诗案"促成了苏轼人生思想的成熟。巨大的打击使他深切认识和体会到外部存在着残酷而又捉摸不定的力量，转而更体认到自身在茫茫世界中的地位。这场直接危及他生命的文字狱，反而导致他对个体生命价值的重视和珍视，他的"狂"也就从抗世变为对保持自我真率本性的企求。他在《满庭芳》说：

> 事皆前定，谁弱又谁强，且趁闲身未老，
> 须放我些子疏狂。百年里，浑教是醉，三万六
> 千场。

对命运之神飘忽无常的慨叹，适见其对生命的钟

爱，而酣饮沉醉即是保持自我本性的良方，正如他自己所说"醉里微言却近真"（《赠善相程杰》）。他的《十拍子》在"身外傥来都似梦"的感喟后，决绝地宣称："莫道狂夫不解狂，狂夫老更狂。"他在《又书王晋卿画·四明狂客》中讥笑贺知章退隐时奏乞周宫湖之举"狂客思归便归去，更求敕赐枉天真"，斫伤"天真"就配不上"狂客"的称号。

苏轼狂中所追求的任真，是一种深思了悟基础上的任真。晏几道有"殷勤理旧狂"的奇句，"狂已旧矣，而理之，而殷勤理之，其狂若有甚不得已者"（况周颐《蕙风词话》卷二）。小晏的任真，像黄庭坚在《小山词序》所描述的"四痴"那样，更近乎一种天性和本能，没有经过反省和权衡。据说苏轼曾欲结识小晏而遭拒绝，事虽非可尽信，但其吸引和排拒却象征着两狂的同异。

二　旷

旷和狂是相互涵摄的两环。但前者是内省式的，主要是对是非、荣辱、得失的超越；后者是外铄式的，主要是真率个性的张扬。然而都是主体自觉的肯定和珍爱。苏东坡以"坡仙"名世，其性格的实在内涵主要即是旷。

苏东坡的旷，形成于几次生活挫折之后的痛苦思索。他一生贬居黄州、惠州、儋州三地，每次都经过激烈的感情冲突和心绪跌宕，都经过喜—悲—喜（旷）的变化过程。

元丰时贬往黄州，他的《初到黄州》诗云：

> 自笑平生为口忙，老来事业转荒唐。
> 长江绕郭知鱼美，好竹连山觉笋香。
> 逐客不妨员外置，诗人例作水曹郎。
> 只惭无补丝毫事，尚费官家压酒囊。

他似乎很快地忘却了"诟辱通宵"的狱中生活的煎熬，对黄州"鱼美""笋香"的称赏之中，达到了心理平衡。

但是，贬居生活毕竟是个严酷的现实，不久又不免悲从中来：他写孤鸿，是"有恨无人省"，"拣尽寒枝不肯栖"；写海棠，是"名花苦幽独"，"天涯流落俱可念"，都是他心灵的外化。随后在元丰五年出现了一批名作：前后《赤壁赋》、《定风波》（莫听穿

林打叶声)、《浣溪沙》(山下兰芽短浸溪)、《西江月》(照野弥弥浅浪)、《临江仙》(夜饮东坡醒复醉)等，都共同抒写出翛然旷远、超尘绝世的情调，表现出旷达文化性格的初步稳固化。

绍圣初贬往惠州，他的《十月二日初到惠州》诗云：

> 仿佛曾游岂梦中，欣然鸡犬识新丰。
> 吏民惊怪坐何事，父老相携迎此翁。
> 苏武岂知还漠北，管宁自欲老辽东。
> 岭南万户皆春色，会有幽人客寓公。

这似是《初到黄州》诗在十几年后的历史回响。他又抒写"欣然"，描述口腹之乐。"苏武"一联明云甘心老于惠州，实寓像苏武、管宁那样最终回归中原之望，基调是平静的。但不久又跌入悲哀：

北宋乔仲常《后赤壁赋图》局部　美国纳尔逊-阿特金斯艺术博物馆藏

画中可见东坡一手拿酒，一手拎鱼从家中走出，其妻子在门口送行。描绘的正是苏文所写"于是携酒与鱼，复游于赤壁之下"。

《十一月二十六日松风亭下梅花盛开》诗，思绪首先牵向黄州之梅，"春风岭上淮南村，昔年梅花曾断魂"，继而感叹于"岂知流落复相见，蛮风蜑雨愁黄昏"。经过一段时期悲哀的沉浸，他又扬弃悲哀了：他的几首荔枝诗，"人间何者非梦幻，南来万里真良图"（《四月十一日初食荔枝》），"日啖荔枝三百颗，不辞长作岭南人"（《食荔枝》），借对岭南风物的赏爱抒其旷达之怀。

绍圣四年贬往儋州，登岛第一首诗《行琼儋间，肩舆坐睡，梦中得句云："千山动鳞甲，万谷酣笙钟。"觉而遇清风急雨，戏作此数句》，以其神采飞扬、联想奇妙而成为苏诗五古名篇："应怪东坡老，颜衰语徒工，久矣此妙声，不闻蓬莱宫。"自赏自得之情溢于言表。但不久在《上元夜过赴儋守召，独坐有感》等作中，又不禁勾引起天涯沦落的悲哀："搔首凄凉十年事，传柑归遗满朝衣。"但以后的《桄榔庵铭》《在儋耳书》《书海南风土》《书上元夜游》等文中，又把旷达的思想发挥到极致。

苏轼三贬，贬地越来越远，生活越来越苦，年龄越来越老。然而这"喜—悲—旷"的三部曲过程却越来越短，导向旷的心境越来越快；同时，第一步"喜"中，旷的成分越来越浓，第二步的"悲"，其程度越来越轻，因而第三步"旷"的内涵越来越深刻。苏轼初到贬地的"喜"，实际上是故意提高对贬谪生活的期望值，借以挣脱苦闷情绪的包围，颇有佯作旷达的意味；只有经过实在的贬谪之悲的浸泡和过滤，也就是历经人生大喜大悲的反复交替的体验，才领悟到人生的底蕴和真相，他的旷达性格才日趋稳定和深刻，才经得住外力的任何打击。

苏东坡的旷达不是那类归向灭寂空无的任达。南宋宋自逊

《贺新郎·题雪堂》云："一月有钱三十块，何苦抽身不早！又底用北门摛藻？儋雨蛮烟添老色，和陶诗翻被渊明恼。到底是，忘言好。"指出苏轼未能彻底任达，其实苏轼自己早就说过，"我比陶令愧"（《辩才老师退居龙井……》）、"我不如陶生，世事缠绵之"（《和陶饮酒二十首》其一），殊不知这点"不如"，正是他的思想性格始终未曾完全脱离现实世界的地方。

三　谐

"东坡多雅谑"（《独醒杂志》卷五）。他的谐在人生思想的意义上是淡化苦难意识，用解嘲来摆脱困苦，以轻松来化解悲哀。作为内心的自我调节机制，在他的性格结构中发挥着润滑剂、平衡器的作用。他的谐首先具有对抗挫折、迎战命运的意义。

苏东坡在惠州时作《纵笔》诗，以"白头萧散满霜风"的衰病之身，却发出"报道先生春睡美，道人轻打五更钟"的趣语，岂料因此招祸再贬海南；他到海南后又作《纵笔三首》其一："寂寂东坡一病翁，白须萧散满霜风。小儿误喜朱颜在，一笑那知是酒红！"同题同句，表现了他对抗迫害的倔强意志，而满纸谐趣更透露出他的蔑视。

晚年北返作《次韵法芝举旧诗》："春来何处不归鸿，非复赢牛踏旧踪。但愿老师真似月，谁家瓮里不相逢。"九死一生之后而仍向飘忽无常的命运"开玩笑"，实含对命运的征服。对苏轼颇有微词的朱熹，在《跋张以道家藏东坡枯木怪石》中说："苏公此纸出于一时滑稽诙笑之余，初不经意。而其傲风霆、阅古今

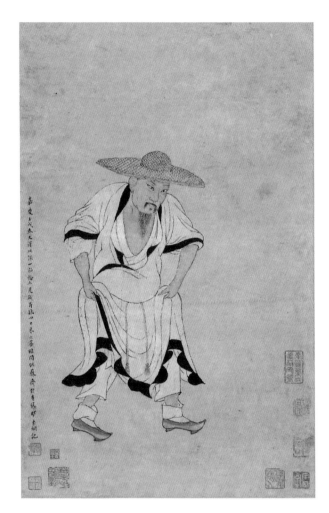

▶ 明朱之蕃《临李公
麟画苏轼像》局部
故宫博物院藏

这幅苏轼笠屐像据传粉
本为李公麟之作。苏轼
晚年被贬海南时，曾在
访友途中遇雨，他向农
人借来斗笠和木屐，农
人争相笑看，而苏轼仍
坦然处之。

之气，犹足以想见其人也。"他的"滑稽诙笑"跟
"傲风霆、阅古今"互为表里，因而他的谐趣又表
现出"含着眼泪的微笑"和"痛苦的智慧"的特
点，不同于单纯具有可笑性的俏皮，更不同于徒呈
浅薄的油滑。

他的谐又是他真率个性的外化和实现，与狂、旷植根于同一性格追求，同时又表现了他对自我智商的优越感，增添了他文化性格的光彩。

林纾《春觉斋论文》谓"东坡诗文咸有风趣，而题跋尤佳"，"风趣之妙，悉本天然"，"能在不经意中涉笔成趣"，"见诸无心者为佳"，揭示了谐趣或风趣在个性性格上的内涵。苏轼《六观堂老人草书》云"逢场作戏三昧俱"，这里的"三昧"，也不妨理解为自然真率之性。

《碧溪诗话》卷一〇追溯俳谐体的渊源时指出，东方朔、孔融、祢衡、张长史、颜延年、杜甫、韩愈多有谑语，但"大体材力豪迈有余，而用之不尽自然如此"，至苏东坡笔下遂蔚为大国：

> 坡集类此不可胜数。《寄蕲簟与蒲传正》云："东坡病叟长羁旅，冻卧饥吟似饥鼠。倚赖东风洗破衾，一夜雪寒披故絮。"《黄州》云："自惭无补丝毫事，尚费官家压酒囊。"《将之湖州》云："吴儿脍缕薄欲飞，未去先说馋涎垂。"又"寻花不论命，爱雪长忍冻。天公非不怜，听饱即喧哄。"《食笋》云："纷然生喜怒，似被狙公卖。"《种茶》云："饥寒未知免，已作太饱计。""平生五千卷，一字不救饥。""饥来凭空案，一字不可煮。"皆斡旋其章而弄之，信恢刃有余，与血指汗颜者异矣。

黄彻所举数例，多为苏东坡生活困顿时期的日常细事，但生活的苦涩却伴随着谐趣盎然的人生愉悦，其原因即是其中跃动着孩提般纯真自然的心灵。

四　适

适，是中国士人倾心追求的精神境界，包含多方面的内容：充分实现个体生命价值的人生哲学，平和恬适的文化性格，宁静隽永、淡泊清空的审美情趣。苏轼人生思考的落脚点和性格结构的枢纽点

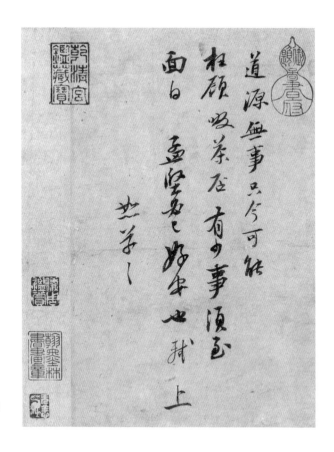

北宋苏轼《啜茶帖》
台北故宫博物院藏

即在于此，并以此实现从现实人生到艺术人生的转化。

王维晚年所写的《与魏居士书》是他后半生人生哲学的总结。他说："孔宣父云：'我则异于是，无可无不可。'可者适意，不可者不适意也。……苟身心相离，理事俱如，则何往而不适？"王维借助孔子的话头，以禅宗的教义来阐发"适"的意义。他认为人只要"明心见性"，"身心相离"，达到"理事俱如"即对精神本体和现象界大彻大悟的境界，也就"何往而不适"了。王维当然没有放弃尘世的享受，但他的禅理思辨主要帮助他从精神上达到自适，因此他的生活和创作更多地呈现出"不食人间烟火味"的高人雅士的特点，并以体验空无、寂静作为最大的人生乐趣和最高的艺术精神。白居易《隐几》诗云："身适忘四支，心适忘是非，既适又忘适，不知我是谁。百体如槁木，兀然无所知；方寸如死灰，寂然无所思。"则更是一种泯灭一切、忘却自我的闲适观。

苏东坡与他们并不完全相同。他的适，主要反映了个人主体展向现实世界的亲和性，从凡夫俗子的普通日常生活中发现愉悦自身的美。他在黄州时期所写的四则短文反复地叙说这一点。

《记承天寺夜游》在简练地写出月夜情景后说：

何夜无月，何处无竹柏，但少闲人如吾两人者耳。

《临皋闲题》云：

江山风月，本无常主，闲者便是主人。

正如西方哲人所说："心境愈是自由，愈能得到美的享受。"（海德格尔语）苏东坡也认为"闲人"才是无主江山的真正主人，多少佳景胜概被"忙人"匆匆错过。

他在《书临皋亭》说：

> 东坡居士酒醉饭饱，倚于几上，白云左缭，清江右洄，重门洞开，林峦岔入。当是时，若有思而无所思，以受万物之备，惭愧惭愧！

在一种寓意于物而不受制于物的精神状态下，领受大千世界的无穷之美，达到主体的完全自适和充分肯定。他在《雪堂问潘邠老》中，更自称追求"性之便，意之适"的极境，并云"吾非逃世之事，而逃世之机"。在这种思想支配下，他的文学创作展示了"微物足以为乐"的充盈的诱人的世界。

他写《谪居三适》，一是《旦起理发》：

> 老栉从我久，齿疏含清风。一洗耳目明，习习万窍通。

二是《午窗坐睡》：

> 神凝疑夜禅，体适剧卯酒。
> 谓我此为觉，物至了不受，谓我今方梦，此心初不垢。

三是《夜卧濯脚》：

况有松风声，釜鬲鸣飕飕。

瓦盎深及膝，时复冷暖投。

明灯一爪剪，快若鹰辞韝。

或写安适之趣，或写禅悦之味，于平庸卑琐中最大
限度地发掘诗意。

他的《六月十二日，酒醒步月理发而寝》云：

千梳冷快肌骨醒，风露气入霜蓬根。

《真一酒》云：

晓日著颜红有晕，春风入髓散无声。

写闲适心情下才能体会到的梳发舒体、酒气上脸并

周流全身的幽趣，而《汲江煎茶》更是于静默中见清丽醇美的名篇。化俗为雅、以俗为雅，这是苏东坡思想性格和文学创作的显著特点，也是宋代整个人文思潮的共同趋向：理学与日常生活的贴近，宋诗的不避凡庸，宋词题材的日趋生活化，都可说明，但苏东坡应是杰出的代表。

苏东坡对闲适的追求，并不停留在单纯世俗化的浅层次上。黄州知州之弟徐得之建造"闲轩"，秦观作《闲轩记》，从儒家入世思想出发，不满徐得之"闲"的人生态度，"窃为君不取也"；东坡作《徐大正闲轩》却云：

> 冰蚕不知寒，火鼠不知暑。
>
> 知闲见闲地，已觉非闲侣。
>
> 君看东坡翁，懒散谁比数。
>
> 形骸堕醉梦，生事委尘土。
>
> 早眠不见灯，晚食或欺午。
>
> 卧看毡取盗，坐视麦漂雨。
>
> 语希舌颇强，行少腰脚偻。
>
> 五年黄州城，不踏黄州鼓。
>
> 人言我闲客，置此闲处所。
>
> 问闲作何味，如眼不自睹。
>
> 颇讶徐孝廉，得闲能几许。
>
> 介子愿奉使，翁归备文武。
>
> 应缘不耐闲，名字挂庭宇。
>
> 我诗为闲作，更得不闲语。

> 君如汗血驹，转盼略燕楚。
>
> 莫嫌銮辂重，终胜盐车苦。

他不满徐得之的是对闲适的自我标榜和刻意追求，他认为真正的闲适是性灵自然状态的不自觉的获得，是不能用语言说出、思维认知的。正如他论画所说："君从何处看，得此无人态？无乃槁木形，人禽两自在。"（《高邮陈直躬处士画雁二首》其一）这是高层次的自在境界。

从这种意义上说，苏东坡的作品，特别是后期创作，都是真情的自然流露，既是闲适的表现，又是自适的手段。文艺创作使无可忍受的世界变得可以忍受，使他体认到个人生命活力的乐趣，主体自由的享受。他说："某平生无快意事，惟作文章，意之所到，则笔力曲折，无不尽意。自谓世间乐事无逾此者。"（《春渚纪闻》卷六引）坎坷的境遇却因此化作充满艺术审美情趣的人生，艺术创作是苏轼的真正生命。

苏东坡的狂、旷、谐、适构成一个完整的性格系统，统一于他的人生思考的结果之上。这些性格因子随着生活经历的起伏，发生变化、嬗递、冲突，但他都能取得动态的平衡。这一性格系统具有很强的调节、自控和制约的机制，使他对每一个生活中遇到的难题，都有自己一套的理论答案和适应办法。尽管他的思想性格有着驳杂骚动的特点，以致有"大苏死去忙不彻，三教九流都扯搜"（《坚瓠九集》卷一引董退周语）的笑谈，为各类人引为知己和楷模，但他毕生为之讴歌的，毕竟是人生之恋的赞歌。

第四讲　苏东坡的人生思考

苏东坡是我国文化史上罕见的全才，他不仅接受了传统文化和民族性格的深刻影响，而且承受过几起几落、大起大落的生活波折。在此基础上，他个人特有的敏锐直觉加深了他对人生的体验，他的过人睿智使他对人生的思考获得了新的视角和高度。

苏东坡算不得擅长抽象思维的哲学家，但他通过诗词文所表达的人生思想，比起他的几位前贤如陶渊明、王维、白居易等来，更为丰富、深刻和全面，更有典型性和吸引力。

一　出处之间

出处和生死问题，是中国文人面临的两大人生课题。前者是人对政治的社会关系，后者是人对宇宙的自然关系，两者属于不同的范围和层次，却又密切关联，相互渗透，都涉及对人生的价值判断。

出和处的矛盾，中国儒佛道三家已提出过不同的解决途径。儒家以入世进取为基本精神，又以"达兼穷独""用行舍藏"作为必要的补充；佛家出世、道家遁世的基本精神，则又与儒家的"穷独"相通。苏轼对此三者，染濡均深，却又融会贯通，兼采并用，形成自己的鲜明特征。

（一）儒者：当世之志

苏东坡自幼所接受的传统文化因素是多方面的，但儒家思想是其基础，充满了"奋厉有当世志"的淑世精神。儒家的"立德、立功、立言"的"三不朽"古训，使他把自我道德人格的完善、社会责任的完成和文化创造的建树融合一体，是他早年最初所确定的人生目标。他的社会责任感和历史使命感还由于其特殊的仕宦经历而得到强化和固定化。

和他父亲苏洵屡试蹉跌相反，嘉祐二年（1057）他和苏辙至京应试，就像光彩灼熠的明星照亮文坛的上空，一举成名，声誉鹊起。就其成名之早（22岁）、之顺利、之知名度大，并世几无匹敌。嘉祐六年（1061）他应制举，又以"贤良方正能直言极谏"取入第三等，此乃最高等级，整个北宋取入第三等者仅四人（见《小学绀珠》卷六《名臣类下》）。宋朝开国百余年来，免试直任知制诰者极少，欧阳修《归田录》卷一云："国朝之制，知制诰必先试而后命，有国以来百年，不试而命者才三人：陈尧佐、杨亿及修忝与其一尔。"苏东坡又得到同样的殊荣。这些仕途上的光荣，必将转为苏东坡经世济时、献身政治的决心。他以"忘躯犯颜之士"（《上神宗皇帝书》）自居，又以"使某不言，谁当言者"（《曲洧旧闻》卷五引）自负，并以"危言危行、独立不回"的"名节"（《杭州召还乞郡状》）自励。苏东坡又历受宋仁宗、英宗、神宗三代君主的"知遇之恩"，更成为影响他人生价值取向的重大因素。

元祐三年（1088）当苏东坡处于党争倾轧漩涡而进退维谷时，

高太后召见他说：他之所以从贬地起复，乃"神宗皇帝之意。当其（神宗）饮食而停箸看文字，则内人必曰：此苏轼文字也。神宗每时称曰：奇才，奇才！但未及用学士，而上仙耳"。苏轼听罢，"哭失声，太皇太后与上（哲宗）、左右皆泣"。高太后趁机又以"托孤"的口吻说："内翰直须尽心事官家，以报先帝知遇。"（《续资治通鉴长编》卷四〇九）在苏东坡看来，朝廷既以国士待我，此身已非己有，惟有以死报恩。

我们试看他在元丰末、元祐初的一些奏章。

元丰八年（1085）《论给田募役状》云："臣荷先帝之遇，保全之恩，又蒙陛下非次拔擢，思慕感涕，不知所报，冒昧进计，伏惟哀怜裁幸。"元祐三年（1088）《大雪论差役不便札子》云："今侍从之中，受恩之深，无如小臣，臣而不言，谁当言者？"《论特奏名》云："臣等非不知言出怨生，既忝近臣，理难缄默！"《论边将隐匿败亡宪司体量不实札子》云："臣非不知陛下必已厌臣之多言，左右必已厌臣之多事，然受恩深重，不敢自同众人，若以此获罪，亦无所憾。"这类语句，不能简单地看成虚文套语，而是他内心深处的真实表白。

这种儒家的人生观，强调"舍身报国"，即对社会、政治的奉献，并在奉献之中同时实现自身道德人格精神的完善；但是，封建的社会秩序、政治准则、伦理规范对个体的情感、欲望、意愿必然产生压抑和限制的作用，"舍身报国"的崇高感又同时是主体生命的失落感，意味着个体在事功世界中的部分消融。儒家的淑世精神是苏轼人生道路上行进的一条基线，虽有起伏偏斜，却贯串始终。

（二）道心：人生如寄

翻开东坡的集子，一种人生空漠之感迎面而来。"人生识字忧患始"（《石苍舒醉墨堂》），这位聪颖超常的智者对人生忧患的感受和省察，比前人更加沉重和深微。老子说"吾所以有大患者，为吾有身"

▼ 顾绣三酸图镜片　上海博物馆藏

图绣三高尝酢故事，源出宋元话本。讲述了金山寺住持佛印邀黄鲁直、苏东坡尝新酿桃花醋，皆皱眉喊酸，时人称为"三酸"，后暗指儒、释、道三家品鉴人生滋味的不同感悟。

（《老子》第十三章），庄子说"大块载我以形，劳我以身"（《庄子·大宗师》），佛教有无常、缘起、六如、苦集灭道"四谛"等说，苏东坡的思想固然受到佛道两家的明显诱发，但主要来源于他自身的环境和生活经历。

苏东坡的人生苦难意识和虚幻意识是异常沉重的，但并没有发展到对整个人生的厌倦和感伤，其落脚点也不是从前人的"对政治的退避"变而为"对社会的退避"。他在吸取传统人生思想和个人生活体验的基础上，形成了一套"苦难—省悟—超越"的思路。以下从他反复咏叹的"吾生如寄耳"和"人生如梦"作些分析。

在苏轼诗集中共有九处用了"吾生如寄耳"句，突出表现了他对人生无常性的感受。这九处按作年排列如下。

1. 熙宁十年（1077）《过云龙山人张天骥》：

吾生如寄耳，归计失不早。故山岂敢忘，但恐迫华皓。

2. 元丰二年（1079）《罢徐州往南京马上走笔寄子由五首》：

吾生如寄耳，宁独为此别。别离随处有，悲恼缘爱结。

3. 元丰三年（1080）《过淮》：

吾生如寄耳，初不择所适。但有鱼与稻，生理已自毕。

4. 元祐元年（1086）《和王晋卿》：

吾生如寄耳，何者为祸福。不如两相忘，昨梦那可逐。

5. 元祐五年（1090）《次韵刘景文登介亭》：

吾生如寄耳，寸晷轻尺玉。

……清游得三昧，至乐谢五欲。

6. 元祐七年（1092）《送芝上人游庐山》：

吾生如寄耳，出处谁能必？

7. 元祐八年（1093）《谢运使仲适座上，送王敏仲北使》：

聚散一梦中，人北雁南翔。吾生如寄耳，送老天一方。

8. 绍圣四年（1097）《和陶拟古九首》：

吾生如寄耳，何者为吾庐？

……无问亦无答，吉凶两何如？

9. 建中靖国元年（1101）《郁孤台》：

吾生如寄耳，岭海亦闲游。

这九例作年从壮（42岁）到老（66岁），境遇有顺有逆，反复使用，只能说明他感受的深刻。在他的其他诗词中还有许多类似"人生如寄"的语句。

应该指出，"人生如寄"的感叹，从汉末《古诗十九首》以来，在诗歌史中不绝于耳。《古诗十九首》（驱车上东门）云："浩浩阴阳移，年年如朝露；人生忽如寄，寿无金石固。"曹植《浮萍篇》："日月不恒处，人生忽若寓；悲风来入怀，泪下如垂露。"直至白居易《感时》："人生讵几何，在世犹如寄。""唯当饮美酒，终日陶陶醉。"《秋山》："人生无几何，如寄天地间。心有千载忧，身无一日闲。"苏东坡显然承袭了前人的思想资料，他们的共同点是发现了人生有限和自然永恒的矛盾，这是产生人生苦难意识的前提。

然而，第一，前人从人生无常性出发，多强调其短暂，或以朝露为喻，或以"几何"致慨，或径直呼为"忽"；而苏东坡侧重强调生命是一个长久的流程（见山本和义《苏轼诗论稿》，《中国文学报》第十三册）。"别离随处有""出处谁能必""何者为祸福""何者为吾庐"等，聚散、离合、祸福、吉凶都处在人生长途中的某一点，但又不会固定在某一点，总是不断地交替嬗变，永无止息。他的《和子由渑池怀旧》说："人生到处知何似？应似飞鸿踏雪泥。泥上偶然留指爪，鸿飞那复计东西。""雪泥鸿爪"的名喻，一方面表现了他初入仕途时的人生迷惘，体验到人生的偶然和无常，对前途的不可把握；另一方面却透露出把人生看作悠悠长途，所经所历不过是鸿飞千里行程中的暂时歇脚，不是终点和目的地，总有未来和希望。

第二，前人在发现人生短暂以后，大都陷入无以自抑的悲哀；而苏东坡的歌唱中固然也如实地带有悲哀的声调，但最终却是悲哀的扬弃。苏东坡从人生为流程的观点出发，对把握不定的前途仍然保持希望和追求，保持旷达乐观的情怀，并从而紧紧地把握自身，表现出主体的主动性和选择性。在《送蔡冠卿知饶州》中，既感喟"世事徐观真梦寐"，又表达了"人生不信长坎坷"的信念。《游灵隐寺得来诗复用前韵》说："盛衰哀乐两须臾，何用多忧心郁纡。"在《浣溪沙》词中，更高唱"谁道人生无再少？门前流水尚能西，休将白发唱黄鸡"的生命颂歌。承认人生悲哀而又力求超越悲哀，几乎成了他的习惯性思维。他的《水调歌头》中诉说了"人有悲欢离合，月有阴晴圆缺"这个永恒的缺憾，而以"但愿人长久，千里共婵娟"的乐观祝愿作结。另一首写兄弟聚散的诗《颍州初别子由二首》其二也叙写他对"离合既循环，忧喜迭相攻"的发现，虽也不免发出"语此长太息，我生如飞蓬"的感喟，但仍以"多忧发早白，不见六一翁"相戒相劝，"作诗解子忧"，排忧解闷才是最终的主旨。

苏东坡以人生为流程的思想，对生活中可能遇到的挫折和困苦具有淡化、消解的功能，所以，同是"人生如寄"，前人作品中大多给人以悲哀难解的感受，而在苏轼笔下，却跟超越离合、忧喜、祸福、吉凶乃至出处等相联系，并又体现了主体自主的选择意识，表现出触处生春、左右逢源的精神境界。

苏轼诗词中又常常有"人生如梦"的感叹，这又突出表现了他对人生虚幻性的感受。

如果说，"人生如寄"主要反映人们在时间流变中对个体生命有限性的沉思，苏东坡却从中寄寓了对人生前途的信念和追

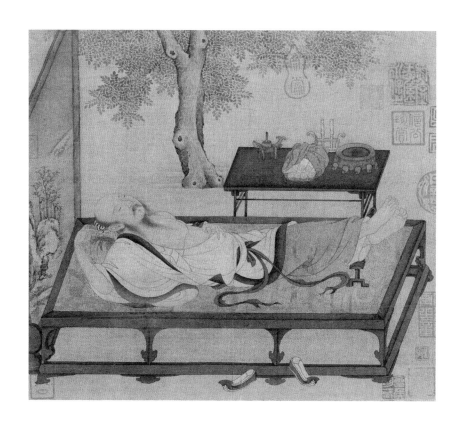

▼ 南宋佚名《槐荫消
夏图》 故宫博物
院藏

求，主体选择的渴望，那么，"人生如梦"主要反
映人们在空间存在中对个体生命实在性的探寻，苏
东坡却从中肯定个体生命的珍贵和价值，并执着于
生命价值的实现。

仅从苏词取证。"人生如梦"原是中国文人的
常规慨叹，苏轼不少词句亦属此类。如：

世事一场大梦，人生几度新凉。

——《西江月》

笑劳生一梦，羁旅三年，又还重九。　　——《醉蓬莱》

一梦江湖费五年。　　　　　　　　　　——《浣溪沙》

十五年间真梦里。　　　　　　　　　　——《定风波》

万事到头都是梦，休休，明日黄花蝶也愁。

——《南乡子》

大都从岁月流驶、往事如烟的角度着眼，似尚缺乏独特的人生思考的新视角。白居易曾说"百年随手过，万事转头空"（《自咏》），苏轼则说"休言'万事转头空'，未转头时是梦"（《西江月》），意谓不仅将来看现在是梦，即过去之事物是梦，而且现存的一切也本是梦，比白诗翻进一层，较之"世事一场大梦"等常规慨叹来，他对人生虚幻性的感受深刻得多了。

但更重要的是，苏轼并不沉溺于如梦的人生而不能自拔，而是力求超越和升华。他说"古今如梦，何曾梦觉，但有旧欢新怨"（《永遇乐》），意谓人生之梦未醒，盖因欢怨之情未断，也就是说，摒弃欢怨之情，就能超越如梦的人生。李白《春日醉起言志》说"处世若大梦，胡为劳其生？所以终日醉，颓然卧前楹"，苏轼反其意而用之，"寄怀劳生外，得句幽梦余"（《谷林堂》），同样表现了对如梦劳生的解脱。

苏轼还从生存虚幻性的深刻痛苦中，转而去寻找被失落的个体生命的价值，肯定自身是惟一实在的存在。他说，"长恨此身非我有，何时忘却营营"（《临江仙》），这也是反用《庄子》的意思。《庄子·知北游》云："舜问乎丞曰：'道可得而有乎？'曰：'汝身非汝有也，汝何得有夫道？'舜曰：'吾身非吾有也，孰有之哉？'

曰：'是天地之委形也。生非汝有，是天地之委和也；性命非汝有，是天地之委顺也；孙子非汝有，是天地之委蜕也。'"庄子认为人的一切都是自然的赋予，把"吾身非吾有""至人无己"当作肯定的命题；苏轼却肯定主体，认为主体的失落乃因拘于外物、奔逐营营所致，对主体失落的悲哀同时包含重新寻找自我的热忱。苏东坡的《六观堂老人草书》也说：

> 物生有象象乃滋，梦幻无根成斯须。
>
> 方其梦时了非无，泡影一失俯仰殊。
>
> 清露未晞电已阻，此灭灭尽乃真吾。
>
> ……

佛家把人生看成如梦、如幻、如泡、如影、如露、如电，称为"六如"，苏轼却追求六如"灭尽"以后的"真吾"。

他的名篇《百步洪》诗也是因感念人生会晻顿成"陈迹"而作。前半篇对水势湍急的勾魂摄魄的精彩描写，却引出后半篇"我生乘化日夜逝，坐觉一念逾新罗""觉来俛仰失千劫，回视此水殊委蛇""但应此心无所住，造物虽驶如吾何"等哲理感悟，就是说，人们只要把握自"心"，就能超越造物的千变万化，保持自我的意念，就能超越时空的限制而获得最大的精神自由。苏东坡又说"身外傥来都似梦"（《十拍子》）、"梦中了了醉中醒"（《江城子》）等，也从否定身外的存在转而肯定自身的真实存在，并力图在如梦如醉的人生中，保持清醒的主体意识。

（三）自适：达者之境

苏东坡有两次较长时期的退居生活。一在黄州，元丰三年（1080）至元丰七年（1084），一在惠州、儋州，绍圣元年（1094）至元符三年（1100）。所谓"问汝平生'功业'，黄州、惠州、儋州"，前后达十多年。仕途的坎壈和挫折却带来创作上的丰收。苏东坡的 2 700 多首诗中，贬居期达 600 多首，240 多首编年词中，贬居期达 70 多首，还有数量众多的散文作品。

苏东坡在退居时期的作品中，所抒写的主要感情状态是悲愁和闲适。写沦落异乡的悲苦：

> 岂知流落复相见，蛮风蜑雨愁黄昏。
> ——《十一月二十六日松风亭下梅花盛开》
> 枯肠未易禁三碗，坐听荒城长短更。　——《汲江煎茶》

抒发孤独老衰之愁：

> 忽逢绝艳照衰朽，叹息无言揩病目。
> ——《寓居定惠院之东》
> 衰鬓久已白，旅怀空自清。　　　　——《倦夜》

但他作为流人逐客对悲哀的咀嚼之中，逐渐发现主体之外存在着可怕的异己世界，进而引起对整个人生的思考，因此，他的感伤是理智沉思的、是内省式的。

对于人生的悲哀，苏轼遵循自己"悲哀—省悟—超越"的思路，最终往往能化解人生的悲哀。苏轼明确提出"无愁可解"的命题。他认为，以酒解愁，自"以为几于达者"，其实，"此虽免乎愁，犹有所解也。若夫游于自然而托于不得已，人乐亦乐，人愁亦愁，彼且恶乎解哉！"（《无愁可解》词序）《庄子·逍遥游》云："若夫乘天地之正而御六气之辩，以游无穷者，彼且恶乎待哉！"苏轼这里仿效庄子的口吻和思想，认为人的个体只要顺乎自然，亲和为一，乐愁一任众人，也就用不着"解"什么愁了。从根本上取消"愁"的实在性存在，也就取消了"解"的前提，这才是真正的"达者"。

　　闲适词是苏东坡退居时期的另一重要内容。苏轼在闲适中追求的是自然人格。他在《闲轩记》中，批评徐得之以"闲轩"自我标榜，刻意求之，实即失之。他认为真正的闲适是性灵的自然状态的不自觉的获得，是不能用语言说出、思维认知的。当然不能存在丝毫的求名意识，甚或连下意识都不可。陶渊明《归园田居》其一，写归田闲适之乐："户庭无尘杂，虚室有余闲。久在樊笼里，复得返自然。"写冲出官场"樊笼"而回归自然之乐；苏轼和诗却写在贬地"樊笼"中自适情趣："禽鱼岂知道，我适物自闲。悠悠未必尔，聊乐我所然。"（《和陶归园田居六首》其一）他知"道"得"适"，与物相融相亲；悠悠万物纵然未必尽能相融相亲，但他自适其适即得无穷之"乐"了。

　　这里所谓的"道"，即是对弃绝尘网、复归为自然人格的体认。

　　他的《和陶归园田居六首》其六回忆当日在扬州初作和陶

狗吠深巷中雞鳴桑樹巔

《饮酒》诗时，"长吟《饮酒》诗，颇获一笑适。当
时已放浪，朝坐夕不夕"，已在饮酒中自获怡然闲
适之趣；而今在惠州，"矧今长闲人，一劫展过
隙。江山互隐见，出没为我役。斜川追渊明，东
皋友王绩。诗成竟何为，六博本无益"。则在劫后
的"长闲"生涯中，更体验到自身与自然的合而
为一，尚友古代高士陶潜、王绩，尽情地享受自
然之乐，甚至连诗棋等艺事也属多余。"江山"为
我所"役"，亦即"适然寓意而不留于物"（晁补之

《鸡肋集》卷三三《题渊明诗后》引苏轼语），更突出了他这种自然人格中自主选择的强烈倾向，他的自适并非泯灭自我。总之，苏东坡的"适"是达者之适。

对陶渊明的推崇和认同，也是苏东坡贬退时期的祈向。

苏东坡宣称自己师范陶渊明，从黄州时起，其作品中大量地咏陶赞陶：《江城子》："梦中了了醉中醒。只渊明，是前生。走遍人间，依旧却躬耕。"以后"渊明吾所师"（《陶骥子骏佚老堂二首》其一），"愧此稚川翁，千载与我俱。画我与渊明，可作三士图"（《和陶读山海经》其一）之类的话，不绝于口。苏轼在黄州初得陶集，"每体中不佳，辄取读，不过一篇，惟恐读尽后，无以自遣耳"（《书渊明羲农去我久诗》）。后贬岭海，竟把陶柳二集视作南迁"二友"（《与程全父书》），并追和全部陶诗。苏东坡还擅长"檃括"陶作为词，如他用《哨遍》檃括《归去来辞》。

苏东坡认定陶渊明的主要精神是归向自然，是个体与自然的和谐混一，以求得心灵的自由和恒久。他对陶的一番"苏化"功夫首先即是对这一精神的深化。在他的评陶言论中，总是反复强调陶的真率和自然。他读了陶的《饮酒》后说：

> 予尝有云，言发于心而冲于口，吐之则逆人，茹之则逆予。以谓宁逆人也，故卒吐之。与渊明诗意，不谋而合。
>
> ——《录陶渊明诗》

他认为陶的不"遣己"，就是自得其性，自适其意，这才是人生的最大完善。他又说：

陶渊明欲仕则仕，不以求之为嫌；欲隐则隐，不以去之为高：饥则扣门而乞食，饱则鸡黍以延客。古今贤之，贵其真也。

——《书李简夫诗集后》

出处问题是封建士人的最大人生问题，苏轼以陶渊明崇尚"任真"的理想人格为最高典范，提出了简明而深刻、形易而实难的答案，苏轼还是第一个对陶诗艺术精髓做出正确评赏的人。

他概括陶诗艺术特征为"外枯而中膏，似淡而实美"（《评韩柳诗》），"质而实绮，癯而实腴"，从而认为陶乃古今诗人之冠，"自曹刘鲍谢李杜诸人，皆莫及也"（见《子瞻和陶渊明诗集引》）。这在评陶史上具有里程碑的意义。他之所以能做出如此精深的品评，正是基于他对陶的"高风绝尘"的人生哲理的认识的结果。

其次是苏轼对陶的选择取向。陶渊明并非"浑身静穆"，也有"金刚怒目式"的一面，但苏轼似有意予以淡化或扬弃。陶诗中表现"猛志固常在"的著名诗篇有《读山海经十三首》其十、《咏三良》、《咏荆轲》等，我们不妨看看苏轼的和诗。

陶诗《读山海经十三首》其十，以精卫填东海、刑天舞干戚寄愤抒志，表现了践偿昔日"猛志"的强烈期待；苏轼和诗却以

"金丹不可成，安期渺云海"发端，谓神仙炼丹之事，渺茫无凭；又以"丹成亦安用，御气本无待"作结，"御气无待"，典出《庄子·逍遥游》，已见前引。这两句说，即使丹成也无助于成仙之事，而应御六气（阴阳风雨晦明）之变以游无穷，顺万物之性，游变化之途，即可与宇宙同终始，自不待外求。这与陶有忧世之志与超世之怀之别。

　　陶苏各咏三良，却一赞一贬。陶赞其君臣相得，殉于"忠情""投义"，死得其所，颇寓异代之悲；苏则认为"顾命有治乱，臣子得从违"，大胆地提出对于君主的"乱命"，可以而且应该"违"抗，不应盲从，他并进一步说"仕宦岂不荣，有时缠忧悲。所以靖节翁，服此黔娄衣"，指出仕途充满忧患，宁可像黔娄那样临死仅得一床"覆头则足见，覆足则头见"的布被，也不向君王乞求，陶翁自己所为正复如此，对陶的殉义说微含异议。陶的咏荆轲，惜其"奇功不成"，全诗悲慨满纸，为蹉跌豪侠一掬"千载有余情"之泪，是陶诗中最富慷

余家贫耕植不足以自给幼稚
盈室缾无储粟生生所资未见
其术亲故多劝余为长吏脱
然有怀求之靡途会有四方之
事诸侯以惠爱为德家叔以余贫
苦遂见用于小邑于时风波
未静心惮远役彭泽去家百
里公田之利足以为酒故便求之
及少日眷然有归欤之情何则
质性自然非矫厉所得饥冻虽切
违己交病尝从人事皆
口腹自役于是怅然慷慨深愧
平生之志犹望一稔当敛裳宵
逝寻程氏妹丧于武昌情在骏
奔自免去职仲秋至冬在官
八十余日因事顺心命篇曰归
去来兮乙巳岁十一月也
归去来兮田园将芜胡不归
既自以心为形役奚惆怅而独悲
悟已往之不谏知来者之可追实
迷途其未远觉今是而昨非舟
遥遥以轻飏风飘飘而吹衣问征

慨之气者。正如龚自珍所云："陶潜诗喜说荆轲，想见《停云》发浩歌。吟到恩仇心事涌，江湖侠骨恐无多。"（《己亥杂诗》）苏轼和诗却纯出议论，但把议论主要对象从荆轲转到燕太子丹，"太子不少忍，顾非万人英"，批评他竟把国家命运寄托在"狂生"荆轲的冒险一击上，而不认识暴秦"灭身会有时，徐观可安行"。这里显示的是道家顺应自然的政治观。

苏东坡的这些抽象思辨，表现他殚精竭虑地在探索人生苦难和虚幻之谜，力求达到自得自适的达者之境，这正是他和陶公最深刻的相契之处。他在《问渊明》诗的自注中有言：

> 或曰东坡此诗与渊明相反，此非知言也，盖亦相引以造于道者，未始相非也。

"相引以造于道"，共同探求人生答案，苏东坡可谓陶公六百年后第一位真正知己。他说："吾前后和其（陶）诗凡百数十篇，至其得意，自谓不甚愧渊明。"（《子瞻和陶渊明诗集引》）千古相契之乐，可谓溢于言表。

二　生死之化

死亡是人类每一个个体无法逃脱的必然归宿，但从未有活着的人拥有过死亡的体验与经验，死亡问题是历来哲人们苦苦追索的难题。"未知生，焉知死"（《论语·先进篇》），孔子认为"知死"比"知生"为难，对子路"敢问"死亡的问题，拒绝做出答复。然而，一个人如何对待死亡，正是最直接地反映他人生思想的核心内涵与特点。苏东坡对此早就有所思考。

如在熙宁五年（1072）所作的《墨妙亭记》中，就认识到"人之有生必有死"是个无法逃避的自然规律，"而君子之养身也，凡可以久生而缓死者无不用"，所有养生救死之法都已用尽了，"至于不可奈何而后已，此之谓知命"。他提出既要"知命"，又要"必尽人事"，"然后理足而无憾"，这是苏轼应对死神的一种思路。比之"死生有命，富贵在天"（《论语·颜渊》）来，多了一份人的主观能动作用。而到了他生命的最后一年，也就是死神日益逼近的特定时刻，他对生死问题的思考，则达到了一个更高、更深刻的层次。研究苏轼临终时对人类自身的"终极关怀"及其含义，对于深入把握这位杰出人物的人生观是很有帮助的。

苏轼在临终前的三次言行，为他多难多彩的人生做了最深刻的总结。

（一）相传李公麟在镇江金山画有一幅苏轼像，苏轼临终前过此，自题一首六言绝句：

自题金山画像

心似已灰之木，身如不系之舟。

问汝平生功业，黄州惠州儋州。

（周必大《文忠集》卷一七〇《乾道庚寅奏事录》记他于乾道六年［1170］亲至镇江金山："登妙高台烹茶，壁间有坡公画像。初，公族侄成都中和院僧表祥画公像，求《赞》，公题云：'目若新生之犊，心如不系之舟。要问平生功业，黄州惠州崖州。'集中不载，蜀人传之。今见于

▼ 明张宏《金山胜概
图》 南京博物院藏
"镇江三山"之一的金
山，矗立于江心，江帆
片片，渡口繁忙，往来
商旅如织。

此。"两处题诗，文字少异。)

　　"心似"句，典出《庄子·齐物论》："形固可使
如槁木，而心固可使如死灰乎？"乃是颜成子游问
南郭子綦之语。郭象注云："'死灰槁木'取其寂漠
无情耳。夫任自然而忘是非者，其体中独任天真
而已，又何所有哉！"则是形容离形去智、身心俱
遣而达物我两忘、妙悟"自然""天真"的人生境
界。庄子的这一思想素为后世士人所服膺，但他们

常从各自的境遇出发做出不同角度的抉择与吸取。如白居易《隐几》诗云：“百体如槁木，兀然无所知；方寸如死灰，寂然无所思。”强调的是“身适忘四支，心适忘是非”的泯灭一切、忘却自我的闲适观。这又为另一些笃信儒家进取入世哲学的士人所不满，如司马光《无为赞贻邢和叔》（《司马文正公文集》卷七四）云：“学黄老者，以心如死灰、形如槁木为‘无为’，迂叟（司马光）以为不然，作无为赞。”他提出的宗旨是“治心以正，保躬以静。进退有义，得失有命。守道在己，成功则天”。则以儒家的理想人格精神来否定“心灰形木”的无为观，但他的“无为观”，同样具有反选择的被动无能的倾向。苏轼却与白居易、司马光的取径视角均不相同。

他在《高邮陈直躬处士画雁二首》其一中说：“君从何处看，得此无人态？无乃槁木形，人禽两自在。”他的着眼点在于从身似槁木心如死灰之中，获得大自在、大快乐，去妄明心才能体悟自身的本真，获得无限广阔的思想空间，并非把绝对化的“无知”“无思”或“无为”当作人生的追求目标。

“身如”句也典出《庄子·列御寇》：“巧者劳而知者忧，无能者无所求，饮食而遨游，泛若不系之舟，虚而遨游者也。”成玄英《疏》云：“唯圣人泛而无系，泊尔忘心，譬彼虚舟，任运逍遥。”意指弃智屏巧而获得自由自适的身心境界，犹如虚舟漂行，一任自然，永不停泊。禅宗中亦常以“不系之舟”为喻。苏轼一生漂泊无常，对“不系舟”之喻当别有一番体会。前不久经江西时，他吟诵过“用舍俱无碍，飘然不系舟”（《次韵阳行先》）的诗句；渡海北返时，更高唱过“九死南荒吾不恨，兹游奇绝冠平生”（《六月二十日夜渡海》），他的“不恨”实由于他对“兹游”的“奇绝”之处，已从人生的终极意义的层面上获得深刻的领悟。

因此，我曾对"问汝平生功业"两句做过转进一层的理解："对于兴邦治国的'功业'来说，这是一句自嘲的反话；而对于建树多方面的文学业绩而言，这又是自豪的总结。"（见《苏轼选集·前言》）或许还可以补充说，黄州、惠州、儋州的十多年贬居生活，不仅是他文学事业的辉煌时期，也是他人生思想范型发展、成熟乃至最后完成的最关键时期；没有这一段生存挫折的磨炼与玉成，也就不成为苏东坡了。

（二）要深入理解这首六言绝句的丰富含蕴，还可以参悟他的另一次谈话。建中靖国元年（1101）七月二十三日，苏东坡的方外友径山维琳来访，两人于夜凉对榻倾谈。

还在十几年前，苏轼任杭州知州时，就聘请维琳主持径山寺法席。径山古刹由唐代宗时牛头宗法钦禅师正式开山，但维琳却是云门宗法嗣。苏轼先后两次任职杭州时，与僧道交游频繁，是他接受佛教思想的最重要时期。他三上径山，写作诗文近二十首，其中如：

> 有生共处覆载内，扰扰膏火同烹煎。近来愈觉世路隘，每逢宽处差安便。嗟余老矣百事废，却寻旧学心茫然。
>
> ——《游径山》
>
> 嗟我昏顽晚闻道，与世龃龉空多学。灵水先除眼界花，清诗为洗心源浊。
>
> ——《再游径山》

面对外部世界的争斗、烦扰与困惑，他表现出浓厚的禅悦之趣，以寻求解脱。

而今苏轼是劫后余生，病入膏肓；维琳远道专程探疾，话题自然集中到生死问题上。

七月二十五日，苏轼手书一纸给维琳云："某岭海万里不死，而归宿田里，遂有不起之忧，岂非命也夫！然死生亦细故尔，无足道者。"（《与径山维琳》）已觉大限将至，心态平和。二十六日他与维琳以偈语应对，他答云：

答径山琳长老

> 与君皆丙子，各已三万日。
>
> 一日一千偈，电往那容诘。
>
> 大患缘有身，无身则无疾。
>
> 平生笑罗什，神咒真浪出！

五、六两句是他四年前所作《思无邪斋铭》中的成句（仅改"病"为"疾"），说明直至病危之时，苏轼仍神智清明，记忆一如往常。在这篇《铭》的《叙》中，他说："夫有思皆邪也，无思则土木也，吾何自得道？其惟有思而无所思乎？"他在《虔州崇庆禅院新经藏记》也提出过"能使有思而无邪，无思而非土木"的两难命题，他的答案是：只要努力寻找"思"与"无思"之间的契合点，是可以达到"浩然天地间，惟我独也正"的境界的。"大患缘有身，无身则无疾"，意谓人生的苦难来自俗谛，勘破俗谛则还我本真之身。"无身"也就是本真之身。结尾"平生笑罗什"两句，维琳亦难索解，询问之后，苏轼索笔一挥而就："昔鸠摩罗

什病亟，出西域神咒，三番令弟子诵以免难，不及
事而终。"则明确表示对佛教迷信虚妄的摒弃。

直至二十八日苏轼弥留之际，他已失去听觉、
视觉，维琳"叩耳大声云：'端明宜勿忘（西方）！'"
苏轼喃喃回应道："西方不无，但个里着（力）不
得！"在旁的钱世雄说："固先生平时履践至此，更
须着力！"苏轼又答道："着力即差！"（以上引文均见傅藻
《东坡纪年录》。）

据惠洪《石门文字禅》卷二七《跋李豸吊东坡
文》云："东坡没时，钱济明侍其傍，白曰：'端明
平生学佛，此日如何？'坡曰：'此语亦不受！'遂

化。"两者具体记述稍异，但对所谓"西方"极乐世界的信仰之怀疑，则是一致的。清潘永因《宋稗类钞》卷六《伤逝》引李秃翁语云："'西方不无'，此便是疑信之间。若真实信有西方，正好着力，如何说着力不得也。"苏东坡浸染佛学颇深，但他毕竟不会把自己生命的最后依托，交付给虚幻缥缈的佛教彼岸世界，他总是力求把握住真实的自我存在，追求人生价值的完成。对此他始终保持着清醒和自信。

（三）苏辙的《亡兄子瞻端明墓志铭》中这样记录其兄的临终情形："未终旬日，独以诸子侍侧曰：'吾生无恶，死必不坠，慎无哭泣以怛化！'问以后事，不答，湛然而逝。实七月丁亥也。"面对死亡，他平静地回顾自己的一生，光明磊落，无怨无悔，自信必能升入自由、自主的精神"天国"。"慎无哭泣以怛化"，典出《庄子·大宗师》，叮嘱家人切勿啼泣以惊动垂死之人。

苏东坡早年曾描写过释迦牟尼"涅槃"时众人"悲恸殒绝"的情景：

> 道成一旦就空灭，奔会四海悲人天。翔禽哀响动林谷，兽鬼踯躅泪迸泉。
>
> ——《记所见开元寺吴道子画佛灭度，以答子由》
>
> 中有至人谈寂灭，悟者悲涕迷者手自扪。
>
> ——《王维吴道子画》

而东坡却从庄不从佛，只愿以最平淡安详的方式无牵无挂地告别人世。黄庭坚《与王庠周彦书》也述说了他当时听到常州来人相告：

> 东坡病亟时，索沐浴，改朝衣，谈笑而化，其胸中固无
> 憾矣。

他对生命意义的透辟理解，对人类自身终极关怀的深刻领悟，消融了濒死的痛苦和对死亡的恐惧。"湛然而逝"，"谈笑而化"，他的确毫无遗憾地走向自己人生旅途的终点，有个最好的完成。

第五讲 苏东坡的创作生涯

　　苏东坡的作品是他生活和思想的形象反映，他的创作不能不受制于生活道路的发展变化。他一生历经了北宋仁宗、英宗、神宗、哲宗、徽宗五个朝代，这是北宋积贫积弱的局势逐渐形成、社会危机急剧发展的时代，也是统治阶级内部政局反复多变、党争此起彼伏的时代。苏轼卷入了这场党争，他的一生也就走着坎坷不平的道路。除了嘉祐、治平间初入仕途时期外，他两次在朝任职（熙宁初、元祐初）、两次在外地做官（熙宁、元丰在杭、密、徐、湖；元祐、绍圣在杭、颍、扬、定）、两次被贬（黄州、惠州、儋州），就其主要经历而言，正好经历两次"在朝—外任—贬居"的过程。

　　苏东坡这种大起大落、几起几落的生活遭遇，造成他复杂矛盾而又经常变动的思想面貌和艺术面貌，给研究创作分期带来不少困难。但是，第一，他的儒释道杂糅的人生思想是贯串其一生各个时期的；笔力纵横、挥洒自如又是体现于各时期诗、词、文的统一艺术风格。这是统一性。第二，他的思想和艺术又不能不随着生活的巨大变化而变化。

　　我们认为，与其按自然年序，把他的创作划分为早、中、晚三期，不如按其生活经历分成初入仕途及两次"在朝—外任—贬居"而分为七段，并进而按其思想和艺术的特点分成任职和贬居两期：思想上有儒家与佛老思想因素消长变化的不同，艺术上有豪健清雄和清旷简远、自然平淡之别。这是特殊性，也是分期的根据。

一 发轫期

嘉祐、治平间的初入仕途时期，是苏东坡创作
的发轫期。

他怀着"奋厉有当世志"（《东坡先生墓志铭》）的宏
大抱负走上政治舞台，力图干一番经世济时的事
业。他唱道"丈夫重出处，不退要当前"（《和子由苦寒

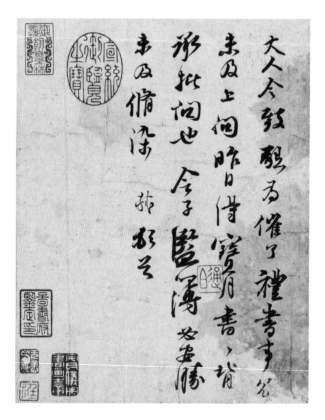

见寄》），"屈原古壮士，就死意甚烈。……大夫知此理，所以持死节"（《屈原塔》），一副舍身报国、迈往进取、风节凛然的儒者面目。反映在诗文创作中，是《郿坞》《馈岁》《和子由蚕市》等一批富有社会内容的诗歌和《进策》二十五篇、《思治论》等充满政治革新精神的政论文。

苏东坡是位早有创作准备的作家，这时的诗文虽然不免带有一般早期作品幼稚粗率和刻意锻炼的痕迹，但艺术上已日趋成熟。论辩滔滔、汪洋恣肆的文风，才情奔放、曲折尽意的诗风，都已烙下个人的鲜明印记。

如古体诗《凤翔八观》，王士禛认为"古今奇作，与杜子美、韩退之鼎峙"，"此早岁之作"可与黄州后所作匹敌（《池北偶谈》卷一一"岐梁唱和集"条）。《辛丑十一月十九日，既与子由别于郑州西门之外……》，汪师韩叹为"诗格老成如是"（《苏诗选评笺释》卷一）。而《和子由渑池怀旧》等近体诗，纪昀评为"意境恣逸，则东坡本色"（纪批《苏文忠公诗集》卷三）。其豪健清雄更足以代表他以后整个任职时期的独特风格。

二 在朝期

两次在朝任职时期是苏东坡创作的歉收期。熙宁时与王安石变法派矛盾，元祐时又与司马光、程颐等论争，激烈动荡的统治阶级内部斗争占据了他的注意中心。今存熙宁初二三年间所作诗歌不足二十首，为苏诗编年的最低数字（前在凤翔任职的三年内，写诗共一百三十多首）。元祐初所作固然不少（两百首左右），但除题画诗外，名

篇佳作寥寥无几；且题材较狭，以应酬诗为主，虽不能一笔抹煞，但毕竟视线未能注视到更重要的生活领域。这时的诗歌风格，仍然在多样化之中保持健笔劲毫的统一倾向。

苏轼的至亲好友文同曾追忆，熙宁初他天天去汴京西城访晤苏轼，"虽然对坐两寂寞，亦有大笑时相轰。顾子（苏轼）心力苦未老，犹弄故态如狂生。书窗画壁恣掀倒，脱帽褪带随纵横。喧呶歌诗聒文字，荡突不管邻人惊"（《往年寄子平》），宛然是李白再世。其时为数甚少的诗作也多少留下这种狂放不羁的投影；或记人物"吾州之豪任公子，少年盛壮日千里"（《送任伋通判黄州兼寄其兄孜》），或抒感慨"君不见阮嗣宗臧否不挂口，莫夸舌在齿牙牢，是中惟可饮醇酒。读书不用多，作诗不须工，海边无事日日醉，梦魂不到蓬莱宫"（《送刘攽倅海陵》），或写书法艺事"兴来一挥百纸尽，骏马

倐忽踏九州。我书意造本无法,点画信手烦推求"（《石苍舒醉墨堂》)。

至于元祐初在京所作的一批题画诗,如《虢国夫人夜游图》《赵令晏崔白大图幅径三丈》《次韵子由书李伯时所藏韩幹马》《郭熙画秋山平远》《书王定国所藏烟江叠嶂图》等,苍苍莽莽,一气旋转,令人想见其濡墨挥毫时酣畅淋漓、左右逢源的快感。

胡应麟《诗薮·外编》卷五云:"子瞻虽体格创变,而笔力纵横,天真烂漫。集中如'虢国夜游''江天叠嶂''周昉美人''郭熙山水''定惠海棠'等篇,往往俊逸豪丽,自是宋歌行第一手。"

除咏周昉美人图的《续丽人行》作于徐州，《定惠海棠》作于黄州外，其他三篇皆作于此时。而《定惠海棠》淡雅高绝，已属贬居时期的风格，实不宜以"俊逸豪丽"目之。

三 外任期

熙宁、元丰和元祐、绍圣的两次外任时期是苏轼创作的发展期。不仅创作数量比在朝时增多，名篇佳作亦美不胜收。

先后两次外任都是苏轼自己请求的，他企图远离统治阶级内部斗争的漩涡，一则避开是非，保全自己；二则希望在政治上有所作为，以践初衷。因此，其时尽管由于抑郁失意不时流露出超旷消沉的情绪，但积极入世精神仍是主导。加之实际生活扩大了他的政治视野和社会阅历，他的总数不多的社会政治诗大都产生于此时，其中有抨击时政的《吴中田妇叹》及其他涉及新法流弊的诗篇，有他杭州赈济疏湖、密州收养"弃子"、徐州抗洪开矿、颍州纾民饥寒的艺术记录，有《於潜女》《新城道中》《无锡道中赋水车》《石炭》等各地风土人物的形象描绘。这都说明苏轼具有反映重大题材的思想基础和艺术才能，只是由于生活巨变等原因未能继续得到新的开拓，在贬谪时期的创作注意力主要转到个人抒慨，题材趋向日常生活化。政治社会性较强是苏轼整个外任时期（包括初入仕途时期）诗歌的共同思想特点。

其次，以这时期为主的整个任职时期，苏轼诗歌的主要风格在豪健清雄方面，于前代诗人，对李杜韩刘（禹锡）汲取较多。

他的不少七古七绝，如《东阳水乐亭》《欧阳少师令赋所蓄

▶ 北宋苏轼《北游帖》 台北故宫博物院藏
此帖写于苏轼贬谪黄州前。

石屏》《书丹元子所示李太白真》等颇具李白超迈豪横之气，前引《送刘攽倅海陵》的起句直逼李白《行路难》，其《送张嘉州》"峨眉山月半轮秋，影入平羌江水流。谪仙此语谁解道，请君见月时登楼"，更是句用李诗《峨嵋山月歌》，格从李诗"解道澄江净如练，令人长忆谢玄晖"（《金陵城西楼月下吟》）化出，而此诗首句"少年不愿万户侯，亦不愿识韩荆州"，则反用李白《与韩荆州朝宗书》。

他的《荆州十首》之于杜甫《秦州杂诗》，《真兴寺阁》之于《同诸公登慈恩寺塔》，《访张山人得山中字二首》之于《寻张氏隐居二首》，以及《次韵张安道读杜诗》《寿星院寒碧轩》等诗，前人常有"句句似杜""前六句杜意，后二句是本色"（纪昀语）之类的评论。他的《石鼓歌》，其奇横排奡、泼墨淋漓堪与韩愈《石鼓歌》比肩，《司竹监烧苇园，因召都巡检柴贻勖左藏以其徒会猎园下》亦与韩愈《汴泗交流赠张仆射》《雉带箭》等围猎之作一脉相承。

至于由杜韩肇端的议论化、散文化倾向对于苏诗结构、选字、用韵，以至宏伟风格的形成，更发生了直接的重大影响。赵翼《瓯北诗话》卷五云："以文为诗，自昌黎始；至东坡益大放厥词，别开生面，成一代之大观。"所言甚确。至于刘禹锡，陈师道谓苏轼学其"怨刺"，则有《郿坞》《雨中游天竺灵感观音院》及指斥新法流弊诸作可为佐证，参寥谓苏学其"峻峭渊深""波峭"，苏辙也推重刘诗"用意深远，有曲折处"（《吕氏童蒙诗训》），这在苏诗中也不乏其例。

从上述师承关系中不难从一个方面看出苏轼其时的审美倾向。前人又多谓苏诗"伤率、伤慢、伤放、伤露"，"犷气太重"（纪昀语），"一泻千里，不甚锻炼"（赵翼语），正是放笔快意，追求豪健清雄风格所带来的缺点。

第三，这时期苏轼正式开始了词的创作。虽然比之于诗，起时较晚，但一开始即以有别于传统婉约词的面貌登上词坛。通判杭州初试词笔，他就打破了"诗庄词媚"（王又华《古今词论》引李东琪语）的旧框框，运用诗的意境、题材、笔法、语言入词，初步显示出"以诗为词"的倾向。记游的《行香子》（一叶舟轻）写浙江桐庐七里濑"重重似画，曲曲如屏"的景色，观潮的《瑞鹧鸪》（碧山影里小红旗）写钱塘弄潮儿搏击江潮的习俗，抒写乡情的《卜算子》（蜀客到江南），感慨身世的《南歌子》（苒苒中秋过），都有一种清新流畅、疏宕俊迈的诗的情调。

尤如赠别杭州知州陈襄的一组词作，如《行香子·丹阳寄述古》《虞美人·有美堂赠述古》《诉衷情·送述古、迓元素》《清平乐·送述古赴南都》《南乡子·送述古》等，语言明净，意境深远，与设色浓艳、抒情纤细的传统送别词各异其趣。在自杭赴密途中，他作《沁园春·赴密州，早行，马上寄子由》云："当时共客长安，似二陆初来俱少年。有笔头千字，胸中万卷，致君尧舜，此事何难！用舍由时，行藏在我，袖手何妨闲处看？身长健，但优游卒岁，且斗尊前。"勃勃英气，力透纸背，洋溢着待时而沽、"天生我材必有用"的自信和自豪。

沿着这一创作倾向继续发展，终于在密州时期写下了《江城子·密州出猎》和《水调歌头·丙辰中秋，欢饮达旦，大醉，作此篇，兼怀子由》这两首最早的豪放词代表作，从而在词坛上树起"自是一家"的旗帜。徐州所写《浣溪沙》五首农村词，则以浓郁的泥土芳香和淳朴真挚的思想感情，表示了词在题材、意境上的进一步开拓。这时期词作的这一倾向，与他以儒家积极进取精神为主导的思想倾向是一致的，也与诗风的主要倾向相类。

第四，包括这时期在内的整个任职时期，散文写作着重在议论文（政论、史论）和记叙文两类。前者如奏议、策论、进论是为了向朝廷直接表达政见，后者如亭、台、楼、堂记是为了立碑上石，大都带有应用文性质，并非严格意义上的文学创作，但仍有很高的文学价值。如凤翔所作《喜雨亭记》《凌虚台记》，密州所作《超然台记》，徐州所作《放鹤亭记》等，都是传诵一时的名篇。杂记《日喻》《石钟山记》等则不仅以形象生动感人，而且以警策哲理给人以有益的启迪。

以上是苏轼前后三十多年任职时期的主要思想面貌和艺术面貌。

四 贬居期

元丰黄州和绍圣、元符岭海的两次长达十多年的谪居时期，是苏东坡创作的变化期、丰收期。

震惊朝野的"乌台诗案"是苏东坡生活史的转折点。他开始了四年多的黄州谪居生活。沉重的政治打击使他对社会、对人生的态度，以及反映在创作上的思想、感情和风格，都有明显的变化。

苏东坡人生思想的特点是"杂"：既表现为儒

明祝允明《唐宋四大家文卷》之苏轼《喜雨亭记》 故宫博物院藏

《喜雨亭记》为嘉祐七年（1062）苏轼任凤翔签判时所作。

佛道思想因素同时贯串他的一生，又表现为这三种思想因素经常互相自我否定。如《韩非论》对"虚无淡泊"的老庄哲学斥为"猖狂浮游之说"，指出他们把"君臣父子"关系视作"萍游于江湖而适相值"，那么，"父不足爱而君不足忌。不忌其君，不爱其父，则仁不足以怀，义不足以劝，礼乐不足以化。以四者皆不足用，而欲置天下于无有，岂诚足以治天下哉！"在《议学校贡举状》中，指责"今士大夫至以佛老为圣人"的风气，认为庄子"齐死生、一毁誉、轻富贵、安贫贱"的一套，是"人主"用以"砺世磨钝"的"名器爵禄"的腐蚀剂。这是从儒家治世的角度批判佛老。而在《和文与可洋川园池三十首·二乐榭》中又谓："仁智更烦诃妄见，坐令鲁叟作瞿昙。""二乐榭"命名来源于孔子"知者乐水，仁者乐山"之说（《论语·雍也》），文同提出质疑"二见因妄生，仁智何常用"，苏轼和诗亦意谓佛理高于儒学。

儒家入世，佛家超世，道家避世，三者原有矛盾，苏东坡却以"外儒内道"的形式将其统一起来。宋代释智圆云："儒者饰身之教，故谓之外典也；释者修心之教，故谓之内典也。""故吾修身以儒，治心以释。"（《闲居编·中庸子传上》）东坡《轼以去岁春夏，侍立迩英……》诗云："定似香山老居士，世缘终浅道根深。"署名王十朋的《集注分类东坡诗》卷二引师（尹）曰："白居易晚年自称香山居士，言以儒教饰其身，佛教治其心，道教养其寿。"一僧一俗，所言全同。在宋代三教合一日益成为思想界一般潮流的情势下，苏东坡对此染濡甚深，并具体化为以下形式：任职时期，以儒家思想为主；贬居时期，以佛老思想为主。两件思想武器，随着生活遭遇的不同而交替使用。这又是与儒家"穷则独善

▼ 明崔子忠《苏轼留
　带图》 台北故宫
　博物院藏

此图根据苏轼留带金山
寺的故事创作，其时在
元丰七年（1084），苏轼
由黄州调任汝州，赴任
途中顺道至金山寺拜访
方外好友佛印，遂留下
此玉带。

其身，达则兼善天下"（《孟子·尽心》）的旨趣相通的。

　　苏东坡在《初到黄州》诗中写道："自笑平生
为口忙，老来事业转荒唐。长江绕郭知鱼美，好竹连山觉笋香。逐客不妨员外置，诗人例作水曹郎。只惭无补丝毫事，尚费官家压酒囊。"在自我解嘲中，仍想有"补"国"事"，对贬逐则淡然处之。但是，政治处境险恶如故，生活困顿与日俱增，一种天涯沦落的悲苦孤寂之感油然而生。最初寓居定惠院时所作的《卜算子》中"有恨无人省""拣尽寒枝不肯栖"的孤鸿，《寓居定惠院之东，杂花满山，有海棠一株，土人不知贵也》中那株地处炎瘴江城而"幽独"无闻的高洁海棠，都是诗人的自我写照，使我们很容易联想起柳宗元《永州八记》之类作品中的山山水水。然而，苏轼很快找到了排遣苦闷的精神武器，这就是早年已经萌发的佛老思想。

他自白：到黄州后"归诚佛僧"，"间一二日辄往（安国寺）焚香默坐，深自省察，则物我相忘，身心皆空，求罪始所从生而不可得。一念清净，染污自落，表里翛然，无所附丽，私窃乐之。旦往而暮还者，五年于此矣。"（《黄州安国寺记》）他还倾心于道家的养生术，曾去黄州天庆观养炼多日，又与知己滕达道等互相研讨。

元丰五年（1082），苏东坡的一批名作如《前赤壁赋》、《后赤壁赋》、《定风波》（莫听穿林打叶声）、《浣溪沙》（山下兰芽短浸溪）、《西江月》（照野弥弥浅浪）、《临江仙》（夜饮东坡醒复醉）等，大都写得翛然旷远，超尘绝世。他的情绪是随时多变的，但这一年所流露的超旷放达的情绪却相对稳定，应是他黄州时期思想逐渐成熟的表现。如《前赤壁赋》利用主客对话所体现的作者思想由乐到悲、又以乐作结的演变过程，可以看作他黄州时期整个基本思想感情"乐—悲—乐（旷）"发展过程的缩影。因此，这时作品中尽管交织

着悲苦和旷达、出世和入世、消沉和豪迈的种种复杂情绪和态度，但这种超然物外、随缘自适的佛老思想仍是它的基调。

应该说明，在此以前的苏轼作品中也不乏避世退隐思想的流露，黄州时期也有表达积极进取的儒家精神之作。然而，对传统思想的汲取只有与生活实践紧密结合才能化为真正的血肉，发挥能动的作用。

苏轼很早的一首《夜泊牛口》诗，在写风土人情后，退隐之意摇笔自来："人生本无事，苦为

世味诱"，"今予独何者，汲汲强奔走"，这只能算作"题中应有
之义"而已。即如《凌虚台记》《超然台记》等对老庄出世哲学
的阐述，也多少带有因台名而生发的书生议论色彩。苏轼在黄州
就不同了。他面对的最大、最紧逼的人生问题是对逐客生涯如何
自处，他的主要生活内容是东坡躬耕的"垦辟之劳"和"玉粒照
筐筥"（《东坡八首》）的收获之喜，是"初被酒以行歌兮，忽放杖而
醉偃"（《黄泥坂词》）的出游，是访友，是养生以及坚持五年每一二
日一往的安国寺参禅活动。他虽然对政事并未忘情，毕竟已远离
论政于朝堂、理事于衙门簿籍之间的官场生涯，没有也不可能
去施展他的政治抱负。苏轼说："中年忝闻道，梦幻讲已详"（《去

岁九月二十七日，在黄州，生子遁……病亡于金陵，作二诗哭之》其二），把他对佛老思想较为深刻的理解和运用定在黄州时期的"中年"；苏辙《东坡先生墓志铭》中"后读释氏书，深悟实相，参之孔、老，博辩无碍，浩然不见其涯也"一段，也叙于"谪居黄州"之后。这是值得深思的。正是在这个意义上，我们认为佛老思想在黄州时期日益浓厚，甚至占据了思想的主导地位，在以后岭海时期更有所发展。

说"主导"并不意味着苏轼已成为佛教徒或道教徒。他在《答毕仲举书》等文中，一再说明对玄奥难测的佛学教义并不沉溺，只是取其"静而达"的观察问题的方法，以保持达观的处世态度，保持对人生、对美好事物的执着和追求。这与其时对儒家思想的某种坚持，正好相反相成。事物的辩证法就是这样：本质消极的佛老思想，在苏轼身上起了积极的作用（当然也有消极的一面）。《定风波》中那位在风雨中"吟啸徐行"、对困境安之若素的形象，才是我们熟悉的苏轼面貌，他不同于屈原、杜甫在失意时仍时刻燃烧着忠君爱国的热情，也不同于韩愈、柳宗元在贬逐时悲苦无以自抑的精神状态。

与此相联系，黄州时期的创作有以下几个特点：

一、抒写贬谪时期复杂矛盾的人生感慨，是其主要题材。比之任职时期，政治社会诗减少，个人抒情诗增多。

他在赴黄州途中与苏辙会于陈州，有诗云："别来未一年，落尽骄气浮。嗟我晚闻道，款启如孙休。"（《子由自南都来陈三日而别》）虽然平生豪气未必销尽，受谗之恨、被谪之怨未必泯灭，但从主要方面看，已由从前的矜尚气节、迈往进取的"骄气"转而为对旷达超俗、随遇而安的佛老之"道"的追求。早年离蜀赴京时所作《荆州十首》其十云："北行连许邓，南去极衡湘。楚境横天下，怀王信弱王！"纪昀评云："此犹少年初出气象方盛之时也。黄州后无此议论也。"的确，这种勃勃雄心、不可一世的自负感此时很少再现，习见的是抑郁不平或超逸清空的精神境界，尤其是后者。

同是中秋抒情，密州名作《水调歌头》充满了入世和出世的矛盾，既向往"琼楼玉宇"之纯洁而又嫌其寒冷，既憎恶现实社会之恶浊而又留恋人世的温暖，以月下起舞为胜境，千里婵娟为祝愿；时隔六年的黄州《念奴娇·中秋》，则写"人在清凉国"的表里澄澈，写"水晶宫里，一声吹断横笛"的绝响遗韵。其时所作《前赤壁赋》有"羽化而登仙"的名句，前人评其时所作《卜算子》为"非吃烟火食人语"（黄庭坚语，见《苕溪渔隐丛话·前集》卷三十九引），都可与此词互相印证。同是重阳述怀，元丰元年（1078）徐州所作《千秋岁》虽然也有"明年人纵健，此会应难复"的常规慨叹，但充溢画面的是"如玉"的"坐上人"，与玉人交映的"金菊"，纷飞相逐的"蜂蝶"，乃至满袖珍珠般的"秋露"；而在黄州所作《南乡子》却以"万事到头都是梦，休休，明日黄花蝶也愁"作结，《醉蓬莱》又以"笑劳生一梦，羁旅三年，又还重九"开头，这里有对世事无常、"人生如梦"的低沉喟叹，更有泛观天地、诸缘尽捐的旷远心灵的直接呼喊！王国维《人间词话》卷上云："东坡之词旷，稼轩之词豪"，"旷""豪"的差别就在于苏轼接受了佛家静达圆通、庄子齐物论等世界观和方法论的深刻影响。

二、这时期创作的风格除了豪健清雄外，又发展清旷简远的一面，透露出向以后岭海时期平淡自然风格过渡的消息。

黄州词如《念奴娇·赤壁怀古》《满江红·寄鄂州朱使君寿昌》《水调歌头·黄州快哉亭赠张偓佺》等，"铜琵铁板"，神完气足，属豪旷一路，诚如其时他自评云"日近新阕甚多，篇篇皆奇"(《与陈季常》)；但如《卜算子·黄州定惠院寓居作》以及上述元丰五年《定风波》(莫听穿林打叶声)诸作，则出以空灵蕴藉、高旷洒脱之笔，风格有所变化。诗歌中的名篇如《定惠院寓居月夜偶出》《次韵前篇》《寓居定惠院之东，杂花满山，有海棠一株，土人不知贵也》《和秦太虚梅花》等，前人亦多以"清真"(查慎行语)、"清峭"(纪昀语)许之，而其近体诗更追求一气呵成的浑然自然之趣。试以几组和韵诗为例。倅杭时所作《腊日游孤山访惠勤惠思二僧》一组四首和韵诗，选用"卒""遽"等险韵描摹西湖景色，因难见巧，愈出愈奇。《同柳子玉游鹤林、招隐、醉归呈景纯》一组"冈"字韵诗七首，熔铸经史子集，出入野史笔乘，极尽腾挪跌宕之能事，最后一首结云："背城借一吾何敢，慎莫樽前替戾冈"，意谓不敢再出和篇，但竟以"羯语"入诗，真是匪夷所思。(《晋书·佛图澄传》：羯语，"替戾冈，出也。")黄州时期元丰四年、五年、六年每年正月二十日所作"魂"字韵三诗，却自然浑成，毫无为韵拘牵之迹。像次联"稍闻决决流冰谷，尽放青青没烧痕"，"人似秋鸿来有信，事如春梦了无痕"，"五亩渐成终老计，九重新扫旧巢痕"，设景抒慨叙事，清幽新颖熨帖，皆成名联。这都说明黄州诗写得更娴熟，渐入化境。他的一些小诗，如《东坡》《南堂》《海棠》等更是精致流利，坦率地表现了他洒脱的胸襟和生意盎然的生活情趣。

苏轼在黄州于前代诗人对白居易、陶渊明仰慕备至。"东坡"的命名来源于白氏忠州东坡（参看《容斋三笔》卷五"东坡慕乐天"条："苏公谪居黄州，始自称东坡居士。详考其意，盖专慕白乐天而然。"），苏轼又以躬耕其地而"邻曲相逢欣欣，欲自号鏖糟陂里陶靖节"（《与王巩定国》），或以东坡比为陶之斜川："梦中了了醉中醒，只渊明，是前生。"（《江城子》）他对白、陶的仰慕此时偏重在人生态度方面，但也影响到创作。他不仅檃括《归去来兮辞》为《哨遍》一再吟唱，而且其有关劳动诗如《东坡八首》等也有陶诗淳朴浑厚的风味。这种淡远风格在黄州只是初露端倪，要到以后岭海时期才趋于明显。因为他一离黄州，随着政治风云的变幻而由此带来的个人生活的变化，又唱起豪健清雄的歌声了："愿为穿云鹘，莫作将雏鸭"（《岐亭五首》其五），宛然是"楚境横天下，怀王信弱王"（《荆州十首》其十）的旧歌重唱！"空肠得酒芒角出，肝肺槎牙生竹石。森然欲作不可回，吐向君家雪色壁"（《郭祥正家，醉画竹石壁上……》），似乎又恢复了文同笔下熙宁初的狂放面目！"东方云海空复空，群仙出没空明中。荡摇浮世生万象，岂有贝阙藏珠宫？"（《登州海市》）又回到了任职时期"炜炜精光，欲夺人目"（纪昀语）的创作面貌。苏轼在任职时期和贬居时期确有两副胸襟，两副笔墨。黄州时期是第一个"在朝一外任一贬居"过程的结束，有人把它看成创作中期的开始，从而与以后的元祐初在朝、元祐绍圣四任知州合为一个"中期"，是不尽妥当的。

三、在散文方面，任职时期以议论文（政论、史论）和记叙文为主，这时期则着重抒情性，注重于抒情与叙事、写景、说理的高度结合，出现了带有自觉创作意识的文学散文或文学性散文，其

中尤以散文赋、随笔、题跋、书简等成就为高。

　　赤壁二赋，光照文坛。这两篇题名为赋、文体为散文，而其实质乃是诗情、画意、理趣的融为一体，以其巨大的艺术魅力脍炙人口九百年，历久弥新。而他的笔记小品如《记承天寺夜游》、《游沙湖》（一作《游兰溪》)、《书蒲永升画后》、《书临皋亭》以及数量众多的书简，字里行间，都有一个活脱脱的坡公在，而行文又极不经意，似乎信手拈来，信口说出，如他自己所说，是"天然地别是风流标格"（《荷花媚》词)。这种追求最大的表达自由的倾向，也在贬居岭海时期得到进一步发展。除此以外，这时期还写了不少有关佛教的文字，也是他生活内容

宋贾师古《岩关古寺图》 台北故宫博物院藏

变化的结果。

惠州、儋州的贬谪生活是黄州生活的继续，苏东坡的思想和创作也是黄州时期的继续和发展。佛老思想成为他思想的主导，而且比前有所滋长。他说：

> 吾生本无待，俯仰了此世。念念自成劫，尘尘各有际。
> 下观生物息，相吹等蚊蚋。　　　　　　——《迁居》

一念之间世界顿生成坏（劫），世界（尘）又无所不在，佛家的时间观和道家的空间观使他把万物的生存与蚊蚋的呼吸等量齐观。由于地处罗浮，他对道家理论家葛洪更加倾倒："东坡之师抱朴老，真契久已交前生。"（《游罗浮山一首示儿子过》）"愧此稚川翁，千载与我俱。画我与渊明，可作三士图。"（《和陶读山海经》其一）当然，他依然是从自我解脱、排遣苦闷的角度去汲取佛老，而不是沉溺迷恋其中。后来北归途中他有《乞数珠赠南禅湜老》诗云："从君觅数珠，老境仗消遣。未能转千佛，且从千佛转。"《传灯录》卷五载慧能为法达禅师说法，有"心迷《法华》转，心悟转《法华》"之语，东坡即自谓未能彻底悟道，不过借某些佛理作为"老境"的"消遣"而已。

如果说，黄州时期尚不免豪气偶现，迁谪之怨时有流露，那么，此时随着年事日高，对佛老习染更深，因而表现为胸无芥蒂、一任自然的精神境界。苏辙说"东坡先生谪居儋耳，置家罗浮之下，独与幼子过负担渡海，葺茅竹而居之，日啖薯芋，而华屋玉食之志，不存于胸中"（《子瞻和陶渊明诗集引》），对他当时的生活和思想做了真实的记录。

这时尽管也有出世、入世的矛盾，也有对政事的继续关注，写过像《荔枝叹》这样富有战斗性的诗篇，但对君主、对仕途的认识确又有所变化。他在《别黄州》一诗中开头即云：

> 病疮老马不任鞿，犹向君王得敝帏。

典出《礼记·檀弓下》："敝帷不弃，为埋马也；敝盖不弃，为埋狗也。"对朝廷改迁汝州感到莫大的恩德，态度谦卑。而此时所作《和陶咏三良》开头却云：

> 我岂犬马哉，从君求盖帷。

结云：

> 仕宦岂不荣，有时缠忧悲。
> 所以靖节翁，服此黔娄衣！

宁可像黔娄那样临死仅得一床"覆头则足见，覆足则头见"的布被，也不向君王乞求。同一典故，正反两用，反映出他前后对君主、仕途的不同态度。

这首《和陶咏三良》还一反陶诗原作之意，严厉批判"三良"（指奄息、仲行、鍼虎三人）为秦穆公殉葬是违背"事君不以私"的愚忠行为，鲜明地提出"君为社稷死，我则同其归。顾命有治乱，臣子得从违"的君臣关系的原则，这里重点在君命可能有"乱"，臣子可以有"违"，多么可贵的民主性思想闪光！而在早年凤翔所作的《秦穆公墓》中，却一面为君主开脱："昔公生不诛孟明，岂有死之日而忍用其良"；一面赞美"三良"："乃知三子徇公意，亦如齐之二子从田横。"同一事件，两种议论，说明他晚年思想具有新因素、新发展。

这时期的创作具有和黄州时期许多共同的特点。抒写贬谪时期复杂深沉的人生感慨是其主要内容。由于从佛老思想中找到精神支柱，他虽处逆境而仍热爱生活，并在司空见惯的生活中敏锐地发现诗意和情趣。比之黄州时期，这时的题材更加日常生活化，并在我国诗歌史上第一次摄入岭海地区旖旎多姿的南国风光。前者如写"旦起理发""午窗坐睡""夜卧濯足"的《谪居三适》，写月夜汲水煮茶的《汲江煎茶》，写黎明前偶然兴感的《倦夜》等，都能取凡俗题材开创新境界，从常人习见的琐细处显出新情致，充分表现其化纤芥涓滴为意趣无穷的艺术功力；后者如《舟行至清远县见顾秀才，极谈惠州风物之美》《江涨用过韵》《食荔枝二首》《食槟榔》《儋耳》《丙子重九二首》等。散文也以杂记和书简等文学散文为主，如《记游松风亭》《在儋耳书》《书海南风土》《书上元夜游》及一些抒写谪居生活的书简，也写了不少有关佛教的文字。词的写作较少，今可考知者不足十首。

黄州时期初露端倪的诗风转变到这时日益明显。苏轼任职时期豪健清雄的诗风，同时带来伤奇伤快伤直的疵病和斗难斗巧斗新的习气。纪昀说："东坡善于用多，不善于用少；善于弄奇，不善于平实。"（《和陶读山海经》批语）颇中肯綮。苏轼自己似也有所觉察，如他在答复一位和尚的求教时就说："字字觅奇险，节节累枝叶。咬嚼三十年，转更无交涉。"（《竹坡诗话》）因而在诗论中一再推崇自然平淡的风格。《欧阳少师令赋所蓄石屏》云："含风偃蹇得真态，刻画始信有天工。"《书鄢陵王主簿所画折枝二首》其一云："诗画本一律，天工与清新。"所谓自然，就是这种仿佛得自天工而不靠人力的天然美。《邵氏闻见后录》卷一四记载："鲁直以晁载之《闵吾庐赋》问东坡何如？东坡报云："晁君骚辞细看甚奇丽，信其家多异材邪？然有少意，欲鲁直以渐箴之。凡人为文宜务使平和，至足之余，溢为奇怪，盖出于不得已耳……"（苏轼此信，又见《东坡七集·续集》卷四）在徐州所写《送参寥师》中又崇尚"淡泊"中有"至味"的"妙"的境界。所谓平淡，也就是内含韵味、出入奇丽的本色美。到了这时，由于生活和人生态度的变化，苏轼对此不仅有了更深刻的认识，而且找到了"师范"的主桌陶渊明。

苏东坡对陶渊明的认识在评陶历史上有着突出的意义。陶渊明在世时并未得到应有的重视。钟嵘《诗品》把这位六朝最大的诗人列为"中品"。唐代诗人多有推重，也有微辞。杜甫《可惜》云"宽心应是酒，遣兴莫过诗。此意陶潜解，吾生后汝期"，着眼于陶的生活态度；而《遣兴五首》其三却说"陶潜避俗翁，未必能达道。观其著诗集，颇亦恨枯槁"，对其人其诗皆予非议。苏轼却不然：

> 柳子厚诗在陶渊明下，韦苏州上。……所贵乎枯淡者，谓其外枯而中膏，似淡而实美，渊明、子厚之流是也。
>
> ——《评韩柳诗》

苏、李之天成，曹、刘之自得，陶、谢之超然，盖亦至矣。而李太白、杜子美以英玮绝世之姿，凌跨百代，古今诗人尽废；然魏晋以来高风绝尘，亦少衰矣。……独韦应物、柳宗元发纤秾于简古，寄至味于淡泊，非馀子所及也。

——《书黄子思诗集后》

吾于诗人无所甚好，独好渊明之诗。渊明作诗不多，然其诗质而实绮，癯而实腴，自

▶ 元佚名《松泉高士图》 辽宁省博物馆藏

图绘高士倚松，泉涓涓而流。有陶渊明归去来之意。

曹、刘、鲍、谢、李、杜诸人，皆莫及也。

——见苏辙《子瞻和陶渊明诗集引》

显然，苏轼对陶诗"外枯而中膏，似淡而实美"，"质而实绮，癯而实腴"的品评是深刻的，纠正了杜甫的偏颇，为后世陶诗研究者所公认。

他以前曾从政治上推重杜甫为"古今诗人"之首（《王定国诗集叙》），现在又从艺术上认为杜于陶诗的"高风绝尘"有所不及，并进而以陶渊明压倒一切诗人。他对陶诗的"平淡"作了深得艺术辩证法的阐发。白居易在《题浔阳楼》中说："常爱陶彭泽，文思何高玄"，注意到陶诗的"高玄"，但对其"自然"风格似体味不深。《能改斋漫录》卷三"悠然见南山"条云："东坡以渊明'采菊东篱下，悠然见南山'，无识者以'见'为'望'，不啻碔砆之与美玉。然余观乐天《效渊明诗》有云'时倾一尊酒，坐望东南山'，然则流俗之失久矣。惟韦苏州《答长安丞裴说》诗有云'采菊露未晞，举头见秋山'，乃知真得渊明诗意，而东坡之说为可信。"苏、韦定"见"，白氏从"望"，这不单纯是个版本异文问题，而是对陶诗"自然"风格的理解问题。苏轼认为，作"望"，"则既采菊又望山，意尽于此，无余蕴矣，非渊明意也"；作"见"，"则本自采菊，无意望山，适举首而见之，故悠然忘情，趣闲而累（思）远，此未可于文字精粗间求之。"（见晁补之《鸡肋集》卷三三《题渊明诗后》引苏轼语，参看《东坡题跋》卷二《题渊明饮酒诗后》[又见其《书诸集改字》一文]。)

苏轼此说也为大多数陶诗研究者所接受，"望""见"的是非优劣固然仍可继续讨论，但表现出苏轼对陶诗自然风格的理解在于不经意、不斧凿、"适然寓意而不留于物"（陆游《老学庵笔记》卷四评苏轼"见"字说）的天然之美。这也是深得艺术真谛的。

苏轼把他所深刻理解的自然平淡风格推为艺术极诣。于是，陶柳二集被看作南迁"二友"（《与程全父书》），"细和渊明诗"（黄庭坚《跋子瞻和陶诗》）成了创作的日课。苏轼在元祐七年开始和陶，作《和陶饮酒二十首》，而在这时"尽和其诗"（《和陶归园田居六首》引），共一百多首。对于这一我国诗歌史上罕见的特殊现象，前人多从学得"似"或"不似"来品评二人艺术上的高低，意见不一。其实，学不像固然不能算好，学得可以乱真也未必好。依照苏轼自己对陶诗艺术的体会，陶诗境界其高处既是可遇而不可求的天然美和本色美，则从根本上说，是不能也是不必摹拟的。杨时说："陶渊明诗所不可及者，冲澹深粹，出于自然。若曾用力学，然后知渊明诗非着力之所能成。"（《龟山先生语录》卷一）

这些和陶诗的意义在于它是苏诗艺术风格转变的确切标志，是探讨其晚年风格的有力线索。他在扬州所作《和陶饮酒》实与陶诗风格不侔。元好问《跋东坡和渊明饮酒诗后》云："东坡和陶，气象只是东坡。如云'三杯洗战国，一斗消强秦'（此为苏《和陶饮酒》第二十首之句），渊明决不能办此"，即指豪横超迈之气不能自掩。惠州、儋州和作，力求从神理上逼近陶诗风味。即以惠州第一次所作《和陶归园田居六首》为例。第一首云：

> 环州多白水，际海皆苍山。
>
> 以彼无尽景，寓我有限年。

......

门生馈薪米，救我厨无烟。

斗酒与只鸡，酣歌饯华颠。

禽鱼岂知道，我适物自闲。

悠悠未必尔，聊乐我所然。

所用都是淡语、实语，乍读似觉枯淡，反复吟诵自有深味。"禽鱼"四句纯系议论，也能体会其静思默察、有所了悟的乐趣。

第二首云：

......

南池绿钱生，北岭紫笋长。

提壶岂解饮，好语时见广。

春江有佳句，我醉堕渺莽。

对于"春江"两句，陆游曾云："东坡此诗云'清吟杂梦寐，得句旋已忘'（此为《湖上夜归》诗句，作于通判杭州时），固已奇矣。晚谪惠州，复出一联云'春江有佳句，我醉堕渺莽'，则又加于少作一等。近世诗人，老而益严，盖未有如东坡者也。"（《渭南文集》卷二七《跋东坡诗草》）查慎行亦评为"句有神助"（《初白庵诗评》卷中），纪昀亦评为"此种是东坡独造"（纪批《苏文忠公诗集》）。"少作"意谓沉浸创作，梦中得句又忘，虽不愧佳句，但稍见矜持之态；"晚作"则谓春江自藏佳句，只是醉中堕入一片浑沌之中，没能也不必去寻觅，更显妙境偶得，意趣悠远。如果再同唐庚的"疑此江头有佳句，为君寻取却茫茫"（《春日郊外》），或陈与义的"忽有好诗生眼底，安排句法已难寻"（《春日二首》其一），"佳句忽堕前，追摹已难真"（《题酒务壁》）等来比较，就显得一自然一安排、一言少意多一意随语尽的分别了。

"和陶诗"中所表现的美学趣尚，影响到苏轼岭海时期的整个创作。他在北返途中曾说"心闲诗自放，笔老语翻疏"（《广倅萧大夫借前韵见赠，复和答之二首》其二），这两句推美萧世范的话，实可移评他此时的风格。他一登琼岛，忽遇急雨，写诗说"急雨岂无意，催诗走群龙"，"应怪东坡老，颜衰语徒工。久矣此妙声，不闻蓬莱宫"（《行琼儋间，肩舆坐睡……》），似乎预示着他的诗歌从"语徒工"而追求钧天广乐般的"妙声"。

一般说来，这时期的诗作不弄奇巧，不施雕琢，随意吐属，自然高妙。近体如惠、儋两地各以《纵笔》为题的四首诗、《被酒独行，遍至子云威徽先觉四黎之舍》、《六月十二日酒醒步月理发而寝》、《汲江煎茶》，古体如《十一月二十六日松风亭下梅花盛开》《吾谪海南，子由雷州……》等，感时触物，油然兴发，一如风吹水面，自然成文。"用事博"是苏诗一大特色，此时一般少用或用常见之典，也不像以前那样过分追求工巧贴切因而常被诗评家所讥讪。至于像"岂意青州六从事，化为乌有一先生"（《章质夫送酒六壶，书至而酒不达，戏作小诗问之》）之类，谐趣横生，具见信手偶得的天然之妙，也是以前用典所不经见的。

在诗歌结构上也表现出更为快利圆转，生动流走。有时甚至从个别看不免堆垛板滞，从全体看却仍如行云流水，如弹丸脱手。如《海南人不作寒食……》诗中间两联云"苍耳林中太白过，鹿门山下德公回。管宁投老终归去，王式当年本不来"，一连排比四个典故，但读全诗，仍觉爽口，一则典是常典，二则四事分指自己与符林，绾合紧密，因而并无镶嵌之痕。又如《六月二十日夜渡海》开头云：

> 参横斗转欲三更，苦雨终风也解晴。
>
> 云散月明谁点缀？天容海色本澄清。
>
> ……

读来一气喷出，细看才知前四字都作叠句。此时诗中用语平实朴素，设色大致素淡，即使为数不多的词作，也大都洗尽铅华，如《蝶恋花》(花褪残红青杏小)、《减字木兰花》(春牛春杖)，朴而愈厚，淡而弥丽，无限情思感人肺腑，绚烂春光迎面而来。随笔小品也保持他一贯信笔直遂的清新流畅的文风。苏辙评此时苏作为"精深华妙，不见老人衰惫之气"(《子瞻和陶渊明诗集引》)。黄庭坚说他对苏轼"岭外文字""时一微吟，清风飒然，顾同味者难得尔"(《答李端叔》)，"使人耳目聪明，如清风自外来也"(《与欧阳元老书》)。这些评论都说中了苏轼其时创作中自然平淡的风格。

　　风格是作家是否成熟的可靠标尺，而任何大作家又总是既有一种基本或主要的风格，又有在此基础上的风格多样化。苏轼在岭海时期表现出向自然平淡风格转化的明显倾向，这并不否认其时仍有豪健清雄之作。即如"和陶诗"，前人已指出其"以绮而学质，以腴而学癯"(周锡瓒语，见《楹书偶录》卷五"宋本注东坡先生诗"条下)，与陶诗有别。他对晁载之赋作的意见，也并不否定"奇丽"，只是"晁君喜奇似太早"，应先求"平和"而后"溢为奇怪"；而在此时所作《与侄论文书》，一方面指出"凡文字少小时须令气象峥嵘，采色绚烂，渐老渐熟，乃造平淡"，一方面又指出"其实不是平淡，绚烂之极也"，叮嘱侄辈不要只见他"而今平淡"，而要去学他以前"高下抑扬、如龙蛇捉不住"的文字。前后两说对平淡、奇丽孰先孰后的看法有所不同，但都说明苏轼艺术个性中始终存在崇尚豪健富丽的一面。然而这不应妨碍我们就其主要或重要倾向做出概括。前面论及各时期创作风格的特色也应作如是观。

第六讲　苏东坡的词

词原是配合音乐歌唱的歌词，从民间词发展到文人词后，词作为"娱宾遣兴"、侑酒助乐的艳曲，逐渐在韵文文学中形成一个独特的艺术系统，创造出一种深婉幽微、寄情纤柔的审美特质。这一艺术传统对词的发展固然是一种助力，但相沿成习，又成为历史的惰力。然而，有价值的艺术传统对任何成功的革新，又起着矫正力的作用，不使革新完全脱离传统的轨道，而造成文学艺术历史的断裂。

苏东坡对词的革新就是如此。他的主要功绩在于使词摆脱对于音乐的依附，成为一种新型的独立抒情工具，从而在题材、意境、手法等方面开创了新的面貌。

一　以诗为词

"以诗为词"，即以写诗的态度来填词，把诗的题材内容、手法风格和体制格律引入词的领域，这是苏轼革新词的主要方法和手段。因而，他的带有革新特点的词，就与他自己的诗存在许多类似点。

如离别词，送陈襄（述古）、杨绘（元素），别苏坚（伯固）、徐大受（君猷）等，官场赠别，亲友分袂，开始大量地入词。我国诗歌本来具有很广泛的应用价值，赋诗送别已成惯例。但苏轼在词的创作初期，即通判杭州时，偏偏填了七首词送别当时的知州陈襄，即《虞美人·有美堂赠述古》《诉衷情·送述古、迓元素》《菩萨蛮·西湖席上代诸妓送陈述古》《江城子·孤山竹阁送述古》《菩萨蛮·西湖送述古》《清平乐·送述古赴南都》《南乡子·送述古》，却无一首诗相送。这标志着苏轼对词的写作意识的新变化：词可以替代诗的实用功能。

此后，苏轼赴密州别杨绘，亦作词六首，即《泛金船·流杯亭和杨元素》、《南乡子·和杨元素时移守密州》三首、《浣溪沙·自杭移密守，席上别杨元素，时重阳前一日》二首；当时又作送杨绘还朝词三首，即《南乡子·沈强辅雯上出文犀丽玉作胡琴送元素还朝，同子野各赋一首》、《南乡子》(旌旆满江湖)、《定风波·送元素》。在密州时期，诗集中除《和子由四首》外(亦非离别题材)，再无其他送弟之作，而词中则有《水调歌头》(明月几时有)、《画堂春·寄子由》等抒写离情之作。其时有《立春日，病中邀安国……》诗，而当文安国离密州时，却不作诗而作词赠别，即《满江红·正月十三日，雪中送文安国还朝》，等等。他的《蝶恋花》(帘外东风交雨霰)题序云："微雪，客有善吹笛击鼓者，方醉中，有人送苦寒诗求和，遂以此答之。"有人求和者为《苦寒诗》，苏轼却用词酬答。正如他当时所说"诗词如醇酒，盎然熏四支"(《答李邦直》)，在他的写作意识中，诗词并无二致。

不仅如此，在他送别词的内容和风格上，也明显地与传统送别词异趣，而与其诗却有相近的地方。大凡传统送别词，抒情纤细，风格柔婉，而苏轼同类词，语言明净，意境高远，且多政治、社会和人生的内容。例如：

> 怪见眉间一点黄，诏书催发羽书忙。从教娇泪洗红妆。
> 上殿云霄生羽翼，论兵齿颊带风霜，归来衫袖有天香。
> ——《浣溪沙·彭门送梁左藏》
> ……伏波论兵初矍铄，中散谈仙更清远。
> ——《和子由送将官梁左藏仲通》
> ……岂如千骑平时来，笑谈謦咳生风雷。葛巾羽扇红尘
> 静，投壶雅歌清燕开。东方健儿虓虎样，泣涕怀思廉耻将。
> 彭城老守亦凄然，不见君家雪儿唱。
> ——《送将官梁左藏赴莫州》

一词两诗，都赞美梁交富有军事韬略，议论犀利深刻，有关词句
都相类（苏轼后来所作《寄高令》亦有"诗成锦绣开胸臆，论极冰霜绕齿牙"句）。杜甫
《奉和贾至舍人早朝大明宫》"朝罢香烟携满袖"，亦为"归来"
句所本，表现出词诗内容和风格上的接近。词中又写到离宴歌女
垂泪，自是传统词的痕迹，但诗中亦有"不见君家雪儿唱"句，
却用李密歌姬雪儿之典，两者在技巧上仍微有不同。

其他的同题送别词诗，如《江城子》（前瞻马耳九仙山）与《留别
释迦院牡丹呈赵倅》诗，《临江仙·送李公恕》与《送李公恕赴
阙》诗，别徐州作《江城子·别徐州》《减字木兰花·彭门留别》
二词与《留别叔通、元弼、坦夫》《罢徐州往南京马上走笔寄子
由五首》二题，《虞美人·送马中玉》与《次前韵答马中玉》诗，
《西江月·杭州交代林子中席上作》与《和林子中待制》《次韵答

黄安中兼简林子中》二诗等，或字句相同，或意境相类，应是"以诗为词"的产物。

有时苏轼的同题诗词，各从不同的侧面开掘同一主题，更似有机整体。例如他赴密州途中赠海州知州陈某的诗词，可以看作姐妹篇：

> 升沉闲事莫思量，仲卿终不忘桐乡。
>
> ——《浣溪沙·赠陈海州，陈尝为眉令，有声》
>
> 雅志未成空自叹，故人相对若为颜。
>
> 酒醒却忆儿童事，长恨双凫去莫攀。
>
> ——《次韵陈海州书怀》

词用汉代循吏朱邑之典，从陈海州怀念眉山百姓的角度落笔，诗却用"双凫"之典（东汉时叶县令王乔尝化双履为双凫，后借为地方官的故实），从眉山百姓追怀陈海州的方面着眼，互相补充，相得益彰，在题材内容上苏轼确实视诗词一体化了。

我们发现在苏轼的离别词中，越来越加重政治的内容甚至说理的成分。如《西江月·送钱待制穆父》与《送钱穆父出守越州绝句二首》，都以酒作为构思的契机。词云"深杯百罚休辞，拍浮何用酒为池，我已为君德醉"；诗云"樽酒今应一笑开"，"劝君莫棹酒船回"。不仅字面相类，而且借以抒发的"须信人生如寄"的思想也是一致的。当钱勰（穆父）罢越州守时，苏轼又作《临江仙·送钱穆父》，咏叹"人生如逆旅，我亦是行人"，这与同时所作《闻钱道士与越守穆父饮酒，送二壶》"金丹自足留衰鬓，苦泪何须点别肠"同一旷达自遣的情怀。在苏诗中，"吾生如寄耳"的句子多达九处，是他人生思想的重要支柱，而在词中也反复吟唱。其他如《浣溪沙·送梅庭老赴上党学官》《八声甘州·寄参寥子》《归朝欢·和苏坚伯固》等，都写得感慨深沉，境界旷远，完全不是传统离别词所能范围的。苏轼在词中找到了自己。

在描写自然风光的作品中，也有类似的情况。如观潮，苏轼有《南歌子·八月十八日观潮》《瑞鹧鸪·观潮》词，前者写潮声，"坐中安得弄琴牙，写取余声，归向水仙夸"，后者写弄潮儿在"碧山影里小红旗"的背景里，"拍手"歌唱的场面；而诗中《八月十五日看潮五绝》则写潮势掀天揭地，并抒写"造物亦知人易老，故教江水向西流"的人生感慨和"东海若知明主意，应教斥卤变桑田"的善良愿望。

临安有一名胜"风水洞"，苏轼《临江仙》词以"四大从来都偏满，此间风水何疑"发端，然后紧扣"风""水"题意，"借与玉川生两腋"写风，"还凭流水送人归"写水；而同时所作《往富阳新城，李节推先行三日，留风水洞见待》《风水洞二首和李节推》诗，也围绕"风""水"生发，有"风岩水穴旧闻名"等句，但如"冯夷窟宅非梁栋，御寇车舆谢辔衔。世事渐艰吾欲去，永随二子脱讥谗"，则用冯夷水居、列御寇驭风之典，意谓追随此二人而去，以脱谤毁。这些诗词内容，互有偏重，诗中更多社会、现实感慨，但仍可清晰地体会到两者的相通和一致。

咏物词也不例外。如《减字木兰花》（银筝旋品）词和《润州

元盛懋《水边高士
图》 美国克利夫
兰艺术博物馆藏

甘露寺弹筝》诗，词云："风里银山，摆撼鱼龙我
自闲。"诗云："江妃出听雾雨愁，白浪翻空动浮
玉。"写乐舞之妙竟感动自然之"山""风"和水族
之"江妃"，其夸张手法如出一辙。其他如《雨中
花慢》（今岁花时深院）和《惜花》诗、《西江月》（怪此花
枝怨泣）和《次韵曹子方龙山真觉院瑞香花》诗、《浣
溪沙·咏橘》和《食甘》诗，也是如此。

苏轼词中也有艳情之作。秦观词是"将身世之
感打并入艳情"，而苏轼的一部分艳情词却打并入

"身世之感"。如：

> 江亭夜语，喜见京华新样舞。莲步轻飞，迁客今朝始
> 是归。

　　　　　　　　　　　　　　　　　　　——《减字木兰花》

> 迁客不应常眊睒，使君为出小婵娟，翠鬟聊著小诗缠。

　　　　　　　　　　　　　　　　　　　——《浣溪沙》

　　这里的舞女和歌女是词中常见的两类女性形象，苏词虽有形体姿容的艳笔，但又融入"迁客"之愁，创造出所谓"歌舞助凄凉"（《浣溪沙》"珠桧丝杉冷欲霜"词句）的意境，这是对传统艳词的改造和提高。

　　我们再以《殢人娇·赠朝云》和《朝云诗》来比较。

　　诗词都用维摩诘和天女的佛典来比喻自己和朝云的志趣投合、相知甚深。诗云："天女维摩总解禅。"词云："白发苍颜，正是维摩境界。"《苕溪渔隐丛话·后集》卷二九评《朝云诗》云："略去洞房之气味，翻为道人之家风，非若乐天所云'樱桃樊素口，杨柳小蛮腰'，但自咤其佳丽，尘俗哉！"用以评《殢人娇》词，也大致适合。当然，词中又不免有"朱唇箸点""敛云凝黛"等"佳丽"词藻，但结尾又云："待学纫兰为佩，寻一首好诗，要书裙带。"这首词的格调，在传统艳词中是罕有其匹的。

　　从上论述可知，苏轼词与诗的距离较小，能够直接证明这点的还有苏轼"次韵少游"的《千秋岁》：

> 岛边天外，未老身先退。珠泪溅，丹衷碎。声摇苍玉

佩，色重黄金带。一万里，斜阳正与长安对。

道远谁云会，罪大天能盖。君命重，臣节在。新恩犹可觊，旧学终难改。吾已矣，乘桴且恁浮于海。

这首词见于《能改斋漫录》卷一七"秦少游唱和千秋岁词"条。从"新恩"句看，当是晚年在海南岛遇赦将返中原时所作。

按照古人诗词唱和的惯例，和作应模拟原唱的风格，苏轼性喜逞才，尤擅此道。如《石鼓歌》学韩愈，《水龙吟·咏杨花》亦与章质夫原词风格近似。但这首《千秋岁》却是发人深省的例外。虽然同处贬谪之境，但苏词"超然自得，不改其度"（苏轼自语，见《能改斋漫录》卷一七）。在苏轼以前的传统婉约词中，如此直露地表达了主体意识、出处哲学的作品，几乎还举不出第二首，确是苏轼革新词的新境界。

二　诗词一家

正变、本色问题确是评论苏词的关键。这个争论在苏轼当时及稍后就已发生。署名陈师道的《后山诗话》云："退之以文为诗，子瞻以诗为词，如教坊雷大使之舞，虽极天下之工，要非本色。"据《铁围山丛谈》卷六，谓"太上皇（徽宗）在位，时属升平，手艺人之有称者"，教坊司有舞者雷中庆，"世皆呼之为雷大使""视前代之伎……皆过之"。陈师道与苏轼同年逝世，皆在建中靖国元年，即徽宗即位的第二年，此语当非出自其口，但指苏词"以诗为词"为"非本色"，却代表当时词坛的一派观点。

苏轼对词的本质的认识却与此相反。他的为数不多的论词文字总是反复强调一个观点，就是"诗词一家"。正是在这个认识的基础上，他一反传统"本色"，大力改革词风，"以诗为词"成了他开创革新词派的主要手段。他在《与蔡景繁》信中说：

> 颁示新词，此古人长短句诗也，得之惊喜。试勉继之，晚即面呈。

而李清照却说苏词乃"句读不葺之诗"（《词论》），张炎《词源》论辛、刘（过）"豪放词"为"长短句之诗耳"，沈义父《乐府指迷》论词四标准，其第一条即为"音律欲其协，不协则成长短之诗"。同一句"长短句诗"，两者褒贬不同，态度迥异：苏轼认为词早该如此作，"得之惊喜"，并当即加以试作，急切欣喜之情，溢于言表；李清照等传统词派的理论代表却认为词绝不应如此作，严加申斥，不假稍贷。

苏轼说："近却颇作小词，虽无柳七郎风味，亦自是一家，呵呵！"（《与鲜于子骏》）他力图按"诗词一家"的原则来求"自是一家"，而李清照却声称词乃"别是一家"，坚守诗、词的森严壁垒。一字之差，意味着维护传统和革新传统的两种倾向。这就是正变之争的实质。

苏轼论词还崇尚作为艺术风格的"豪放"，并与"诗词一家"的主张联系起来。《答陈季常》云："又惠新词，句句警拔，诗人之雄，非小词也。"另一封《与陈季常》信中自称"日近新阕甚多，篇篇皆奇"。这与《与鲜于子骏》中谓《江城子·密州出猎》"令东州壮士抵掌顿足而歌之，吹笛击鼓以为节，颇壮观也"，同一充满自豪、自夸的口吻。言"雄"、言"奇"、言"壮"，足见苏轼艺术个性中崇尚豪迈俊发的一面。也应指出，在"诗词一家"认识的前提下，他也并不绝对排斥婉约、合乐。其《祭张子野文》云："清诗绝俗，甚典而丽，搜研物情，刮发幽翳。微词宛转，盖诗之裔。"在《和致仕张郎中春昼》诗中还赞扬张先"浅斟杯酒红生颊，细琢歌词稳称声"，对张先词的"宛转""细琢称声"亦多褒扬。他对秦观词的俚俗媟黩表示过不满，但对其雅正婉丽的作品却极为倾倒。苏轼自己词作不限于豪放风格一路也可

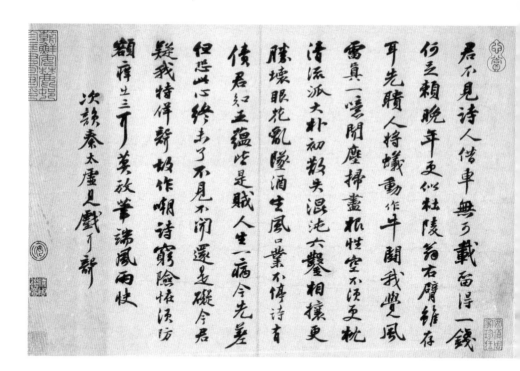

北宋苏轼《次韵秦
太虚见戏耳聋诗
帖》 台北故宫博
物院藏
此诗约作于元丰二年
（1079），为苏轼从徐州
赴湖州太守途中，与秦
观相遇时作，诗句戏谑
夸张。

从这里得到解释。然而，联系苏轼诗词文整个创作，其艺术个性无疑更倾向于豪健的一面。

苏轼及晁补之、陆游、朱弁等人在使用"豪放"一语时多从放笔快意的创作个性着眼，并不单指艺术风格。其实，这一创作个性与苏轼革新传统词风的"以诗为词"的手段是互为表里、互为因果的。他正是为了使词从"娱宾遣兴"的工具变为独立的文学样式，抒写自己的真情实感，追求最大的表达自由，才断然"以诗为词"进行多方面的改革：

在题材内容上，跟诗一样，冲破"艳科"藩篱，达到"无意不可入，无事不可言"（《艺概》卷四）的境地；在手法风格上，跟诗一样，既有比兴含蓄，更擅直抒胸臆，以高远清雄的意境和豪健奔放的风格为主要艺术标准，对婉约词风也进行某些变革和发展；在形体声律上，不以应歌合乐为能事，而是追求词的诗律化，追求诵读的美昕。

这些原属"以诗为词"的主要内容也即是他所开创的革新词派的主要内容，却跟"豪放"一语牵合起来：既然作为创作个性的"豪放"与"以诗为词"是互为表里、互为因果的，晁补之、陆游、朱弁等人还用来解释过苏词不合乐律的原因；既然作为艺术风格的"豪放"又为苏轼所倾心，他还常与"诗词一家"的观点合在一起来论述；更由于清人两种"两分法"在实际内涵上的相同或相近，因此，所谓豪放词派和婉约词派实际上成了革新词派和传统词派的代名词。

龙榆生先生说："后人把它分作豪放、婉约两派，虽不十分恰当，但从大体上看，也是颇有道理的。这两派分流的重要关键，还是在歌唱方面的成分为多。"（《宋词发展的几个阶段》，见《龙榆生词学研究论文集》）刘永济先生也说："按词以婉约为正宗，其理由实因婉约派词家如美成、白石、玉田皆知音，其词皆协律，而词本宋之乐府，乐府诗皆应协律。正宗之说，根据在此。"（《词论》卷上《风会》）这两位词学前辈论豪放、婉约，都没有局限在张綖的风格分派之说内，而是从词的发展流变着眼，是很有见地的。

三　主文不主声

指责苏词不协音律，是传统词派极为普遍的论点，成为苏词评价中的突出问题之一。其实，苏词有两种"律"：一种是乐谱式的词律，目的是付之歌喉，被之管弦，以求歌唱的谐婉动人；一种是平仄式的词律，主要不为歌唱，而是追求文字声韵的和谐，以求诵读的美听。

说苏词不协律，是指前者。但在宋人的言论中对其违律程度的估计却不一致。李清照说他"往往不协音律"（《词论》），陆游引"世言"，谓"东坡不能歌，故所作乐府词多不协"（《老学庵笔记》卷五），其他泛称其词"不入腔"者屡见记载。然而，曾为苏轼僚属的赵令畤却言时人"或谓"苏词"于音律小不谐"（《侯鲭录》卷八），胡仔说他"间有不入腔处，非尽如此"（《苕溪渔隐丛话·后集》卷二十六），沈义父《乐府指迷》"豪放与叶律"条亦认为"不豪放处，未尝不叶律也"。由于词乐失传，宋词唱奏情况已莫明究竟，因此今天已不能准确判断上述两种估计孰是孰非。

苏东坡对乐律虽非精通但亦粗通。吕居仁《轩渠录》记载苏轼有"歌舞妓数人"，常饮客侑歌。苏轼知密州时，刘攽曾听到苏词数阕，作诗赠之云："千里相思无见期，喜闻乐府短长诗。灵均此秘未曾睹，郢客探高空自知（原误作敁）。不怪少年为狡狯，定应师法授微辞。吴娃齐女声如玉，遥想明眸颦黛时。"（《见苏子瞻所作小诗因寄》）借屈原"未睹此秘"（《南史·陆厥传》引沈约论声韵有"自灵均以来，此秘未睹"语）及宋玉曲高和寡之说来赞美苏词，戏谓苏轼当有师法授受，独得乐理之秘，与当时轻浮少年以歌词为戏不同。苏轼晚年常自歌咏，亦屡见记载。这都说明他对音乐的爱好和熟悉。

苏轼粗通乐律而其大部分词作又多违律，说明什么呢？这正是对词的一种新的创作意识的形成——主文不主声。就是说，苏轼主要不是以应歌为填词目的，而是把词作为与诗一样的独立抒情艺术手段，不愿思想感情的表达因迁就乐律而受到损害，不愿自由奔放的创作个性受到拘束，表现了词与音乐初步分离的倾向。苏轼最有名的《念奴娇》(大江东去)，其句式就有四句与常格不同(浪淘尽、小乔初嫁了、羽扇纶巾、故国神游)，所押入声韵也是物、锡、薛、月诸部混而用之，就是因直抒胸臆而不拘乐律的突出例子。这一创作意识并不仅是苏轼一人如此。《碧鸡漫志》卷二云："王荆公长短句，不多合绳墨处，自雍容奇特。""雍容奇特"往往是"不多合绳墨处"，与沈义父评苏词"不豪放处，未尝不叶律"，正反角度不同，含意完全一样，都反映出反传统的新的创作意识。只不过王安石毕竟彼众我寡，未能独立门户，而苏轼以倾荡磊落之才驰骋词笔，恣意抒写，突破倚声协律的常规，才开一代新风气。

钟嵘《诗品序》提出，"韵入歌唱，此重音韵之义也"，这是讲歌唱之律；但梁时的诗歌"既不被管弦，亦何取于声律耶？""但令清浊通流，口吻调利，斯为足矣"，这是讲"讽读"之律。苏词算不上歌唱之律的典范，但他对讽读的音乐性却是潜心追求的。这完全适应苏轼当时词坛所面临的词与音乐初步分离的情势。

诵读但求平仄，不讲四声，这是从沈约"永明体"到唐代律诗形成的一条经验教训。宋词在与音乐初步分离的情势下，其格律亦趋于诗律化，即以两平两仄交替选用的重复平仄律为基础；但又充分发挥其句式上的长短互节、奇偶相生，韵位的疏密变化、韵部通用以及平仄字声在联、节、篇的多种变化，而形成另一种声情相称、谐婉美听的音律。所以，它是诗律化而不是被律诗所同化。苏轼对此做出了自己的贡献。

仍以《江城子》为例。前面从歌唱乐律的角度，我们已推测它可能违律较多；但就平仄式词律而言，则又十分谨严。苏词此调共九首，每首十八句，全是律句，每句平仄亦全同（个别字在一三五处小有出入），以构成全词和谐的一面；但律句之间，多不符粘对规律，如上下片前面的两个三言句，皆作"仄平平，仄平平"的重复句，又构成拗怒的一面；而上下片后面的两个三言句，又皆作"平仄仄，仄平平"，且处于结句地位，这又使全词在拗怒中显出和谐的统一基调。九首平仄一律，见其守律不苟。

如果说，《江城子》的格律多依前人成例，那么，他的两首《洞仙歌》则证明他对音律的匠心独运。《洞仙歌》一调，首见于唐《教坊记》，柳永《乐章集》兼入中吕、仙吕、般涉三调，句式不一，字数也有一二一、一二三、一二六字不等。苏轼两词"冰肌玉骨"为八十三字，"江南腊尽"为八十四字，除下片第四句一为五言句、一为六言句外，其他句式及平仄基本相同，极少例外。两词一咏花蕊夫人，一咏柳树，极尽缠绵悱恻之能事，其音节舒展回环，声情融为一体，全词亦以律句为主，仅上片安排两个拗句。韵脚全用去声，去声激厉劲远，转折跌宕，收到浏亮而又含蓄之效。尤如两词结句"但屈指西风几时来，又不道流年，暗中偷换"和"又莫是东风逐君来，便吹散眉间，一点春皱"，都由两个领格句一气联缀而成，领字（但、又、又、便）皆用去声，所领之句一为七言，一为两个四言，又富变化，把时不我待的感慨或东风催春的期望表达得深曲和深沉。

苏词的平仄有的与通行格式不同，他对音节的推敲正可从这类不同处寻味。如《满江红》下片第五句，一般作"仄平平仄仄"（如岳飞《满江红》的"驾长车踏破"），苏轼五首此句为"空洲对鹦鹉""文君婿知否""相将泛曲水""相看悦如昨""何辞更一醉"，都改作"平平仄平仄"（"曲""一"，入作阴平，"看"有平去两读），这就不是偶然的了。他大概有意打破两平两仄相间的复式平仄律，而变为一平一仄相间的单式平仄律。例如他的《念奴娇》（大江东去），全词大都为律句，仅三个拗句，而此三个拗句都符合单式平仄律：一为过片句"遥想公瑾当年"作"平仄平仄平平"，二为上下片结句"一时多少豪杰"，"一樽还酹江月"，皆作"仄平平仄平仄"，都有一平一仄更迭，对全词悲壮勃郁情怀的表达，助益甚大。又如《雨中花慢》一调，苏轼有三首（今岁花时深院、遠院重帘何处、嫩脸羞蛾），其前片结句各为"有国艳带酒，天香染袂，为我留连""空怅望处，一株红杏，斜倚低墙""又岂料正好，三春桃李，一夜风霜"，皆第一句作拗句（仅一个平声字），二、三两句却为律联，先拗后谐。而一般格式却先谐后拗：第一句作律句，二、三两句律句失对，为重叠句，如柳永"坠髻慵梳"之"把芳容陡顿，恁地轻孤，争忍心安"，张孝祥"一叶凌波"之"恨微颦不语，少进还收，伫立超遥"，皆取"仄平平仄仄，仄仄平平，仄仄平平"格式。苏词的这些变化，都为了造成别一种吟诵腔吻。从数首变化相同来看，他不是率意为之的。

以上数例可以说明苏轼对诵读的音乐性的重视。因此他的词一般读来朗朗上口，而无棘喉涩舌之弊，偶有拗折处，适足以表示盘旋吞吐、勃郁不平的胸襟。后世的许多词谱作者往往以苏词作为词牌的实例。如万树《词律》取苏词者有正体十三调，又一体七调，共二十调。他的词在平仄式词律中具有相当重要的示范作用。

苏词产生以后一直受到"变体""别格""非本色"等严厉指责。有趣的是，一些辩护者也往往从尊体的角度来肯定苏词。南宋初年王灼的《碧鸡漫志》是第一部词学专著，最早对苏词的革新意义给以崇高而正确的评价："东坡先生非心醉于音律者，偶尔作歌，指出向上一路，新天下耳目，弄笔者始知自振。"（卷二）但此书的主旨是揭橥"合乐而歌"的标准，追溯词的远祖，借以抬高词的地位，所谓"古歌变为古乐府，古乐府变为今曲子，其本一也"（卷一），这使他对苏轼的突破音律采取事实上承认、口头上否认的矛盾态度：既然苏轼"非心醉于音律"，无异承认了于律有舛，但又指斥"今少年妄谓东坡移诗律作长短句"，其实，何"妄"之有？清代刘熙载则从内容、风格上立论："太白《忆秦娥》，声情悲壮，晚唐、五代，惟趋婉丽，至东坡始能复古。后世论词者，或转以东坡为变调，不知晚唐、五代乃变调也。"（《艺概》卷四）其言辩而有据，把"变调"的帽子扔给了对方。但囿于"正变"之争，并不能说明问题的实质。

苏词的革新意义在于它代表着词史发展中的两个趋势：诗词

合流（不是同化）的趋势和词乐分离的趋势。这两个趋势是统一的：不仅死守乐律不能充实内容、提高意境和风格，内容的革新和扩大必然导致体制的变革，而且后者是前者的重要标志，使词脱离音乐的附庸地位而变成一种律化的句数固定的长短句诗，一种新型的格律诗。

第七讲　苏东坡的诗

东坡诗总的艺术特色是自然奔放，挥洒自如。"吾文如万斛泉源，不择地而出"，就是他对这一特色的自评和自夸，概括了"滔滔汩汩"和行止必"当"的统一，自由和规律的结合。读者从他的诗中可以获得一种淋漓酣畅的美学享受，也可以感受到他在写作时得心应手、左右逢源的快感。他的长篇古诗，"放笔快意，一泻千里"（《瓯北诗话》卷五）；他的近体诗，更显得圆美流动，很少某些律诗的板滞、枯涩之病。诗人的才情是奔放的，艺术想象是丰富的，他熟练地驾驭各种艺术手法，以争取自由表达的最高境界。

他的这一艺术风格又带有宋代诗歌的时代特点。南宋人严羽在《沧浪诗话·诗辨》中曾指责宋诗（主要是黄庭坚和江西诗派）"以文字为诗，以议论为诗，以才学为诗"，其实，这正是宋代诗歌区别于唐代诗歌的特点之一；而且并非始于黄庭坚，苏轼诗已呈现出这种面貌，这跟他追求自由表达是紧密相连的。

必须说明，这三者只是特点，它在艺术上可以成为优点也可以成为缺点，关键在于是遵循还是违背诗歌形象化的规律；应以此为标准，对苏诗艺术做出全面的评价。

一　以文为诗

诗歌散文化即"以文为诗"的倾向，在唐代大诗人杜甫、白居易、韩愈的作品中已开端倪。它主要指把散文的一些手法、章法、句法、字法引入诗中。散文常用直叙和铺陈排比的手法，苏轼的《游金山寺》《百步洪》等，或直叙游历，或铺写景物，即用此法。这些诗虽有一些交代性的语言，如《游金山寺》的"山僧苦留看落日"，"是时江月初生魄"，但它的整个记叙大都伴随着许多具体的、感性的描绘，因而仍然充满诗意。散文的结构手法也有助于苏诗自然奔放风格的形成，特别是他的古诗，"长篇须曲折三致意，乃可成章"（胡仔《苕溪渔隐丛话·前集》卷四十七引黄庭坚语），在布局谋篇上讲究变化多端而又脉络分明，颇见艺术匠心。但散文化的句法和字法却往往削弱诗歌语言的精炼和形象性。如"问君无乃求之与，答我不然聊尔耳"（《送颜复兼寄王巩》），"无媒自进谁识之，有才不用今老矣"（《送任仮通判黄州兼寄其兄孜》），大用虚字做对仗，就不足为训。

▶（传）明代苏东坡墨妙断碑砚正背面 故宫博物院藏
此砚为残碑形，边角有缺损。砚背面深刻苏轼铭"吴越胜事、书来乞诗、尾书溪藤、视昔过眼"十六字，出自苏轼赠孙觉《孙莘老求墨妙亭诗》。

苏诗的另一特点是议论化，这也是苏东坡以文为诗的一种表现。苏诗中普遍加重了议论成分。诗是容许结合形象、融注感情的议论的，如《凤翔八观》《孙莘老求墨妙亭诗》《和子由论书》等，其中的议论成分对抒写的自由和格调的流畅是有帮助的。但抽象化的过多议论却会损害诗的形象性和韵律美，并且容易造成诗歌语言的松散。

然而，苏轼的哲理诗却是哲理和形象的结合，理和情的统一，在艺术上独树一帜。如《琴诗》："若言琴上有琴声，放在匣中何不鸣？若言声在指头上，何不于君指上听？"这些诗虽然算不得形象丰满，却以思考的敏锐启迪人们的心智。

"以文为诗"还表现在用典。用典是我国古代诗歌常用的表现手段，它可以利用典故本身所包含的较多内容，增加诗歌形象或意境的内涵和深度，给读者以联想、思索的余地，达到以少许胜多许的艺术目的。苏诗中有不少用典贴切成功的例子，这是主要的；但也有用典重叠、故逞才气的地方。如《贺陈述古弟章生子》七律，一连用了贾迁、徐卿生子的典故，又用了汤饼客、弄"獐"书，以及王浑、桓温等有关诞生的故事。这只能使诗意艰涩，格调滞闷，走到他自然奔放风格的反面，成了这位大诗人留给后人的艺术教训。

二　政论入诗

现存苏轼诗约二千七百多首，社会政治诗所占比重并不大，但仍是苏诗的一个重要内容，表达了诗人对于政治和社会重大生活的态度和观点。

他的诗敢于揭露社会矛盾和政治弊病，反映下层人民的一些苦难生活。这是贯串诗人一生的。苏轼年轻时就注意社会问题，写了《岁晚三首》《和子由蚕市》等诗。黄州人把布谷鸟的啼声意会成"脱却破裤"，他借以谴责横征暴敛：

> 不辞脱裤溪水寒，水中照见催租瘢。
>
> ——《五禽言五首》其二

历史上豪强兼并农民土地，他又借以隐寓现实感慨：

> 当时夺民田，失业安敢哭！
> 谁家美园囿，籍没不容赎。
> 此亭破千家，郁郁城之麓。　　　　——《李氏园》

他以同情的笔触描绘了大年初一的农村破产景象：

> 三年东方旱，逃户连敧栋。
> 老农释耒叹，泪入饥肠痛。
> 　——《除夜大雪留潍州，元日早晴遂行，中途雪复作》

> 下马作雪诗，满地鞭棰痕。
> 伫立望原野，悲歌为黎元。
> ——《正月十八日，蔡州道上遇雪，次子由韵二首》其二

直到晚年在经过"乌台诗案"的冤狱以后，他仍然用诗干预政治，直斥时弊。如惠州时所写的《荔枝叹》：

> 十里一置飞尘灰，五里一堠兵火催。
>
> 颠坑仆谷相枕藉，知是荔枝龙眼来。
>
> 飞车跨山鹘横海，风枝露叶如新采。
>
> 宫中美人一破颜，惊尘溅血流千载。
>
> 永元荔枝来交州，天宝岁贡取之涪。
>
> 至今欲食林甫肉，无人举觞酹伯游。
>
> 我愿天公怜赤子，莫生尤物为疮痏。
>
> 雨顺风调百谷登，民不饥寒为上瑞。
>
> 君不见武夷溪边粟粒芽，前丁后蔡相笼加。
>
> 争新买宠各出意，今年斗品充官茶。
>
> 吾君所乏岂此物？致养口体何陋耶！
>
> 洛阳相君忠孝家，可怜亦进姚黄花。

唐代诗人杜牧写过相似题材，留下"一骑红尘妃子笑，无人知是荔枝来"（《过华清宫绝句三首》其一）的名句。东坡此诗开头有意和他相反：一个说"无人知"，词意含蕴；一个直写"知"，并描绘出一幅尘土飞扬、死者满途的惨象。苏诗又说："宫中美人一破颜，惊尘溅血流千载"，也比杜牧诗的"妃子笑"写得笔酣墨饱，对比鲜明。杜诗的含蕴当然也包含着委婉的讥讽，而苏诗的直寻、鲜明，却表现出政治愤激的强烈。苏东坡写历史上的进贡荔枝，又是为了指斥当朝风行一时的贡茶和贡花，而且指名道姓地谴责当

时"名臣"丁谓、蔡襄、钱惟演，把他们比作唐朝贡荔枝的李林甫，充分表现出作者至老不衰的政治斗争精神。

苏东坡的政治诗不仅反映了诗人贯串一生的政治激情和批判黑暗现实的精神，而且也说明他的政治视野比较广阔：贫富对立，赋税苛重，兼并、天灾、贡物等都激起诗人心中的波澜。他的诗还涉及其他社会问题。如对威胁宋朝的辽、西夏的侵扰势力，他力主抵抗，收回失地。黄州时的一首长题《元丰四年十月二十二日，谒王文父于江南，坐上得陈季常书，报是月四日，种谔领兵深入，破杀西夏六万余人，获马五千匹，众喜忭唱乐，各饮一巨觥》

（种谔为宋朝大将），**活现出诗人欣喜之情。这首诗说：**

> 闻说官军取乞阄，将军旗鼓捷如神。
>
> 故知无定河边柳，得共中原雪絮春。

以边塞柳絮犹如中原春雪，表示失地重回宋朝版图。他并且一再表达自己为国破敌的雄心："圣朝若用西凉簿，白羽犹能效一挥。"（《祭常山回小猎》）"千金买战马，百宝妆刀环。何时逐汝去，与虏试周旋。"（《和子由苦寒见寄》）"臂弓腰箭何时去，直上阴山取可汗。"（《谢陈季常惠一揞巾》）他的诗反映了阶级矛盾，也反映了民族矛盾，视野是较广的。

苏东坡的政治诗有一定的思想深度。对于人民的苦难，他不是冷漠的旁观者，而是交织着强烈的爱憎感情，特别是痛苦的内疚和羞愧。《和子由闻子瞻将如终南太平宫溪堂读书》写到民夫在旱灾中的苦况，"中间罹旱暵，欲学唤雨鸠。千夫挽一木，十步八九休"，这使他"对之食不饱，余事更遑求"，从而提出"民劳吏宜羞"的原则。作为一个封建官吏，他常常"作诗先自劾"（《和李邦直沂山祈雨有感》），把诗歌作为自我批判的工具，而不是出售廉价同情的商标。他的《除夜直都厅，因系皆满。日暮不得返舍，因题一诗于壁》说：

> 除日当早归，官事乃见留。
>
> 执笔对之泣，哀此系中囚。
>
> 小人营糇粮，堕网不知羞。

我亦恋薄禄，因循失归休。

不须论贤愚，均是为食谋。

谁能暂纵遣？闵默愧前修。

除夕之夜，囚犯满狱，他推究"堕网"之由，是为生活所逼铤而走险；而自己虽为官吏，不也在为谋食而奔波吗？这里对"小人"和"我"与"贤"和"愚"的阶级壁垒观念的一定冲击，也是难能可贵的。

陆游说："不以一身祸福，易其忧国之心。千载之下，生气凛然。"（《放翁题跋》卷四《跋东坡帖》）苏东坡的政治诗也是符合这个评语的。

三 "鸭先知"：生活真实与艺术真实

苏东坡《惠崇春江晓景二首》（诸本多作《惠崇春江晚景二首》，此据宋刊《东坡集》本〔明刊《东坡七集》本《前集》卷一五亦同〕。从诗意看，似作"晓景"为胜。七集本《续集》卷二重收此诗，题作《书衮仪所藏惠崇画二首》）之一说：

> 竹外桃花三两枝，春江水暖鸭先知。
> 蒌蒿满地芦芽短，正是河豚欲上时。

这首生意盎然、饶有情趣的名作，语意显豁，通俗易懂，却不料招来前人的异议和争论。一是"鸭先知"问题，一是"河豚欲上时"问题。对此做一番辨析和研究，有助于对苏诗写作特色和诗歌艺术特性的理解。

关于"鸭先知"的争论，首先由清初著名学者毛奇龄和王士禛的门人汪懋麟引起。毛奇龄《西河合集》中《西河诗话》卷五说：

> 与汪蛟门（汪懋麟）舍人论宋诗。舍人举东坡诗"春江水暖鸭先知"，"正是河豚欲上时"，不远胜唐人乎？予曰：此正效唐人而未能者。"花间觅路鸟先知"，唐人句也。觅路在人，先知在鸟，以鸟习花间故也。此"先"，先人也；若鸭，则先谁乎？水中之物，皆知冷暖，必先以鸭，妄矣。

随后，王士禛出来声援弟子。他在《渔洋诗

话》卷下说：

> 萧山毛奇龄大可，不喜苏诗。一日复于座中訾謷之。汪蛟门（懋麟）起曰：“竹外桃花三两枝，春江水暖鸭先知云云，如此诗，亦可道不佳耶？”毛怫然曰：“鹅也先知，怎只说鸭？”（又见《居易录》卷二，且有“众为捧腹”一句作结）

与毛奇龄的逞足辩才不同，王士禛采取了用白粉涂对方鼻子的办法，以代替认真的论辩。于是又引起毛奇龄的门人张文檒的不满。他在《螺江日记》卷六“又东坡诗”条中，先引述《西河诗话》全文并推崇毛奇龄说“此真见先生品骘谨严，为前后言诗家所不及”；又指责王士禛“直借先生此言作笑柄”，“先生评坡诗几百余言，而王止摘八字”，“岂是时王原不在坐，但得诸传述之言，未悉其详耶？”

这段话有点漏洞：“鹅也先知，怎只说鸭”八字并不见于《西河诗话》的那段“百余言”之中，王士禛从何“摘”起？那么，这是王士禛的杜撰吗？张文檒又含糊地推测为“传述之言”，他不敢明确地否认乃师说过这话。而且，《西河诗话》既有“水中之物，皆知冷暖，必先以鸭，妄矣”的话，这八个字的概括也与原意无大出入。后来，“鹅也先知”之说不胫而走，传为笑谈，如袁枚《随园诗话》卷三、徐卓《荒鹿偶谈》卷二、徐嘉《论诗绝句》（《味静斋诗存》卷四）等，都有记载。

一方是老师帮学生，另一方是学生帮老师，论争颇为激烈，并延续不止。笔者是不同意毛奇龄之说的，然而，从前人论争材料中却发现一个奇怪的现象：持反对意见的人多数采取简单讥斥的态度，而持赞同意见的人倒是摆事实说道理的，从反面提出了一些值得深思的问题。徐卓指责毛奇龄"惟喜驳辩以求胜"（《荒庑偶谈》卷二），陈衍说他"岂真伧父至是哉？想亦口强耳！"（《宋诗精华录》卷二）简单讥斥并不能说明问题的实质。支持毛说的王鹤汀说："毛先生以水暖先知仅属于鸭，为坡诗病；予之病坡诗志（者）不然。鸭之在水，无间冬夏，又何知有冷暖，而谩以'先知'予之？虽一时谐笑之言，然自是至理，为格物家所不废。若然，则坡诗诚不无可议矣。盖缘情体物，贵得其真，窃恐'先知'之句，于物情有未真也。"（见《螺江日记》卷六引）

毛奇龄的指责提出了艺术形象的个别和一般的关系问题，王鹤汀的论难提出了生活真实和艺术真实的关系问题。两个问题又是互相关联的。

诗歌中的艺术形象总是个别的、有限的，它不可能也不必要穷尽所有的生活现象。诗人总是努力捕捉那些蕴含更多内容和意义的个别的生活形象或场景，来表达他所感受或认识到的象外之旨、景外之意。"春江水暖鸭先知"，这里鸭对早春的感知，不是作为生物学对象的特点，不是论定它在同类水禽中是否最为敏感，也不是论定它是否比人先知，而是诗人从鸭戏春江的欢乐场面中敏锐地感受到春天的消息。因此，他强调甚或夸张鸭对水温感知这一特点，实际上是对它与人的精神密切关联乃至相通的那一特点的强调或夸张，从而表达对春天的喜悦和礼赞，对生活的热爱和肯定。通过个别表现一般，以少胜多，一以当十，正是艺术创作的一般规律。

现象比本质丰富。不同的生活形象中固然常常包含着不同的意义，相同的或相似的意义也可以在不同的事物中表达出来。在我国古代诗人吟咏早春的作品中，出现过许多作为报春标志的景物形象。

陆凯把梅花作为"春信"送给范晔："江南无所有，聊赠一枝春。"（《赠范晔诗》）成了后世咏梅诗常用的典实，梁王筠《和孔中丞雪里梅花》"水泉犹未动，庭树已先知。翻光同雪舞，落素混冰池"，讲梅花知春最先，与"鸭先知"句同一构思。另据《鹖冠子·环流》"斗柄东指，天下皆春"，又有张说《钦州守岁》"愁心随斗柄，东北望春回"，王安石《御柳》"人间今日春多少？只看东方北斗杓"，范成大《除夜感怀》"贫病老岁月，斗杓坐成移"，陆游《开岁半月，湖村梅开无余》"斗柄忽东指，开尽湖边梅"。早梅、北斗等有时序特征的事物当然可以作为春来的信息，在有的作者笔下，其他一般景物也能充当，如方干《除夜》"寒灯短烬方烧腊，画角残声已报春"，曹松《江外除夜》"半夜腊因风卷去，五更春被角吹来"，连蔡京的一联当时颇为传诵的《春日帖子》断句也说："龙烛影中犹是腊，凤箫声里已吹春。"（《西清诗话》）画角声和凤箫声在欣赏者的听觉中也变成了春天的征兆。

早梅、北斗、画角、凤箫都成了得春天风气之先的事物，它们却并不互相排斥，因为诗人并不仅仅着眼于客观事物的时序特征，而主要忠实于自己对春天的感受，这在艺术领域内是完全合"理"的。所以，尽管能"知冷暖"的"水中之物"很多，却不能证明"必先以鸭"是"妄"的。

毛奇龄用"花间觅路鸟先知"句来贬抑苏诗，也是一种曲

▼ 南宋马远《山径春行图》 台北故宫博物院藏

觸袖野花多自舞
避人幽鳥不成啼

解。此句见唐张谓《春园家宴》七律："南园春色正相宜，大妇同行少妇随。竹里登楼人不见，花间觅路鸟先知。……"诗写一家人去南园赴宴赏春：在竹丛中登楼却不见人影，以渲染竹茂楼隐；在花间探路前行惊动禽鸟，以衬托环境的幽雅。"竹里登楼"和"花间觅路"承上"同行""随"，主语都是参加家宴之人。人在花间觅路为鸟先知，与春水转暖为鸭先知，用法相类，不能把这句诗解释为"鸟"比人先知路；在艺术境界上，张谓诗与欧阳修《采桑子》写行船"微动涟漪，惊起沙禽掠岸飞"近似，而苏诗却突出大地回春的萌动时刻，显得更有生趣，更耐人寻味。如果按照毛奇龄的逻辑，那么，花间的蜂蝶之类也能知人行走，"必先以鸟"，不也"妄"么？

袁枚指出毛奇龄的说法"太鹘突"，反驳道："若持此论诗，则《三百篇》句句不是：'在河之洲'者，斑鸠、鸤鸠皆可在也，何必'雎鸠'耶？（指《国风·关雎》）'止丘隅'者，黑鸟、白鸟皆可止也，何必'黄鸟'耶？（指《小雅·绵蛮》）"（《随园诗话》卷三）在反对毛奇龄的材料中，袁枚没有简单讥斥，算是据理反驳的。

从生活现象的无限丰富性来说，讲"春江水暖鹅先知"，也未尝不可。王安石《集禧观池上咏野鹅》有"似怜喧暖鸣相逐"句，陆游《春夜读书感怀》也以"野水鹅群鸣"来烘托春天气氛。晁冲之《春日》"鹅鸭不知春去尽，争随流水趁桃花"，苏辙《和柳子玉共城新开御河过所居墙下》"生长鱼虾供晚馔，浮沉鹅鸭放春声"，更是鹅鸭并提，同为春天景物。但苏轼此诗只能说鸭，不能说鹅，一个简单的理由：它是一首题画诗。惠崇的这幅山水小品今已不传，（明王世贞《弇州山人四部稿·续稿》卷一六八《题惠崇江南春意》云：在"春时"将此画在镇江一带出观，"而歌张志和'桃花流水'按之，当与江山俱响应矣"。所说与苏轼此诗"桃花""春江"颇相似。又据《悦生堂别录》《画旨》，南宋贾似道曾藏有《惠崇江南春图》。王世贞之后的董其昌亦曾寓目。但此幅是否即苏轼题诗之原画，不可确考。）但从苏诗中的竹子、桃花、鸭、蒌蒿、芦芽等来看，这是一幅鸭戏图。鸭正是画面的中心。仅此一点即可证明毛奇龄的谬误，但似为许多反对者所忽视。

王鹤汀对苏诗的论难，涉及生活真实和艺术真实的关系问题。他说"缘情体物，贵得其真"，原是不错的。问题是有两种"真"："格物家"所要求的"真"和艺术家所追求的"真"。艺术真实必须以生活真实为基础，诗人不能随心所欲地改变对象的特征，强加上与它绝不相容、格格不入的东西；然而，艺术又不是对自然的抄袭，诗人总要强调甚至改变对象的某些特征以表现自己的思想和感受，从而获得比生活更高的真实。然而，王鹤汀的谬误主要还不在于不懂得上述两者的联系和区别。

他责问道："鸭之在水，无间冬夏，又何知有冷暖，而谩以'先知'予之？"这从"格物家"的眼光看也是说不通的。鸭子的确终年在水中，但又确知有冷暖，现代科学的常识告诉我们，有的动物的某些感觉比人类还敏感。鸭戏春江确是富有季节特征性的场景，不少诗中加以吟咏。陆游《游镜湖》"禹祠柳未黄，剡曲水已白。鲂鲋来洋洋，凫雁去拍拍"，《春日睡起》"水满凫鹥初拍拍，雨余花木已阴阴"，而苏轼早在这首题画诗以前，就写过"东郊欲寻春，未见莺花迹。春风在流水，凫雁先拍拍"（《游桓山，会者十人，以"春水满四泽，夏云多奇峰"为韵，得泽字》），在野鸭戏水中最先"寻"到春天。连毛奇龄也承认"水中之物，皆知冷暖",王鹤汀却说"何知有冷暖",与之抵牾。他实在算不得有力的声援者。

真正涉及生活真实和艺术真实关系问题的,倒是对"正是河豚欲上时"一句的争论。批评者胡仔在《苕溪渔隐丛话·前集》卷三一引孔毅夫《杂记》云:

> 永叔称圣俞《河豚诗》云:"春洲生荻芽,春岸飞杨花。河豚于此时,贵不数鱼虾。"以谓河豚食柳絮而肥,圣俞破题两句,便说尽河豚好处。乃永叔褒誉之词,其实不尔。此鱼盛于二月,至柳絮时,鱼已过矣。

胡仔据以批评苏诗所写"正是二月景致,是时河豚已盛矣,但'欲上'之语,似乎未稳"。就是说,与时令不合。回护者高步瀛在《唐宋诗举要》卷八引陈岩肖《庚溪诗话》卷下云:

> 余尝寓居江阴及毗陵,见江阴每腊尽春初已食之。毗陵则二月初方食。其后官于秣陵,则三月间方食之。盖此鱼由海而上,近海处先得之,鱼至江左则春已暮矣。……然则圣俞所咏乃江左河豚鱼也。

(参看《风月堂诗话》卷下:"晁季一〔名贯之〕检讨尝为予言:《归田录》所记圣俞赋河豚云:'春洲生荻芽,春岸飞杨花。河豚于此时,贵不数鱼虾。'则是食河豚时正在二月。而吾妻家毗陵人,争新相问遗会宾客,惟恐后时,价虽高,无吝色,多在腊月,过上元则不复贵重。所食时节与欧公称赏圣俞绝不相同,岂圣俞赋诗之地与毗陵异耶?风气所产,随地有早晚,亦未可一概论也，故为记之。") 高步瀛推断说："据此，则河豚上时各地不同，子瞻所咏殆与圣俞同耳。"就是说，苏诗"欲上"句不误，因南京附近暮春柳絮飞扬之日，正是当地河豚"欲上"之时。但是，此说并没有驳倒胡仔：苏诗明明写的是早春景象，并非暮春三月间事。更有意思的是他和胡仔一样，都把艺术真实完全等同于生活真实，都没有了解艺术的特性。

"河豚欲上"句与"鸭先知"句不同，它不是对原画面中景物的吟咏，而是诗人从画面上逗引起的主观联想。苏轼写过不少脍炙人口的题画诗，除了一些借画引发议论的作品外（如《书晁补之所藏与可画竹三首》《书鄢陵王主簿所画折枝二首》等），基本上有两种写法：一种是直接地再现画面形象，着力于描摹的细致逼真，使人吟诵一过，如亲观其画（如《韩幹马十四匹》等）；另一种是在描摹画面形象的基础上，再做引申、渲染、想象，以构筑诗的意境。这后一种写法往往在艺术上获得更大的成功。因为太忠实原画，不免粘皮带骨；完全离开原画，则又捕风捉影，妙在不即不离、若即若离之间。正如晁补之所说："诗传画外意，贵有画中态。"（见《景迂生集》，俞剑华《中国画论类编》上卷引）王士禛《居易录》卷一三说："《尔雅》：购，蔏蒌。郭璞注：蔏蒌，蒌蒿也，生下田，初出可啖，江东用羹鱼。故坡诗云'蒌蒿满地芦芽短，正是河豚欲上时'，七字非泛咏景物，可见坡诗无一字无来历也。"（又见《渔洋诗话》卷中，称苏轼此诗"非但风韵之妙，盖河豚食蒿芦则肥，亦梅圣俞之'春洲生荻芽，春岸飞杨花'，无一字泛设也"。）所以，由原画中的蒌蒿、芦芽引发出"河豚欲上"，联想十分自然和贴切。

更重要的是为了构成全诗冬去春来时的意境：竹外的桃花

"三两枝"，是初开；春水初暖，游鸭感知最先；蒌蒿、芦芽，既是早春植物，又是做鱼羹的配料；当此春江水发、蒌蒿遍地而芦芽初生之际，正是河豚由海入河、逆流上水之时。苏轼紧紧抓住和突出自然景物在季节转换时的特征，把画面上已有的鸭、桃等物和未有的河豚，统一组成他心目中的"第二自然"，表达他对这个辞腊迎春时刻的敏感和喜悦，从"画中态"传达出"画外意"。吴景旭《历代诗话》卷五六把河豚当作画中实有的"小景"，似未确；他还把"上"字解释成"上水之上，非初上之上"，替苏轼避开时令不合的指责，这是不必要的。其实，"上"固然只是"上水"之意，但"欲上"仍即"初上"之义。"初""先""早"是全诗所有景物形象的共同特点，这首诗的好处就是写活了一个"初"字！

顺便说明，苏轼习惯于用动的眼光观察自然，形成了他写景诗的一个特点。他的不少写景诗名作或写季节变换（如《赠刘景文》写秋冬之交），或写风云变幻（如《六月二十七日望湖楼醉书》写由雨转晴，《饮湖上初晴后雨》写由晴转雨），或写潮涌（如《八月十五日看潮》）、雪霁（如《雪夜书北台壁》）、急流（如《百步洪》）等，表现了他对充满活力、运动不息的那一类自然美的特殊爱好。即如这组题画诗的第二首也说："两两归鸿欲破群，依依还似北归人。遥知朔漠多风雪，更待江南半月春。"这大概是幅归雁图。与苏轼同时的李昭玘，有"日边雁带腊寒去，雪里梅将春信来"的诗句，为人们所赞赏（《能改斋漫录》卷八），陆游《晚出偏门》也把"村墟香动梅初破"，跟"沙边雁带碧烟横"列为早春景致，苏轼此诗言归雁虽归而不欲归，乃因春虽临江南而北方仍处严寒，仍然为了突出早春之"早"。两首题画诗的着眼点是一致的。

诗歌中的自然形象，不是诗人对客观事物一般属性的简单模拟，而是他心灵中对自然美的捕捉和再现，是人的本质的对象化。对于苏轼这首诗的意境来说，河豚究竟何时何地才是"初上"的争论，没有什么重要性，即使它或许有悖于科学常识的真实，却真实地描绘出一幅春机勃发的图画，满足了艺术创造者和欣赏者的审美要求。

然而，在我国从古到今的诗词评论中仍不乏这类脱离艺术特性的批评。

大作家欧阳修对张继《枫桥夜泊》的"夜半钟声到客船"表示质疑，引前人"三更不是打钟时"之说，指斥为"理有不通"（《六一诗话》），以致聚讼纷纭，直到前不久我们学术界还在讨论。杜牧的一首名作《过华清宫》七绝："长安回望绣成堆，山顶千门次第开。一骑红尘妃子笑，无人知是荔枝来。"有人根据史书记载，唐玄宗以每年十月幸骊山，至春还长安，而荔枝成熟却在六月，时令不合，有"失事实"（《诗人玉屑》卷七引）；有人则表示异议。这类争论一般是这样展开的：一方引述材料以证其事之无，一方引述另一些材料却证其有，双方对于事实真实的拘泥则是共同的。胡仔等说二月为河豚盛时，"欲上"语"未稳"，高步瀛等则说在秣陵等地河豚迟至暮春才上水，并非"未稳"。攻之者说寒山寺并无夜半打钟之例，辩之者又说实有其事。史书记载唐玄宗十月幸骊山，但乐史《杨太真外传》却有六月一日"上幸华清宫"之类的记载，如此等等。这些材料当然也有一定参考价值，但并没有从根本上解决问题。

静听松风

▼ 南宋马麟《静听松
风图》 台北故宫
博物院藏

苏轼对此倒有深刻的理解。他既强调要尊重客观对象，又不把对自然的简单模拟当作艺术创作的最高境界。他在《戴嵩画牛》《书黄筌画雀》等文中，指出画斗牛而"掉尾而斗"，画鸟展翅欲飞时"颈足皆展"，都不合物情，都是"观物不审"的结果；同时他更反对单纯追求"形似"。他说："论画以形似，见与儿童邻；赋诗必此诗，定非知诗人。"（《书鄢陵王主簿所画折枝二首》其一）王若虚《滹南诗话》卷二曾阐发其意说："论妙于形似之外，而非遗其形；不窘于题，而要不失其题。"也就是要求在"形似"的基础上追求"神似"，在抓住题意的前提下又能挖掘得深，生发得广，达到言外有意、象外有旨的境界。他的创作正是遵循这一艺术原则，因而对客观对象不能不有所取舍，有所强调、突出、渲染乃至部分改变。这种"失真""无理"恰恰为了更真实、更合理。

他的《卜算子·黄州定惠院寓居作》有孤鸿"拣尽寒枝不肯栖"的句子，有人又认为"鸿雁未尝栖宿树枝，唯在田野苇丛间，此亦语病也"。其实，诗人不过借傲岸不随流俗的孤鸿自喻，原不必计较鸿雁的生活习性。它会不会栖树都不影响词中孤鸿形象的真实性。胡仔为此替苏轼辩解道："盖其文章之妙，语意到处即为之，不可限以绳墨也。"（《苕溪渔隐丛话·前集》卷三九）比起他指责"河豚欲上"为"未稳"来，显得通达多了。

苏轼对这类指责，常以他自己"意不欲耳""想当然耳"答之，这种不答之答，对艺术形象总是不真之真、无理之理的特性来说，不失为一种巧妙的回答。

第八讲　苏东坡的散文

　　苏东坡是继欧阳修之后宋代古文运动的领袖。他的杰出的散文作品标志着从西魏发端、历经唐宋的古文运动的胜利结束。他的重大贡献之一在于和欧阳修一起，建立了一种稳定而成熟的散文风格：平易自然，流畅婉转。这比之唐代散文更宜于说理、叙事和抒情，成为后世散文家学习的主要楷模。清人蒋湘南说："宋代诸公，变峭厉而为平畅：永叔情致纡徐，故虚字多；子瞻才气廉悍，故间架阔。后世功令文之法，大半出于两家，即作古文者，亦以两家为初桄。"（《与田叔子论古文第二书》，见《七经楼文钞》卷四）

　　这种散文风格的形成，既是对唐代韩愈古文运动的继承和发展，也是北宋古文运动斗争的产物。首先，韩愈当时的文坛和他的古文理论和写作，都遇到古文写作的标准问题：是"难"还是"易"，是"奇"还是"平"？韩愈企图把两者统一起来，但他的侧重点却是崇尚"难""奇"的一面。宋代古文家为了使文章更好地表达思想，对唐代的古文传统进行了认真的分析取舍。欧阳修虽以"尊韩"相号召，但他批评为韩愈所称道的樊绍述的奇诡文风（见《绛守居园池》诗）。苏东坡也主张"自然""畅达"，在《答谢民师书》中批评扬雄"好为艰深之辞，以文浅易之说"，而扬雄正是韩愈一再称赞过的作家（见韩愈《进学解》《答刘正夫书》《答崔立之书》《与冯宿论文书》《送孟东野序》等文）。欧、苏两人的看法代表了宋代古文家的共同认识。

▶ 北宋苏轼《行书
答谢民师论文帖》
上海博物馆藏

　　其次，宋代古文运动的对立物是两种不良文风：一是唐末五代柔靡浮艳的文风；二是宋初古文作者在反对浮艳文风时所产生的新流弊，即因追求简要古拙而流入艰涩和怪僻。欧阳修在知贡举时就对"新奇相尚"的时文进行贬抑。苏轼在给欧阳修的信中也指责"余风未殄，新弊复作"，他说的"余风"，即指"浮巧轻媚、丛错采绣之文"；他说的"新弊"，即指"求深者或至于迂，务奇者怪僻而不可读"（《上欧阳内翰书》）。正是从这两方面的斗争中，才把建立平易流畅的散文风格作为宋代古文运动的基本目的。这自然也是苏轼散文的基本风格。

　　苏轼喜欢用"行云流水"来评文。《答谢民师书》说："大略如行云流水，初无定质，但常行于所当行，常止于所不可不止，文理自然，姿态横生。"云、水两物，都具有流动性和多变性的特点，而其流动性、多变性又以自然本色、绝无雕饰的形态表现出来，这正是苏轼在散文写作中所追求的艺术美的三个特质：圆活流转之美、错综变化之美和自然真率之美。

宋初田锡《贻宋小著书》已说："微风动水，了无定文；太虚浮云，莫有常态，则文章之有生气也，不亦宜哉！"（《咸平集》卷二）苏洵亦谓："'风行水上涣'，此亦天下之至文也。"（《仲兄字文甫说》）似是苏轼以云、水喻文的先导。他的《中山松醪赋》云"遂从此而入海，渺翻天之云涛"，以云涛形容水势的浩荡；《滟滪堆赋》云"天下之至信者，唯水而已。江河之大与海之深，而可以意揣；唯其不自为形，而因物以赋形，是故千变万化而有必然之理"，都可以理解为他写作的文境。他的《文说》以"万斛泉源"自夸，也是对自己散文特色的确切评语。

一　圆活流转之美

诵读苏东坡的各体文章，一种奔腾不息、波澜迭起的气势迎面而来，使人们亲切地感受到他写作时挥洒自如、左右逢源的快感。前人也常用水来评赏苏文："其文涣然如水之质，漫衍浩荡，则其波亦自然而成文"（释惠洪《跋东坡忧池录》，《石门文字禅》卷二七）、"苏如潮"（《文章精义》）、"东坡之文浩如河汉"（元王构《修辞鉴衡》引《横浦日新》）、"笔端浩渺"（元刘壎《隐居通议》卷四）、"大苏文一泻千里"（《艺概》卷一）等，表达了人们的共同感受。

苏文的流动性首先表现在笔法的灵活。真是天生健笔一枝，如天矫龙舞，如弹丸脱手，纵横驰骋，杳不可测。以下谈谈苏文常用的四种笔法。

借笔。一题到手，苏轼往往不就题论题，粘死题意，而是借客形主，回旋进退，使文情摇曳生姿，增加流动感。

《书韩魏公黄州诗后》论述的对象是韩琦所作的黄州诗，却以王禹偁之知黄州陪说，说明黄州"闾巷小民，知尊爱贤者"，这是从黄州人方面说；然后叙出韩琦离黄州四十余年"而思之不忘，至以为诗"，这是从韩琦方面说；最后才说到韩琦门客孙贲和韩琦门人作者自己，一原为黄州人，一将为黄州人，两人共刻韩诗上石，"以为黄人无穷之思"。苏轼特意点明孙贲和作者自己与"黄人""韩琦"的关系，又是一种陪说，而且绾合前两层文意，使文章回环往复而又主旨集中。

《钱塘勤上人诗集序》的借笔形式更复杂一些。此文讲欧阳修和惠勤之间的关系：欧公之待人忠厚，惠勤之不负欧公。但苏轼却以汉代翟公任廷尉时宾客盈门、罢廷尉时门可罗雀的炎凉世态作陪说。先以翟公与欧阳修比，翟公复职后曾用"一贫一富，乃知交态"等语大书其门，以羞辱宾客，苏轼认为其客虽陋，而翟公器度亦"小"，不如欧阳修对负己者的宽厚态度；继论惠勤之没世不忘欧公，暗中又时时与翟公之客对衬。一事陪说两主，抑扬褒贬之间，见出欧阳修与惠勤契合相得之可贵。还应指出本篇的主要题旨是讲惠勤之不负欧公，而欧公待人之厚是来申说这一层的，这又是借客形主的手法。他的《传神记》与此相反，采取以两客形一主的写法：文章先写顾恺之或以画睛传神，或以颊加三毛传神，继写僧惟真画曾鲁公以眉后三纹传神，畅论传神必须根据人物形象的多样性，突出各自的特征部位，以求得"其人之天"，把人物最自然、最真实的精神特质加以突出的再现；然后才说到程怀立为作者画像，"于传吾神大得其全"。对怀立画像极致赞颂之意，是本文的主旨，但仅在文末几句了结，粗读似觉宾重主轻，实则前面论赞顾恺之、僧惟真处，已隐然在赞程怀立了。与前文的一事陪说两主的手法，各极其妙。

虚笔。苏轼善于运用空灵虚拟之笔，使行文驾空流走，滂沛疏宕，而无窒塞拘滞之病。

《上梅直讲书》是他嘉祐二年（1057）中举后给编排评定官梅尧臣的感谢信，抒发知己之感。全文以"乐"字为眼目。开头提出周公遭管、蔡之流言，召公之疑忌，不能乐其富贵，而孔子师生虽厄于陈蔡，却相乐不衰。这"乐"是从师生间的戏笑语中想象而来，暗中比拟欧、梅和作者之间的相知之乐。继写欧、梅"脱去世俗之乐，而自乐其乐"，这"乐"是从欧、梅平日的文章中体认而来。然后写自己受欧、梅激赏，"一朝为知己"，成为"大贤"的门生，其乐何似！这"乐"才正面实写自己的切身感受。最后写梅尧臣名高位下，然而"容色温然""文章宽厚""必有所乐乎斯道"。这"乐"是全文的余波，又是此信颂扬对方的题中应有之义，却是从梅尧臣的容色、文章中推断而来。全文四处"乐"事，除写自己者外，都以虚拟、想象、推演出之，虚实相映，极潇洒变态之妙。金圣叹《天下才子必读书》卷一四评此文云"空中忽然纵臆而谈，劣周公、优孔子，岂不大奇"，"文态如天际白云，飘然从风，自成卷舒。人固不知其胡为而然，云亦不自知其所以然"。颇具眼力。他的《范增论》《伊尹论》《荀卿论》等史论，也多这类虚实相映之笔。《范增论》讲范增遭陈平离间计而离楚，为时太晚，应早在项羽杀卿子冠军宋义时离去。此文前半叙述历史事实，多从实处下论，后半却多推想、拟测之语。如推测项羽怀疑范增必早在弑义帝之时：范增"将必力争而不听也，不用其言，而弑其所立，羽之疑增必自是始矣"，这并无史实根据，但颇辩而可信。而这一虚笔在本文的论证中却起了关键作用：宋义是义帝的亲信，杀宋义是弑义帝的前奏，因此范增应在杀宋义时当机立断，"力能诛羽则诛之，不能则去之"。驾虚得实，以虚证实，弥见运笔自如。善用虚笔，使人们往往为其腾挪变化、翻空出奇之趣所吸引，甚至忽略了他时或存在的强词夺理之弊。

闲笔。作文最忌慵散，但如篇篇论题、论据、结论，一论到底，或节奏过于急促，也易造成平板粗豪，影响文势的圆活。闲笔、正笔的配合巧妙，缓急相济，主次相辅，也是力避行文板滞的有效手段。

苏轼文集中最长的一篇文章《上神宗皇帝书》，乃"思之经月，夜以继日，书成复毁，至于再三"的精心结撰的力作，其政治见解不免保守，但在写作技巧上确有一些匠心独运之处。文章的主旨在于"结人心，厚风俗，存纪纲"三语，主要结构也依此分为三大段，是为正笔。但开头陈述谏买灯事，在全文属于闲笔，却起了先颂后谏、渐次引入正题的作用，文情委婉而又流转；结尾处两段：一段讲他"非敢历诋新政，苟为异论，如近日减皇族恩例"等皆为善政，在全文亦属余波；一段抒写自己进言时思想矛盾，忽说有罪，忽说无罪，忽说不惧，忽说可惧，转转折折，含情不绝。如此长篇，允有此类结句才能轻重相匹。正文三大段中也有不少闲笔。楼昉评此文云"一篇之文几万余言，精采处都在闲语上"（《崇古文诀》卷二三），所见甚是。

一意反复之笔。苏轼的不少名作往往围绕一个题旨，作多层次、多侧面的反复"皴染"，笔力既放得开，又挖得深，以其波摇浪起，浩渺无垠，而眩人眼目，启迪心智。

他的成名作《刑赏忠厚之至论》是应举时的一份试卷，题旨实已规定，论证统治者掌握刑赏应该本着"忠厚"的原则。这类命题作文，用他自己的话来说，当是难度较大的"节目文字"，不易措手（《又答王庠书》），但他却写得"高下抑扬，如龙蛇捉不住"（《与任论文书》）。原因即在于思路活跃，将一意翻作数层。

开头破题一段，即从赏、罚两端分别说出：尧舜等人赏善是为了"乐其始而勉其终"，罚不善是为了"弃其旧而开其新"，都体现"君子长者之道"。然后他不再泛说，而是专从"疑"字发论。先引《传》"赏疑从与""罚疑从去"之语立案，说明可赏可不赏者，赏；可罚可不罚者，不罚。又以尧不听皋陶之杀人为"去"，听从四岳之用鲧为"与"作为例证。又引《尚书》"罪疑惟轻，功疑惟重"进一步推进论点。然后再展开正面议论，归结为"是故疑则举而归之于仁"。这样，一个"疑"字，据之以先儒经典，证之以圣君史事，辨之以宏议谠论，有力地阐明了开端"以君子长者之道待天下，使天下相率而归于君子长者之道"的命题。最后以引用《诗》《春秋》作结。引《诗》是为了引《春秋》，借客形主；而整个结尾又是闲笔，因上文题旨已完，这个引证不过是呼应开头"见于虞、夏、商、周之书"一语，且使结尾余味无穷而已。

前人评此文"文势如川云岭月，其言不穷"，"圆熟流美"（沈德潜《唐宋八家文读本》卷二○）、"横说竖说，惟意所到，俊辨痛快，无复滞碍"（罗大经《鹤林玉露》乙编卷三）、"自然圆畅"（张伯行《唐宋八大家文钞》卷八）等，其故即在于用了一意反复的笔法。

《留侯论》是另一篇在体现流动性特点上备受前人赞赏的名文。杨慎说："东坡文如长江大河，一泻千里，至其浑浩流转，曲折变化之妙，则无复可以名状，而尤长于陈述叙事。留侯一论，其立论超卓如此。"（《三苏文范》卷七引）此文层波叠浪，滔滔奔流，但仍是可以"名状"的。苏轼对于传以为真的黄石公赐书张良的故事，一扫它神奇的乃至迷信的色彩，回到人事上来找原因："其意不在书"，而在于教育张良能"忍"。"忍"字即为一篇之主。文章就从"忍"与"不忍"两端交错发论，而又想落天外。博浪击秦与圯上授书原是了不相关的两事，苏轼却从"不忍"这点上奇妙而贴切地绾合起来；先说张良不能忍，却以郑伯肉袒迎楚、勾践臣妾于吴两个能"忍"之例逆承反接；然后归结到楚汉相争项败刘胜在于"能忍与不能忍之间而已矣"，汉高祖之由"刚强不忍"到"忍之养其全锋"的转变，是由从不忍转为能忍的张良劝导的结果。张良一变椎击时的"不忍忿忿之心"则又是黄石公教导所致，这就是圯桥授书事件的实质。一意反复——"意"要集中单一，运笔却反复多变，形成了苏轼政论、史论文纵横捭阖、汪洋恣肆的总特点。

苏文的流动性又表现在句式的丰富多变。苏东坡的散文语言，以散行单句为主，但又融合不少骈偶、排比成分，骈散结合，错落有致，张弛互节，节奏感强。试以几篇碑记文为例：

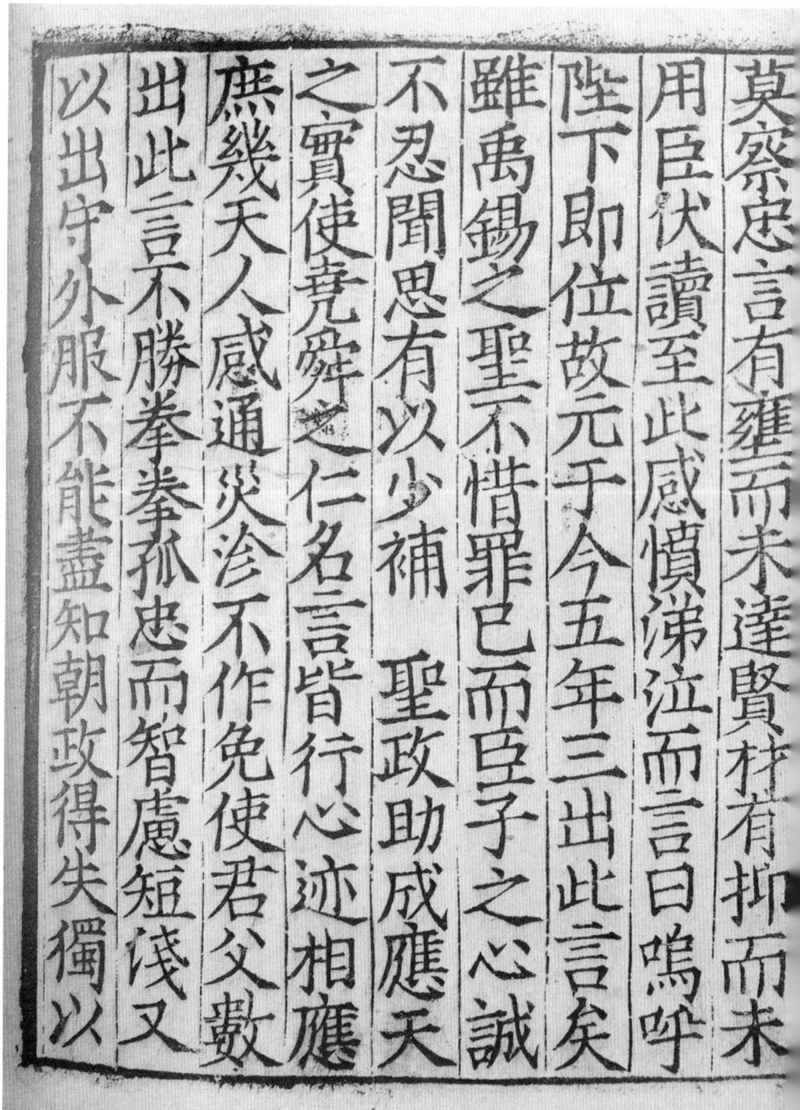

莫察忠言有雍而未達賢材有抑而未
用臣伏讀至此感憤涕泣而言曰嗚呼
陛下即位故元于今五年三出此言矣
雖禹錫之聖不惜罪巳而臣子之心誠
不忍聞思有以少補　聖政助成應天
之實使堯舜之仁名言皆行心迹相應
庶幾天人感通災沴不作免使君父數
出此言不勝拳拳孤忠而智慮短淺又
以出守外服不能盡知朝政得失獨以

留中不出以全臣子

應詔論四事狀

元祐五年六月九日龍圖閣學士左
朝奉郎知杭州蘇軾狀奏臣近者伏覩
邸報以諸路旱災內出手詔兩道其略
曰豈政治失當事之害物者尚多上下
厄塞情之不通者非一刑或不稱其罪
用或不當其人又曰意者政令寬弛吏

潮州韩文公庙碑

  是气也，寓于寻常之中，而塞乎天地之间。卒然遇之，则王公失其贵，晋楚失其富，良平失其智，贲育失其勇，仪秦失其辩。是孰使之然哉？其必有不依形而立，不恃力而行，不待生而存，不随死而忘者矣。故在天为星辰，在地为河岳；幽则为鬼神，而明则复为人。此理之常，无足怪者。

这段话，归有光《文章指南》评为"句法连下，一句紧一句，是谓破竹势也"。其句式特点，即在多用排句，前有五"失"，四"不"，后有四"为"，形成一气贯注的雄健文势。

但如句式过于整齐，也会流于平衍而失去流动感。这里不仅这三组句子各自有异，而且四"为"句的句式也有变化（"在天""在地"与"幽则""明则"此四句实从韩愈《上兵部李侍郎书》"大之为河海，高之为山岳，明之为日月，幽之为鬼神"化出而加以变化）。**本文又云：**

  盖尝论天人之辨，以谓人无所不至，惟天不容伪，智可以欺王公，不可以欺豚鱼；力可以得天下，不可以得匹夫匹妇之心。故公之精诚，能开衡山之云，而不能回宪宗之惑；能驯鳄鱼之暴，而不能弭皇甫镈、李逢吉之谤；能信于南海之民，庙食百世，而不能使其身一日安之于朝廷之上。盖公之所能者天也，其所不能者人也。

这段排句，以"可以、不可以"两叠，"能、不能"三叠的复合句组成，句子长短错落，吟诵时自有一种急忙追赶、不能暂停的急迫腔吻。赖山阳云："能、不能"三叠，"当言'不能、能'则顺矣。然句势不得不如此。"（《纂评唐宋八大家文读本》卷七引）孤立地来看，"不能、能"确较通顺，而苏轼安排为"能、不能"，重点在强调"不能"，特别用"不能使其身一日安之于朝廷之上"一句煞尾，是融注着他自己的愤懑和感喟的。我们知道，韩愈调离潮州后，官运尚佳，未尝不安于朝，这句实乃苏轼的"夫子自道"！这说明句式的安排不是随意的，是跟他对韩愈的深切同情和崇敬，以及盘郁自己心头的身世感叹完全合拍的。《超然台记》叙登台眺望所见云：

> 南望马耳、常山，出没隐见，若近若远，庶几有隐君子乎？而其东则卢山，秦人卢敖之所从遁也。西望穆陵，隐然如城郭，师尚父、齐桓公之遗烈，犹有存者。北俯潍水，慨然太息，思淮阴之功，而吊其不终。……

"四望法"是不少文章中常用的，有时会觉得"肤套"。此段从南、东、西、北逐次叙述看，自较整齐，但句式却无对偶排比成分，仍富圆转流走之势。这说明排偶句固然常常造成文气的充沛，散句也能别具一种疏宕流畅的情韵，与他借眺望而发"超然"之意是吻合的。连接词"而"的使用，也起了上下贯串、一气呵成的作用。

苏文圆活流转的特点，表现了苏轼在博厚才识基础上思维的敏锐和联想的丰富。他总是能一下子在复杂的内外关系中抓住所论事理或所记事、物的特点，加以生动而鲜明的表现。

《日喻》开头写"盲人识日"一段，盘、钟、烛、龠，妙喻叠出，如吐珠走丸，抓住事物间的某种关联进行类比，环环层递而出。《胜相院经藏记》云：

> 我观大宝藏，如以蜜说甜。众生未喻故，复以甜说蜜。甜蜜更相说，千劫无穷尽。自蜜及甘蔗，查梨与橘柚，说甜而得酸，以及咸辛苦。……

《梦斋铭》云：

> 人有牧羊而寝者，因羊而念马，因马而念车，因车而念盖，遂梦曲盖鼓吹，身为王公。夫牧羊之于王公亦远矣，想之所因，岂足怪乎？

文思泉涌，辩才无碍，在苏轼这里，似乎不知道思维的苦涩，联想的贫乏，不知道"意不称物、文不逮意"的苦恼。

苏东坡这种思维和联想的特点，得自《战国策》的纵横捭阖，得自《庄子》的汪洋恣肆，更得自佛经的熏陶。刘善泽《五灯会元跋》曾指出："禅门古德问答机缘，有正说，有反说，有庄说，有谐说，有横说，有竖说，有显说，有密说。"苏轼自称"楞严在床头，妙偈时仰读"（《次韵子由浴罢》），自然深得这种妙悟机锋、空灵圆通之趣。

早在北宋，惠洪已指出苏文"自非从般若中来，其何以臻此！"（《跋东坡帖池录》）李淦《文章精义》指出苏文来源之一为《楞严经》，并

▶ 敦煌《楞严经》手稿 大英博物馆藏
到了晚年苏东坡谪居海南岛时，曾有诗记云："楞严在床头，妙偈时仰读。"可见，《楞严经》一经，终其一生他都带在身边随时参阅。

指出"子瞻文字到穷处，便济之以此一着，所以千万人过他关不得"。袁桷《书东坡凉热偈》（《清容居士集》卷四六）说："释氏之书，皆自梁隋诸臣翻译，故语质而文窘。至若《楞严》，由房融笔授，始觉畅朗。公（苏轼）文如万斛泉，风至水涌……则房融文体一规近之。"钱谦益《读苏长公文》（《初学集》卷八三）则指出苏文学《华严经》："吾读子瞻《司马温公行状》《富郑公神道碑》之类，平铺直叙，如万斛水银，随地涌出，以为古今未有此体，茫然莫得其涯涘也。晚读《华严经》，称性而谈，浩如烟海，无所不有，无所不尽，乃喟然叹曰：'子瞻之文，其有得于此乎？'"还是袁枚说得概括："苏长公通禅理，故其文荡。"（《与友人论文书》）这些前人都一致指出佛经与苏文流动性的密切关系，是有见地的。

二　错综变化之美

　　苏东坡在《书蒲永升画后》中称赞画家孙位"始出新意，画奔湍巨浪，与山石曲折，随物赋形，尽水之变，号称神逸"。在《晁君成诗集引》中又称赞晁君成（端友）的作品"每篇辄出新意奇语，宜为人所共爱"。这两段称赞别人的话，实可移评苏轼自己散文的错综变化之美。他的艺术个性的重要特点是追求创新。他要求"每篇"作品都自具面目，"新意"迭出，唯其如此才能尽万事万物万理之"变"，体现客观世界美的多样性。他的各体散文力反呆板蹈袭、千人一面、千部一腔之病，极尽腾挪变化之能事，突出一个"变"字。

　　文体之变。自曹丕《典论·论文》以来，前人对于各类文体的体制特点论述甚多，要求越来越严，逐渐演为格套。连宋代的一些文章大家也坚持文体正、变之说，严守体制界限。如："荆公评文章，常先体制，而后文之工拙。尝观苏子瞻《醉白堂记》，戏曰：'文词虽极工，然不是《醉白堂记》，乃是《韩白优劣论》耳。'"（黄庭坚《书王元之竹楼记后》）陈师道说："退之作记，记其事尔；今之记乃论也。"（《后山诗话》）真德秀也说："记以善叙事为主。《禹贡》《顾命》，乃记之祖。后人作记，未免杂以议论。"（见《文章辨体序说》引）他们都把议论性的记视作别体而深致不满。苏轼却不拘成法，别出机杼。即以记为例，他一方面巧妙融化叙述以外的成分（议论、抒情），一方面适当吸取其他文体的特点，使他的杂记文呈现多姿多态的风貌。苏轼继承欧阳修的写法，把大量议论成分带入记中。《韩魏公醉白堂记》《李太白碑阴记》《石钟山记》都可看作特殊性质的议论文。

一为辩疑：韩琦勋望著于三朝，因何钦羡白居易？文中先说白之勋业不如韩，韩之山水园池之乐不如白，但两人的忠言嘉谟、文采、操守、道德则又是相同的；然后发挥"醉"字，说韩琦并非欲与白相比，实乃欲"与造物者游"，又引古人自比于人、常自谦抑的事例，使"天下之士"的疑问涣然冰释。

二为辩诬：李白"尝失节于永王璘，此岂济世之人哉"，针对这一言论，苏轼拈出"气""识"两端，以李白"戏万乘若僚友，视俦列为草芥"之气，证其必不肯"从君于昏"；以其识未显时之郭子仪为人杰，证其必知永王之无成。于是有力地得出李白从璘乃由于"迫胁"的论断。

三为辩误：对石钟山命名的含义，既驳郦道元之"简"，只说"水石相搏"，语焉不详；又驳李渤之"陋"，竟用潭上双石之声求命名来由。苏轼经过实地考察，得出自己的结论。

三篇文章又同中有异：第一篇纯以议论出之，第二篇多引证，引李白的具体行实，引夏侯湛的评语等，而第三篇中间一大段却是神采飞动的记叙描写，但又与前后议论融为一体。他的《文与可画筼筜谷偃竹记》等融入十分浓重的抒情成分，至于《记承天寺夜游》《记游沙湖》《记游庐山》等记游小品，更坦露出作者洒脱不羁的真率个性。所有这些，无疑扩大了"记"这种文体的容量，丰富了它的表现手段。

苏轼还有意打破文体的严格界限，使之互相吸取。如《张君宝墨堂记》用赠序体，对张希元之"好书"隐含讽喻，可与韩愈

《赠高闲上人序》媲美；《墨君堂记》用传奇体，为文同的墨作颂，涉笔成趣，类似韩愈《毛颖传》；《盖公堂记》用寓言体，以谢医却药喻无为而治，《表忠观碑》通篇用赵抃的奏疏，也别出一格。这类有关营建的记，按照常规，"当记月日之久近，工费之多少，主佐之姓名，叙事之后，略作议论以结之，此为正体"（《文章辨体序说》）。苏轼笔下都为变体。对记以外的文体体制，他也有所突破。如他继承欧阳修《秋声赋》而所作的前后《赤壁赋》、《黠鼠赋》等，使赋从楚辞、汉赋、魏晋时骈赋、唐代律赋而一变为宋代的散文赋；他的人物传记，常不及传主的世系和生平大概，被前人评为"变传之体"（李卓吾语，《苏长公合作》补下卷引）、"传中变调"（沈德潜《唐宋八家文读本》卷二四）；他的《刚说》为孙立节传神写照，而按其文体却是"杂说"。

命题立意之变。艺术贵独创，忌雷同。但由于不少文章的实用酬世性质，不仅很难避免与前人重复，也难避免与自己重复。苏轼的写作经验是：力避犯重，但也不避重复，在表面雷同中，强化、渲染事、理的不同特点，从而使他的文章几乎篇篇光景常新。

一曰同题异作。《六一居士集叙》与《范文正公文集叙》是为他一生所崇奉的两位前辈欧阳修和范仲淹的文集作序。他没有采取常见的条举伟人立德、立功、立言的写法，但取旨又不离开"文集"。前一篇序突出欧阳修的学术和文学地位，后一篇则着重于范仲淹的政治业绩。前序推尊欧阳修足以追配韩愈，上继大禹孔孟之传；又以"自欧阳子之存""自欧阳子出""欧阳子没"三层驾驭驰骋，充分肯定他在反对伪学和不良文风中的作用。后序却先抒写自己从八岁起对范公的仰慕，收束以平生不识其风仪为恨；然后点出范公的"万言书"为其一生政治行动的纲要，又以伊尹、太公、管仲、乐毅，特别是韩信、诸葛亮互相比勘，充分肯定他的政治识见和品格。前序结构整饬，后序似散非散，更富抒情意味，从而成为两篇各具内容和风格的书序。《墨妙亭记》和《宝绘堂记》《墨宝堂记》，一亭二堂，同为庋藏书画文物之所，都有"物必归于尽"、不能"留意于物"之类的低沉感叹，但苏轼根据主人孙莘老、王诜、张希元的不同情况而各取题旨：前篇是赞颂，次篇是劝箴，后篇是讽喻，委婉地希望他们不要玩物丧志，而力求在政治上有所作为。

二曰同一或类似事件因不同体裁而写法有异。苏轼的从表兄文同死后，他曾作《祭文与可文》《文与可画筼筜谷偃竹记》两文。前文纯用抒情笔触，抒发自己的深切哀感。文中以几个"呜呼哀哉"分成四层意思，或叙文同平日所好之酒、诗、琴，或述朋友间死生睽离，或颂文同的政绩和文学成就，或抒痛失知己之感。此乃乍闻讣告后所作，哀情迸发，回肠荡气。文多排句，音节琅然。《文与可画筼筜谷偃竹记》作于文同死后半年多，痛定思痛，感情趋于深沉。文章以画为线索，追记文同"成竹在胸"的精辟艺术见解，更以错落有致的笔法，历叙两人昔日交往的琐琐细事，却产生扣人心弦、催人泪下的感染力。

三曰正题反作。《思堂记》和《牡丹记叙》一为杂记文，一为书序文。章楶（质夫）筑思堂，以"思而后行"自勉，请苏轼作记；杭州知州沈立爱好牡丹，作《牡丹记》十卷，请苏轼作序。但这两篇文章都反其意而为之。前文分几段申说"不思"之妙：

▼ 明仇英《宝绘堂》
台北故宫博物院藏

王诜与苏东坡正在鉴赏
书画。宝绘堂是王诜筑
在宅邸东边专门用来收
藏法书名画的处所。苏
东坡曾经受邀请在宝绘
堂一同欣赏他的收藏,
并为他写过一篇《宝绘
堂记》。

自己无思，"遇事则发，不暇思也"；君子非临事而思；引隐者"思之害甚于欲"之论；然后得出"不思之乐，不可名也"的结论。文章到此，全与《思堂记》题意相悖。苏轼这才挽回一笔，谓章楶所言之思，不是世俗营营之思，乃是不思之思，才归结到题旨。姜凤阿评此文云："记思堂而专说无思之妙，辞若相缪，而意实相通，所谓无中生有、以死作活，射雕手也。"（《三苏文范》卷一四引）甚中肯綮。后文在记叙杭州观花盛况后，突然说："盖此花见重于世三百余年，穷妖极丽，以擅天下之观美，而近岁犹复变态百出，务为新奇以追逐时好者，不可胜纪。此草木之智巧便佞者也。"竟把牡丹比作小人；然后说太守"耆老重德"，而自己"方蠢迂阔"，都与此花此书不称。文情至此似离题太远，难乎为继，他却借宋广平（宋璟）为人"铁心石肠"，而所作《梅花赋》却"清便艳发"之例，谓不必故托"椎陋以眩世"，因而才"为公记之"。结尾又宕开一笔："公家书三万卷，博览强记，遇事成书，非独牡丹也。"点明《牡丹记》并非严肃的精心经营之作，隐寓作者对为牡丹著书的非议之意。其他如《大臣论上》提出"大臣"的准则应是"以义正君而无害于国"，但全文都从反面展开论述，也是正题反作之例。

袁宏道在评苏轼《王定国砚铭》等六铭时说："六砚铭，俱相题发挥，无中生有。熟看之，悟作文法，自然小题大做、枯题润做、俗题雅做者，勿以铭言轻视之。"（《三苏文范》卷一五引）这对理解苏文命题立意的多变性是有帮助的。

章法之变。苏文的结构安排，既遵守布局谋篇对于首尾照应、纵横开阖、脉理贯通等的一般要求，又自出机杼，不落窠臼，无棼丝之乱，有耳目一新之致。试以两段式为例。

从结构艺术而言，前后两段应该紧密关联，浑然一体，但苏轼却有多种结撰之法。《孙武论下》主要阐述两个论点："天子之兵，莫大于御将"和"天下之势，莫大于使天下乐战而不好战"。在布局上即以两幅分说，甚至连一个总收的结尾也没有。但两幅之间仍有内在联系：反对大将拥兵自重，借敌慑主和教化人们爱君恨敌，为我而战，一将一民，皆属君主统御之道。这是属于平列而又有错综联系的结构形式。《上韩太尉书》是向韩琦请见的书信，前幅却大谈古史，论"西汉之衰，其大臣守寻常而不务大略"，一味求田问舍，苟且岁月；又论"东汉之末，士大夫多奇节而不循正道"，一味"力为险怪惊世之行，而不求治国根本"。似乎与诵美韩琦离题。但后幅讲韩琦"刚毅正直而守之以宽，忠恕仁厚而发之以义"，既非循循无所作为，又非翘翘只求新异，兼有两汉"大臣""士大夫"之长而无其短。这才知道前幅论说越详，后幅反照越明，也才知道前幅长、后幅短的原因所在。这是属于明似不连而实连的结构形式。《练军实》则属于前后分层呼应的结构形式：此篇提倡寓兵于农，反对士兵的职业化和终身制。他从军费巨大和牺牲惨重两个角度展开议论，前段讲"兵民永久分离"之害，分五层意思说出，后段讲"兵老复而为民"之利，也分五层照应，细针密缝，丝丝入扣，却又不妨害文气的畅通，别是一种格式。

除了前后两段以互相关联为主的结构形式以外，还有在内容、风格、手法上相反却又相成的形式。如《应制举上两制书》是他嘉祐六年（1061）应制举时上书翰林学士、中书舍人所作。前段是将欲进言前的引言，泛论"贵贱之际""圣贤之分"，隐然以子思、孟轲等先贤自负，使两制诸公不能以人微言轻视之，但缓缓叙来，藏锋不露；后段进入时事，则激昂慷慨，提出"治事不若治人，治人不若治法，治法不若治时"的纲领，并明确指斥"用法太密而不求情"，"好名太高而不适实"两端，针砭时弊，不假辞色。如果没有前段的纡回婉曲，后段就会显得突兀了。

至于三段式的结构，变化更多更复杂。有三段平列却围绕一个中心而展开的。如《思治论》，主旨讲丰财、强兵、择吏问题，却以"规模"（治国方案）二字统率全篇。首段讲三患（无财、无兵、无吏）在于其始未立"规模"；次段讲当时"规模"未定；末段讲定"规模"必须专一（"其人专，其政一"）、能收（收实效）、黜浮议。篇中忽引证，忽设喻，有正说，有反说，驰骋回旋，不受羁制，而其骨骼血脉却又清晰分明。有三段平列成犄角之势但又分主从的。如《上神宗皇帝万言书》其主要部分是按"结人心，厚风俗，立纪纲"分为三段，但以"结人心"为重心；《代滕甫论西夏书》的主旨是讲对西夏用兵应缓而图之的方针。第一段设喻，引医者治病、彭祖观井两喻；第二段用典，引曹操取袁氏的史事；第三段始正面分析西夏情势，提出乘间取之的策略。前两段是为第三段服务的。有先立一柱然后平列两扇成文的。如《范文子论》首先提出论断：战国晋楚鄢陵之战开始前，晋范文子反对此战，结果晋胜楚败，但最后晋国却因胜而乱，证明范文子的远见卓识。然后分论议和史例两段展开，一论一史，交相辩证，推出"治乱之兆，盖有胜而亡、有败而兴者矣"的论点，照应开头。

除了平列式以外，也有三段段段顺接或逆接成文的。如《潮州韩文公庙碑》首段发大议论，畅论"浩然之气"，暗指韩愈即具此至刚至大之气；次段叙韩愈生平实事，暗示此皆浩然之气所致；末段叙潮州人民立庙之意。孙琮说，三段之间，"前一段议论因为公实事而发，说公实事处正以起潮人立庙。截然分段中，气脉自联络一片"（《山晓阁选宋大家苏东坡全集》卷五），说中了段段衔接勾连的结构特点。

手法之变。苏文之所以几乎篇篇面目迥异，各不雷同，原因之一在于他不拘成法，追求最大的表达自由。

孙琮说："尝闻汉以前之文，未尝无法而未尝有法，法寓于无法之中，故其为法密而不可窥；唐以后之文，不能无法而能不失乎法，故其为法严而不可犯。密则疑于无所谓法，严则疑于有法而可窥（此段为唐顺之《董中峰侍郎文集序》中语）。至眉山父子，有法不拘于法，无法而能自为法，此其所以独有千古。"（《山晓阁选宋大家苏东坡全集》序）苏轼作文之法，大都是无法之法，既不同于严格的规范化乃至程式化，也不完全同于自然天籁，神明难求。杨慎评三苏文，谓其"奇正相生，冥明互藏，虚实代投，疾徐错行，岐合迭乘，顺逆旋宫，方圆递施，有无相君"（《三苏文范》卷首引）。茅维（孝若）云："长公文，犹云霞在天，江河在地，日遇之而日新，家取之而家足。若无意而意合，若无法而法随。其亢不迫，其隐无讳，淡而腴，浅而蓄，奇不诡于正，激不乖于和，虚者有实功，泛者有专指。"（同上）这些散文艺术辩证法的范畴尚待深入研究和阐明，而他们所描述的苏文手法上错综变化的面貌，跟我们读后的感性印象是符合的。上面所论，已可见一斑。

这里再举用喻为例。从用喻类别说，苏文有明喻、暗喻、借喻、博喻等，尤以博喻为多，以呈奔放畅达之势，如《上神宗皇帝书》："人心之于人主也，如木之有根，如灯之有膏，如鱼之有水，如农夫之有田，如商贾之有财。"从在文中的地位说，有喻起，如《代张方平谏用兵书》开篇云："臣闻好兵犹好色也。伤生之事非一，而好色者必死；贼民之事非一，而好兵者必亡，此理之必然也。"《代滕甫论西夏书》却连用医者治病、彭祖观井两喻开篇，反对急于求功，主张慎于用兵。也有喻结，如《祭欧阳文忠公文》讲欧公之生死对君子、小人的影响两段，各以一喻煞尾。前段云："譬如大川乔岳，虽不见其运动，而功利之及于物者，盖不可数计而周知"；后段云："譬如深山大泽，龙亡而虎逝，则变怪百出，舞而号狐狸。"其取喻的形象，旗鼓相当，但用意却正相反。特别是文中插喻，更是俯拾皆是，层出不穷。有的三言两语，有的带有一定的情节性。《上曾丞相书》讲士人不应向"王公大人"夸词求售："鬻千金之璧者，不之于肆，而愿观者塞其门，观者叹息，而主人无言焉；非不能言，知言之无加也。今也不幸而坐于五达之衢，又呶呶焉自以因希世之珍，过者不顾，执其裾而强观之，则其所鬻者可知矣。"一喻而用对比，使事理引向深刻。

苏文中有的全文以喻为主干，用生动的故事来指喻事理，如《日喻》《稼说》《黠鼠赋》等，实是独立成篇的优秀寓言。而其比喻的新颖贴切，且又善于从日常生活中取材，尤为一大特色。如用医作喻。《上神宗皇帝书》以"人之寿夭在元气，国之长短在风俗"设喻，一再引申养生之法喻治国之道。《思治论》反对为政求新求奇，说："窃谓人臣之纳忠，譬如医者之用药，药虽进于医手，方多传于古人。若已经效于世间，不必皆从于己出。"
这些养生医病的比喻，随题生意，自然妥帖，生动易懂，具见其
手法的变幻莫测。

风格之变。作为一个散文大家，总是表现出独特而成熟的基
本风格以及在此基础上的风格多样化。

方孝孺《张彦辉文集序》在评论欧、苏文风时说："永叔厚
重渊洁，故其文委曲平和，不为斩绝诡怪之状，而穆穆有余韵；
子瞻魁梧宏博，气高力雄，故其文常惊绝一世，不为婉昵细语。"
我们不妨将《醉翁亭记》(秦观称作"赋体")和《前赤壁赋》加以比
较。欧"记"以"乐"字贯串全文：首段写"醉翁亭"命名来
由，次段写朝暮四时之景，三段写游人、宾宴，末段写醉归，或
明或暗，字字着"乐"，运笔行文，委曲容与，特别是二十一个
"也"字平添一种语缓气舒的风神；苏"赋"却忽写游赏之乐，
忽写人生不永之悲，忽写旷达解脱之乐，突起突落，乐悲交错，
文情勃郁顿挫，显出与欧"记"不同的艺术风貌。苏轼散文以雄
迈奔放、波澜迭起为基本风硌，但又不拘一格。明杨士奇评云：
"高山巨川，愧岩万状，浩漫千顷，可望而不可竟者，苏之大也；
名园曲槛，绕翠环碧，十步一停，百步一止，而不欲去者，苏之
细也；疏雨微云啜清茗，白雪浓淡总相宜者，苏之闲雅也；风
涛烟树晓夕百变，刿岜夷曲转入转佳，令人惊顾错愕而莫可控搏
者，苏之奇怪也。"(《三苏文范》卷首引)他指出苏文宏伟、深曲、闲
雅、奇怪等多种风格。商辂则从苏轼学习传统的角度立论，认为
"庄之幻，马之核，陶之逸，白之超，苏氏盖集大成云"(同上)。
也讲了奇幻、翔实、飘逸、超脱等多种审美特性。前人的这些品

评都是鉴赏苏文的经验之谈，值得重视。

三　自然率真之美

袁宏道说"余尝谓坡公一切杂文，圆融精妙，千古无匹活祖师也。惟说道理、评人物，脱不得宋人气习"（《三苏文范》卷首引），他甚至认为"东坡之可爱者，多其小文小说，使尽去之，而独存其高文大册，岂复有坡公哉！"（《苏长公合作》引）刘士鏻《文致序》也说"予犹忆儿时，诵坡公海外游戏诸篇，意趣猛跃，以对正心诚意之言，痛哭流涕之论，则脾缓箸懒，昏昏欲倦。夫所贵读古人书者，借彼笔舌活我心灵，亦安取已腐之陈言、字数而句衡之哉！"第一位编选苏轼随笔小品集的王纳谏（圣俞）也说"余读古文辞，诸春容大篇者，辄览弗竟去之"，而对苏轼随笔小品备致倾慕（《苏长公小品序》）。这几位明人的评论不无偏激之处，但反映出当时的文学好尚，也说明苏轼两类文字的不同审美感受：其随笔小品比之"高文大册""春容大篇"来，具有"圆融精妙""意趣猛跃""活我心灵"的艺术魅力，是苏轼散文中文学性更强的品种，也是其自然真率之美的典型代表。

苏轼的随笔小品大都作于他贬谪黄州、惠州、儋州时期。其文体样式主要是杂记、题跋、书简，其构成因素有议论、叙事、抒情，其写作特点是信手拈来，随口说出，漫笔写成，而其总的内容是凸现一个历经磨难而旷放豁达、富有生活情趣的心灵，是他性格的升华，思想的结晶。日人布川通璞说："参五祖戒和尚后身者，先从小品始之。"（《苏长公小品序》）即指出以小品见人品的特点，确切地说，是以自然的小品写出真率的人品。

他的记游文字，不论是黄州时的《记承天寺夜游》《记游定惠院》《书临皋亭》《游沙湖》，惠州时的《题罗浮》《记游松风亭》《游白水书付过》，儋州时的《书上元夜游》等，都不作模山范水的铺陈，而是随笔点染，情境宛然；尤其善于表现对自然景物的赏会和对人生哲理领悟之间的融合。下面是一再被称道的《记承天寺夜游》：

> 元丰六年十月十二日，夜。解衣欲睡；月色入户，欣然起行，念无与为乐者。遂至承天寺，寻张怀民。怀民亦未寝，相与步于中庭。
>
> 庭下如积水空明，水中藻、荇交横，盖竹柏影也。
>
> 何夜无月，何处无竹柏，但少闲人如吾两人者耳。

这篇八十四字的短记，俨然也是先叙事、继写景、结抒慨，但这样冷静乃至冷漠的分析，未必符合作者写作和读者欣赏时内心的波澜。不错，不少论者指出其中"庭下"一句景物描写的入神，但类似描写在他的《月夜与客饮杏花下》这类作品中也有（"褰衣步月踏花影，炯如流水涵青蘋"），未必获得在本文中的艺术效果。这篇短记激动人们之处在于认识了一个既寂寞又自悦、生活遭际上困于他人，但在精神生活上超出常人的灵魂。胸怀大志却落得有闲之身固然引起千愁万恨，但正是"闲人"才是无主江山的真正主人，多少佳景胜概被"忙人"匆匆错过。"庭下"一句的描写正是在这个意义上取得了诗意和哲理，使人玩味不尽。这是一种对人的

精神世界丰富性的发现的乐趣。

同样，他的《书临皋亭》写"酒醉饭饱，倚于几上，白云左缭，清江右洄。重门洞开，林峦坌入"之际，"若有思而无所思，以受万物之备"，既使文情推向寥廓，又表现出活泼的生活情趣。《记游松风亭》谓本欲纵步亭顶，因足力疲乏，正在畏难之际，突然想道："此间有什么歇不得处？由是如挂钩之鱼，忽得解脱。"这种妙悟之后的痛快使读者深窥作者的内心底奥，得到欣赏上的某种满足。平心而论，苏轼所写之地，景物都很平常，几乎随处可见，但他在平常的景物中发现了美，或领悟到人生的某些哲理，使人们认识到发现这些自然美和人生哲理的心灵的丰富性。这是不少读者喜爱乃至偏爱这类作品的重要原因。

他的题跋以笔致萧疏见称，用他自己的话是"本不求工，所以能工"（《跋王巩所收藏真书》）。有的以议论为主，如《书六一居士传后》《书柳子厚牛赋后》《书蒲永升画后》等，或阐佛老玄理，或逞机智才辩，或述艺事真谛，幅短意深，言少境多，寸山而有五岳之势，一脔而具九鼎之美。有的以记人物为主，如《跋送石昌言引》《题李岩老》《书刘庭式事》《外曾祖程公逸事》等。

顺便指出，苏轼一生不为他人作志铭（只有少数几人是例外），不愿迁就墓主、强为吹嘘而束缚自己的手脚，但他留下的不少人物速写（除题跋外，还有《方山子传》《张憨子》《率子廉传》《郭忠恕画赞》等），同样表现出他描写人物的才能。这些人物速写的特点是不作人物生平的全面叙述，只选取一二典型事例突出人物的主要精神面貌；而其选取的角度又往往返照出作者的性格好尚，并笼罩着作者的感情色彩。《方山子传》《跋送石昌言引》是写两位任侠之士陈慥、石昌言，《题李岩老》《张憨子》《率子廉传》《郭忠恕画赞》四个人物身份不同，但都带有一个"狂"字：李岩老是个嗜睡者，张憨子是个"见人辄骂"的狂乞丐，率子廉是个"愚朴不逊"的狂道士，郭忠恕是位不喜为富人绘画，竟在画纸上叫"小童持线车，放风鸢，引线数丈满之"的狂画家，都有着作者自己的投影。有的以记事为主的题跋，尤其是一二句的短跋，更可见出作者的功力。如《题风翔东院王画壁》云：

> 嘉祐癸卯上元夜，来观王维摩诘笔。时夜已阑，残灯耿然，画僧踽踽欲动，恍然久之。

杜甫题画诗名句有云："堂上不合生枫树，怪底江山起烟雾。"（《奉先刘少府新画山水障歌》) 与苏轼此跋都写栩栩如生的画境，但杜诗着力于形容和渲染，苏跋极不经意，杜诗明言"不合""怪底"，反知其为夸张手法，苏跋朦胧竟能疑其为真，两者是各异其趣的。

苏轼书简的写作特点是"信笔书意，不觉累幅"(《答李端叔书》)，故娓娓动人，不觉其长；其短柬更常省去首尾称谓，倍觉亲切，比之杂记、题跋更直接地坦露一个封建时代落拓不羁的知识分子的倜然胸襟。《答秦太虚书》云：

> ……初到黄，廪入既绝，人口不少，私甚忧之。但痛自节俭，日用不得过百五十，每月朔便取四千五百钱，断为三十块，挂屋梁上，平旦用画叉挑取一块，即藏去叉；仍以大竹筒别贮用不尽者，以待宾客，此贾耘老法也。度囊中尚可支一岁有余，至时别作经画，水到渠成，不须豫虑。以此胸中都无一事。……

此写家用，以下写交游、土产、物价。司空见惯的琐事，一泻无余的叙述，却蕴含着隽永的情韵、复杂的情绪：戏谑中饱含辛酸，悲苦中又有怡然自乐，却偏偏说是"胸中都无一事"，"掀髯一笑"。清吕葆中评此书云："无一毫装点，纯是真率。他文如说官话，此等文如打乡谈。官话可学，乡谈不可强也。"(《晚村精选八大家古文》)确是从肺腑中自然流出的至文。他短柬的妙处在于记事简而又转换多，令人想见其落笔挥毫时意随笔出、淋漓酣畅的境界：

与 徐 得 之

得之晚得子，闻之喜慰可知，不敢以俗物为贺，所用砚一枚送上。须是学书时矣，如似太早，然俯仰间便自见其成立，但催促吾侪日益潦倒耳。恐得之惜别，又复前去，家中阙人抱孩儿，深为不皇，呵呵。

此柬谓友人得子，送砚致贺为不俗，一折；婴儿得砚，太早，二折；俯仰之间婴儿长大即能学书，又不算早，三折；如此，却似在催促父执辈年老潦倒，四折。小事一桩，随手写出，却有千溪万壑之妙。陆游的两句诗："文章本天成，妙手偶得之。"（《文章》）炉火纯青的"妙"手和无意成文的"偶"得的结合，才能造成自然天成的作品，用以评价苏轼的随笔小品，极为确当。

"东坡多雅谑"。（曾敏行《独醒杂志》卷五）他的随笔小品常是谐趣满纸，这是他真率个性的突出表现。他的谐趣，不是存心去追求笑的效果，而是他屡经贬抑、备受折磨后在佛老思想影响下对人生的一种了悟，穷达得丧，置之度外，仍然坚持对生活的信心和乐趣。他的谐趣是迎战折磨、屈辱、厄运的武器。李渔《闲情偶寄·词曲部·科诨》说"于嘻笑诙谐之处包含绝大文章"，"我本无心说笑话，谁知笑话逼人来"。如他初至惠州，心头不免涌起一丝愁云，但说"譬如原是惠州秀才，累举不第，有何不可！"（《与程正辅提刑》）初至海南岛，正忧"何时得出此岛"？但转念一想："天地在积水中，九州岛在大瀛海中，中国在四海中，有生孰不在岛者？"（《在儋耳书》）天地、九州、中国皆在"岛"中，遑论海南？这些自譬、自解、自嘲的话头显然带有佛老思想的烙印，但使他蹈险如夷，处危如安，保持乐观的人生态度。

因此，这种有思想深度和生活深度的谐趣，就不同于油滑，不同于单纯具有可笑性的俏皮、滑稽，它时时表现出"含着眼泪的微笑"的特点，趣语往往是愤世语，达语往往是自悼语。如《答参寥简》中，他把穷乡僻壤的贬所当成名城显邦的风景胜地："只似灵隐天竺和尚退院后，却在一个小村院子，折足铛中，罨糙米饭吃，便过一生也得。"《文与可画筼筜谷偃竹记》先写与文同的戏谑琐事，以致"失笑"喷饭满案，正跌出后面悼念时废卷痛哭"失声"时的悲哀之深。朱熹《跋张以道家藏东坡枯木怪石》中说："苏公此纸出于一时滑稽诙笑之余，初不经意，而其傲风霆、阅古今之气，犹足以想见其人也。"他的谐趣的确是含蕴丰富，耐人咀嚼的。

苏东坡的谐趣有时针对某种现象进行讽谕，但"谑而不虐"，微讽而非讥刺；而其中时时闪发出智能的光芒，显出其善譬巧喻、颖悟过人的才辩，引起读者触处逢春的美感。如《记与欧阳公语》记有因乘船遇风惊而得病者，医者"取多年柂牙，为柂工手汗所渍处，刮末，杂丹砂、茯神之流"，竟把病治愈。苏轼写道：

> 予因谓公："以笔墨烧灰饮学者，当治昏惰邪？推此而广之，则饮伯夷之盥水，可以疗贪；食比干之馂余，可以已佞；舐樊哙之盾，可以治怯；嗅西子之珥，可以疗恶疾矣。"

妙语连类不穷，使人叹其巧、服其辩。他的《梦中作祭春牛文》

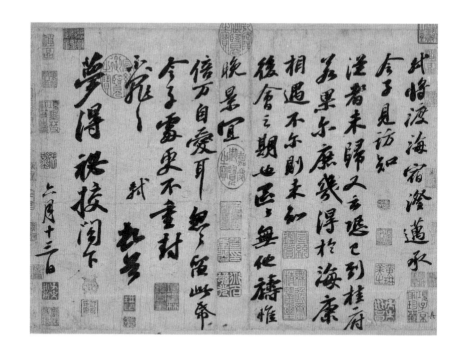

讲泥制春牛"衣被丹青之好，本出泥涂；成毁须臾之间，谁为喜愠"，这两联显含深意，揶揄那些金玉其表、败絮其中而又昙花一现的人物，因而"吏微笑曰：'此两句复当有怒者。'旁一吏曰：'不妨，此是唤醒他！'"妙在末句：既说"泥牛"好梦不长，又说自己"梦中"作文讽世，平生已累遭口祸，正需喝醒。

南宋戴复古在《论诗十绝》其二中说：

> 古今胸次浩江河，才比诸公十倍过。
>
> 时把文章供戏谑，不知此体误人多。

▶ 北宋苏轼《渡海帖》
台北故宫博物院藏
此帖写于元符三年(1100)苏轼诏徙廉州，途中写此尺牍予挚友赵梦得。故"渡海"二字指从海南岛渡海北归。

清宗廷辅认为是指苏东坡（见其《古今论诗绝句》）。东坡笔下固然也有一些流于庸滑浅薄的作品，但其谐趣的主导方面乃是表现他阅世既深后的超旷胸次，在困境中仍然坚持对美好事物的追求，不倦地去发现精神生活的新天地，体现出自然真率之美。这使他跟当时、后世的读者产生一种亲切动人的关系。苏东坡在人们心目中的形象，很大程度上是由他的随笔小品建立起来的。

第九讲　苏东坡和北宋三大文人集团

古典文学研究长期以来往往局限于一个作家的个案分析。我们可以在图书馆里看到苏轼研究、李白研究、杜甫研究等个案研究，一个作家、一个作家地分析，但是实际上在中国的文学发展过程当中，文学的群体研究也非常重要。如果进行群体研究，往往可以弥补个别的个案研究当中的盲点，集体研究有些问题就会比较清楚。所以，近年来，学术界关于作家的群体、文人集团等研究逐渐成为一个热点。

关于宋代文学的研究，我比较早地注意北宋有三个文人集团，是非常值得研究的。

第一个谓之钱幕。什么叫钱幕呢？就是在钱惟演领导下进行文学创作的幕僚集团。钱惟演原来是吴越国的后代，后来在宋代统一全中国的时候吴越国就投向了宋王朝，钱氏就到汴京去了。钱惟演是吴越国的后裔。吴越国呢，因为是自动投降的，所以，宋代就对钱惟演比较优厚，给他做了大官。当时，他在洛阳。我们知道北宋并建东南西北四京，一个首都，三个陪都。首都是东京开封府，陪都是西京河南府，就是今天的洛阳，北京大名府，即今大名县，南京应天府，即今商丘。当时宋朝的皇帝就令钱惟演当西京的地方长官。在当地方长官的时候，他集中了一大批的幕僚。这些幕僚里面出了非常多的人才，特别值得注意的是欧阳修。因为他们是西京留守府的幕僚，所以这是一个幕僚集团。这个幕僚集团一共有三年的时间在钱惟演的领导下进行文学活动，其中发生了好多值得注意的事情，在以前的研究当中很少被注意到。第二个欧门，大家就比较清楚了。盟主就是欧阳修。欧阳修大家都知道，大名鼎鼎的，在北宋的整个学术史发展过程中起了很大的作用。第三个就是苏门，苏门的盟主就是苏东坡了。关于苏门，我想从苏东坡个人讲讲苏门的问题。

主要想通过对三个文人集团的简单介绍，来看看北宋文学当中的一些新的面貌，比如宋诗以文为诗，或者说宋诗的散文化，是不是能从三个文人集团当中找出线索来。还有，宋代的古文运动发生的起源和趋向，能不能从这三个文人集团的交流当中，看出其深刻的意义。

中国文人形成一个团体并不是从宋代开始的。比如"建安七子"，它是围绕在曹操父子周围的一个文人集团，后人叫他们"建安七子"。比如说唐太宗李世民，当他还没有做皇帝的时候就有个"十八学士集团"，这十八个文人也是围绕着他进行文学活动。所以说，文人结社并不是从宋代开始。但是，宋代的这三个文人集团有它们自己的特点。

第一个就是系列性。什么叫作系列性呢？就是前一集团都为后一集团培养了盟主，前一个集团的骨干往往成为后一个文人集团的领袖。刚刚讲到，钱惟演的幕府里面主要人物是欧阳修。欧阳修就是在钱惟演的幕府里面慢慢成长为第二个集团的领袖。第二个集团领袖欧阳修利用他嘉祐二年（1057）主持科举，录取了388个进士，其中有一个进士是苏东坡。所以，苏东坡是欧阳修的学生，也是欧门的重要成员。苏东坡后来就成为第三个文人集

▼ 宋佚名《十八学士
图》之"书" 台
北故宫博物院藏
"琴棋书画"是《十八
学士图》中反复出现的
元素，也是宋代文人
士大夫生活中的重要
组成。

团的领袖。所以这三大文人集团就有一个系列性的
特点。这个现象使北宋文学的走向保持连续性。文
学中的一些特点的萌芽，如以文为诗，或者说诗的
散文化，因为其人员相互衔接，这个特点就越来越

显著。

第二个特点是文学性。以前的文人集团往往带有很强的政治色彩。比如所谓"建安七子"，这七个人成为建安七子的时候，他们的文学创作高潮已经过去了，就是曹操把这些人笼络到自己身边。建安七子主要给曹操起到什么作用呢？主要起到政治上的参谋作用，等于是一个谋士集团。所以，真正变成一个集团的时候，他们的文学活动反而不多了。刚刚讲到李世民的"十八学士集团"。李在组织这个集团的时候，他还只是皇子，不是皇帝。进入李的集团那就叫"跳龙门"，因为李给他们非常高的政治待遇。这批文人主要帮助李搞政变。这个政变就是历史上的"玄武门之变"。本来李世民的父亲并不是把皇位传给他的，而是要传给他的哥哥李建成，结果，他搞了政变，把李建成给杀掉了。所以，十八学士集团主要是在政治上起作用。但是，我刚刚讲的宋代三个文人集团主要是文学性，因为他们主要通过文学来相互交流，当然也有政治的因素在里面。但是他们作为集团来说，主要标志是他们的文学活动。这是第二个特点，就是他们的文学性比以前大大增强了。

第三个是自觉性。中国人对于结盟的思想——趋群的思想是比较强烈的，就是大家要在一起活动，就要有一个共同认可的观念。这种思想当然在一定情况下是有负面的因素，但是另外一方面呢，有助于促进作家进行社会化活动。我们知道文学创作中主要是作家个人的劳动，但是作家要写出好作品，又不可能在完全封闭的内心世界中进行创作，他必须要融入社会，要跟社会有交集。这样文人之间互相唱和，互相交流，对于作家的社会化肯定起到了非常好的作用。所以，在这个意义上，组成一个集团，推举一个盟主，这个意识在宋代人当中是特别自觉的。

譬如说钱惟演，他有一次在洛阳建了一个阁，相当于休息的驿站，就请欧阳修、尹洙、谢绛都写一篇文章，结果尹洙写了300字，谢绛写了500字，欧阳修写了1 000字。当时的文风提倡从繁缛走向简洁，所以，尹洙简而有法的文章就中选了。钱惟演就解释说他为什么要举行这个作文比赛呢。他说，"君辈台阁禁从之选也"，你们这些人将来都是要进入皇帝的文学班子，"当用意史学"，应该注重史学，"以所闻见拟之"，现在叫你们写这篇文章记录所见所闻，就应该从历史的角度立意。洛阳地区的文化积累特别深厚，钱惟演已经着意培养自己的后辈，说明他对人才的培养是有自觉性的。

到了欧阳修，刚才讲他是在嘉祐二年主持全国性的进士考试。他是主考官。这个考卷的题目叫"刑赏忠厚之至论"，这个题目实际上是非常"八股"的题目，但欧阳修看到苏轼考卷上的这篇文章后非常称赞，说快哉快哉！老夫一定要让他出人头地，三十年后别人就不说他欧阳修，而要说苏东坡了。他亲自对苏说，"我老将休，付子斯文"。

文坛必须要有一个主盟者，这个"主"要使文学流变有延续性。有人说这是受了佛教的影响，因为佛教的老和尚圆寂前，必须传衣钵给后人。欧阳修也像佛教僧侣这样，他作为文坛领袖，对苏轼说，他已经老了，这个文坛的责任就要交给你了。苏东坡有一次把他门下的弟子召到一起了，说了一段话。这段话比较长：

> 方今太平之盛，文士辈出，要使一时之文有所宗主。昔欧阳文忠常以是任付于某，故不敢不勉，异时文章盟主，责在诸君，亦如文忠之付授也。

可见，文坛盟主这个接力棒是一个接一个地传下去。所以钱惟演、欧阳修、苏东坡这些人非常明确地表达他们结盟的意思，结盟以后要有一个盟主来领导这个文学集团的发展。这个意识是非常自觉的。所以，系列性、文学性、自觉性在宋代这三个文人集团中表现得很突出，也是中国文学史上比较少见的。

一　文人集团一：钱幕

钱惟演当时是西京留守，这个"留守"的意思是当时西京府的首长。他有一个副手叫谢绛。钱惟演当然是一个文人了。他喜欢读书，家里面藏书也比较多，这一阶段他幕府的主要任务，就是给文人幕宾们时间，叫他们去游山玩水，让他们去互相诗歌唱和。钱惟演主要是起着组织活动的作用。那么，真正在文学上影响年轻这一辈的人是谢绛。因为，当时谢绛的年纪比他们大一点，而且谢绛的文学创作已经露了锋芒，所以，他实际上是这个文学集团的指导者。这个幕府主要成员是欧阳修、尹洙和梅尧臣。他们三人都在西京府做幕僚。欧阳修当时是推官，相当于我们现在的小科长吧，就是管司法的一个小科长。梅尧臣和尹洙都是西京府下一个县的县令。

他们主要的活动是诗歌唱和，一共有三年，时间比较长。我主要挑几个典型的活动给大家介绍一下。

洛阳的南边有一座山叫嵩山。钱幕的这些幕僚曾经两次组织起来游嵩山。一般人去玩嘛，肯定就只管游玩了，可是这批人去玩就玩出文学创作来了。那里面事情很多。我就举一个例子。

因为第一次游嵩山时梅尧臣去了，第二次没去，所以，谢绛就写了篇文章《游嵩山寄梅殿丞》，这是北宋很有名的一篇文章。这篇文章写得非常好，把他们五六个人游嵩山的过程，很细致地描绘出来。梅尧臣拿到这封信后，就做了一件怪事情——写了一首诗。这首诗一共有100句，是梅尧臣的第一首长诗。这首诗有什么特点呢？它的特点是将谢绛的散文改为诗歌，而且是改为一首500字的长诗。这个现象是意味深长的。因为，在中国古代文学的文体当中，文体之间的界限本来是比较严格的。

也有同一题材内容却用一诗一文表达的情况。比如说佛经，和尚将佛经的道理先用散文讲，讲完后要唱一唱，就又用诗歌的形式表现出来。再譬如说《长恨歌》，陈鸿的《长恨歌传》和白居易的《长恨歌》，又是一文一诗的关系，但内容基本上相同。再譬如，也有用诗歌代替散文的，如白居易的《问刘十九》：

> 绿蚁新醅酒，红泥小火炉。
> 晚来天欲雪，能饮一杯无？

就是以诗歌的形式写的一封信。

但上述梅尧臣用诗的形式改写谢绛散文，将一千多字的散文变为五百字的诗歌这件事，还是引起了文坛很大的震动。因为，诗和文这两种文体在改写的过程中就要发生碰撞，它必然地把散文的章法、句法、字法、笔法无意识地融入诗歌里面去了。这个"一文一诗"相互改写的做法在当时是第一个试验，而且这个试验在他们这个圈子里面确实发生了轰动的效果。谢绛就把这首诗给欧阳修和尹洙看。欧阳修又给梅尧臣写信，说这首诗写得多么好啊。当然这里面有点互相吹捧的味道，但是在整个文人集团中起到了交流文学创作经验的作用。梅尧臣自此一发不可收，连续地写了很多长诗，而且都是在原来的散文基础上改成诗。这个小小历史事件也可以看出，宋代"以文为诗"的这个重要特征在钱幕

清王翚《嵩山草堂图》 美国克利夫兰美术馆藏

集团中就开始萌生了，以后慢慢发展，成为宋诗中的一个重大的特点。

再举一个例子，就是说一说洛阳牡丹的诗歌意蕴。洛阳地区园林非常发达，洛阳园林当时是全国第一。后来，李清照的父亲李格非写了一篇《洛阳名园记》。洛阳园林里面有一种很重要的花，就是牡丹。洛阳的牡丹是非常有名的。他们在游玩牡丹园的时候就写了好多作品。"牡丹"这个意象唐诗里面有，比如李白写牡丹，是将牡丹称作国色天香，就是比较富贵豪华的形象。但到了洛阳文人集团这里，由于他们不断地写牡丹，牡丹这个意象有很丰富的发展。欧阳修有一首非常有名的诗《戏答元珍》：

> 春风疑不到天涯，二月山城未见花。
>
> 残雪压枝犹有橘，冻雷惊笋欲抽芽。
>
> 夜闻归雁生乡思，病入新年感物华。
>
> 曾是洛阳花下客，野芳虽晚不须嗟。

这就是说，在欧阳修的心目中洛阳赏花成了他青春的象征，实际上是通过牡丹花表达一种对繁华欢乐生活的追忆，跟作者当时在夷陵（今湖北宜昌）的生活形成了对比。洛阳赏花的记忆与感受在欧阳修的生活中非常重要。

下面再举他的词为例。欧阳修《六一词》中有四首《玉楼春》关于洛阳牡丹花的词句：

> 洛阳春色待君来，莫到落花飞似霰。　　　　——离洛前

直须看尽洛城花，始共春风容易别。　　　——离洛时

洛阳正值芳菲节，浓艳清香相间发。游丝有意苦相萦，垂柳无端争赠别。　　　——离洛时

常忆洛阳风景媚……关心只为牡丹红。

　　　　　　　　　　　　　　　——离洛后

　　后来，欧阳修还专门写了一篇《洛阳牡丹记》。这是中国第一部花卉的著作，把洛阳牡丹的品种、培植等植物学的方面一一做了介绍。钱幕里的人对洛阳牡丹花的形象进行发展，又写了一些好诗。洛阳牡丹花的诗歌意象在唐代只局限于歌颂牡丹雍容华贵，但没有对于人生感慨或对生命的体悟。经过钱幕的文人集团的创作，大大丰富了牡丹花的意蕴。

　　还有一点，我觉得比较重要的，是这个集团培养、推出了下一个文坛领袖——欧阳修。欧阳修之所以成为宋代的文化名人、文坛领袖，洛阳的生活起到极其重要的作用。这在以前研究中提得比较少。欧阳修在洛阳最重要的两个方面的创作，一个是诗歌创作，一个是古文创作。在诗歌创作方面，他当时主要是以梅尧臣为师，因为梅的年龄比他高一点，而且梅在当时已经是一个很有名的诗人了。但是，欧阳修又是一个善于学诗的人，不光是跟梅学，还评论梅的诗。所以今天留下了欧阳修品赏梅尧臣诗的诗歌，都是很重要的文学评论资料。还有古文创作方面，他主要向尹洙学习。刚才我讲了钱惟演举办的作文比赛，尹洙写得简而有法，欧阳修说自己的文章写得太冗长了。但是，在后来欧阳修对尹洙的"简而有法"又采取一个批判的态度。他认为不能说

凡是文章写得简约就好，比较繁复的就不好。因为文章有时要有闲笔，要有补笔。中国古代的文章有两种，一种叫骈文，一种叫散文。骈文就是对句或对仗的，散文就是单句散行的。欧阳修认为，散文当中适当地吸收一些骈文因素，可以增加散文的形式美。欧阳修向尹洙学习散文，但后来又超越了尹洙，这样就奠定了宋代散文发展的道路。尹洙每篇文章都很短，但是没有文采。所以欧阳修既向尹学古文又有所超过。这样慢慢地欧阳修在文坛当中名

（传）北宋赵昌《画牡丹图》局部　台北故宫博物院藏
太湖石后盛开的牡丹布满了画面，与唐代的雍容华贵相比，多了一分淡雅清丽。

声也越来越大，成为文人领袖。

二　文人集团二：欧门

下面再讲欧门。欧门主要人员构成，是通过嘉祐二年（1057）欧阳修主持全国的进士科的考试选拔出来的。这次考试在中国科举史上意义非常重大。科举本来是中国选拔官员的制度。魏晋时整个选官权控制在世家大族的手里。到了隋唐时候，就把旧制度废了，改为科举制。但是范围比较小，每年考一次，只取二三十个，所以，这时的科举制对当时的政坛并没有多大的影响。宋代是大量地"招生"，每年平均都有二三百个。嘉祐二年的进士就有388个。而且，宋代科举考试还有一些比较先进的措施来完善科举制度，比如"糊名"，糊住名字，避免徇私舞弊。欧阳修负责这次考试的时候，当时的文坛流行一种文体叫"太学体"，比较险怪奇涩。欧阳修不录取用这种文体的考生，当时受到一些考生的抵制。但是，欧始终坚持要把宋代的散文导向于平易婉转的风格上，这样一来这次选中的进士大多都是欧阳修古文革新拥护者，而且人才辈出。

这批人中有文学之士：苏轼、苏辙、曾巩、程颢、张载、朱光庭。宋代古文六大家里面有三个都是这一次科举录取的。还有政治人物，如吕惠卿，王安石变法的帮手，还有曾布、王韶等。这个名单包括388个进士，并不是里面所有人都是欧门的，能够进欧门的还有其他条件，要能跟欧直接发生联系。科举制既产生了座师和门生的关系，还产生了同年友的关系。这在封建社会中也是很重要的关系。这些同年在欧的集团里面一般就比较亲近，都为能够进入欧门感到光荣。

欧阳修主持欧门有很多优点。在当时欧门中有两类人，一类是京师的，一类是外地的。欧阳修对于外地来的考生非常重视，比京师的还重视。这是个很好的优点。苏东坡考中进士后，写了一封感谢信，感谢五位主考官。欧说，苏的信他已经看到了，看着看着就出汗了，"老夫当避路，放他出一头地也"，可见，欧对于培养后进的重视。这也能看出欧对于外地考生的赏识、提拔。当然这跟他自己的经历有关。

另一个优点是欧很自觉地选拔接班人。欧原来选的接班人是曾巩。他们是同乡，都是江西人，而且曾巩跟他文章的风格是类似的。清代桐城派姚鼐

◥ 明嘉靖年间重刻苏轼楷书欧阳修撰《丰乐亭记》拓片
此碑是苏轼晚年书法力作，原石刻于北宋元祐六年（1091），已佚。

说文章分为阳刚之美、阴柔之美。欧的文章是阴柔之美，比如说《醉翁亭记》，曾巩的文章也属于阴柔之美。曾巩是他第一个考虑的接班人。他第二个看重的接班人是王安石。王安石也属于欧门的。王当时的声誉也比较高了，欧主动写了一首诗给王安石。这个风度是不简单的，因为他的年辈比王长、名声比王高。我们看看这首诗：

赠 王 介 甫

翰林风月三千首，吏部文章二百年。

老去自怜心尚在，后来谁与子争先。

朱门歌舞争新态，绿绮尘埃拂旧弦。

常恨闻名不相识，相逢罇酒曷留连？

前两句"翰林风月三千首，吏部文章二百年"，是称赞王安石，说他的诗歌、文章写得跟李白、韩愈一样好。接着两句是"老去自怜心尚在，后来谁与子争先"，这个"心"，当然是想把文坛建设繁荣的心了。他给王提供的信息是明确的，就是希望王作为文坛的继承人。王就写了首和诗回答欧：

奉酬永叔见赠

欲传道义心犹在，强学文章力已穷。

他日若能窥孟子，终身何敢望韩公。

抠衣最出诸生后，倒屣尝倾广座中。

只恐虚名从此得，嘉篇为赆岂宜蒙。

"欲传道义心犹在，强学文章力已穷"，这个话是表面一套，实际上一套。表面说他要传授道义，实际上他的志向是建功立业，政治是第一位的，文章是第二位的。他要学习的对象是孟子，而不是作为文章家的韩愈。绵里藏针，王安石拒绝了欧阳修对他的希望。

最后，欧在嘉祐二年（1057）发现了苏东坡。这就说明欧不是以个人的好恶来选择接班人的，而是客观的标准——个人的才干来决定。根据苏的才干，他就毫无疑义地选择苏东坡。这样的一种做法，我觉得在现在也是有意义的，就是不是以亲疏定标准。这是欧门的情况，下面讲讲苏门。

三 文人集团三：苏门

苏门的盟主是苏东坡。当然也应该把他的弟弟苏辙算入。因为苏门里面有的人也跟苏辙学诗。我们知道"苏门四学士"，有黄庭坚、秦观、晁补之、张耒。还有一个说法叫"苏门六君子"，那么就加陈师道跟李廌。

先来讲讲苏门形成的特点。苏门的构成跟钱幕、欧门不一样。钱幕的构成是比较偶然的，钱是在西京做长官的时候集中了一批人才，欧门也是这样，他是在考试的时候集中了一批英才。但是苏东坡不是这样。苏门正式的形成是在元祐年间，是在苏东坡经历了在京、外任、贬居等人生第一个轮回之后才慢慢形成。苏门的成员在这之前，都是跟他有个别的交流。

譬如说，黄庭坚在苏轼任徐州知州的时候给他写信，黄说他很推崇苏东坡，现在想拜苏东坡为师，苏就给他回信。这都是个别交流。这些交流的特点都发生在苏在政治上比较倒霉的时候。他们加入苏门都是真心实意地拜列师门，不是奔走权门。这个跟欧阳修稍微有点不一样。欧阳修有权，很多人是怀着跻身权门的心加入欧门的。所以，欧门之中不是每一个人都好，如前面提到的吕惠卿。

但是苏门不一样，他们是因为苏东坡的文学成就、个人魅力而自愿加入苏门。这些人在苏政治不如意的时候告诉他，希望成为他的学生。这份真诚对于苏门的稳固性非常重要。欧门的很多人以后就叛师了，跟老师写告别信。但是，苏门的人没有背叛的，他们都跟苏东坡建立了牢固的关系。苏东坡后来贬到海南岛，就有学生跑到海南岛去探访他。在当时那真是不可想象的事情。

为什么叫"苏门四学士"呢？本来宋代有翰林院学士，那是给皇帝起草文件的，是皇帝的秘书班子。另外，宋代秘书省里面，搞文字工作的人也叫作"学士"。黄庭坚、张耒这些人呢，都是苏东坡在考试中把他们录取的，所以，就叫作"苏门四学士"。本来"大学士"都是很荣耀的，但是，"苏门四学士"都是官很小的。当时他们主要的活动范围是在汴京。今天留下来的一幅画《西园雅集图》是很有名的，现存美国。原画据说是李公麟画的，又有一篇米芾的《西园雅集图记》的书法作品与该画一起保存下来。这幅画的意义在于，它比较生动、形象地把当时苏门活动的情景反映出来了。当时苏门的活动是文酒诗会。这幅画是比较珍贵的苏门形象的资料。

苏门的一个主要特点就是自由，这是苏门非常好的一个特点。刚才讲过，苏东坡自己诗词文都是第一流的，但是他没有要求他的门人都去模仿他的风格。譬如说，他的词开创了豪放派风格，无论是词的题材、词的意境，都有很大的突破，跟传统的词的写法不一样。但是苏门以后最大的词人秦观，恰恰是婉约派的代表。所以，有一次，苏问他的学生张耒和晁补之，他的词和秦观的词比起来怎么样呢？这两人就回答：先生之词似诗，秦观之诗似词。这句话批评了两个人，就是说苏的词是以诗为词，以写诗的办法写词，不是真正的词，而秦观的诗，软绵绵的，也不是真正的诗（后来金元好问甚至谑称为

"女郎诗"）。从这里可以看到，苏门中老师可以批评学生，学生也可以批评老师。

黄庭坚更是如此。黄庭坚晚期的诗词成就应该和苏轼在伯仲之间。特别是他后来开创了江西诗派，影响非常大。但是，江西诗派里面有的人对把黄作为苏的学生不太服气，就说先生的成就那么大了，作为苏的学生不合适吧？但是，黄庭坚拒绝了，依然承认自己是苏的学生。

▶ 北宋黄庭坚《临苏
　轼海棠诗卷》局部
　台北故宫博物院藏
对照这幅黄庭坚临的苏
轼海棠诗，苏评价黄的
书法"几如树梢挂蛇"
便可一目了然。

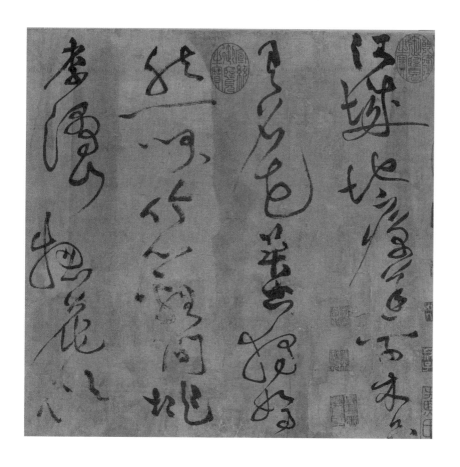

有部笔记非常清楚地记载：黄庭坚每天早上起来，都要以弟子的礼仪在苏轼的遗像前敬香（当时苏轼已经去世了），作揖行礼。历史上有一个所谓"苏黄之争"。苏与黄之间也互相批评，有次苏对黄说："你的书法字虽清劲，而笔势有时太瘦，几如树梢挂蛇！"黄庭坚也不生气，还他一句："公之字固不敢轻议，然间觉褊浅，亦甚似石压虾蟆！"这个交锋正好说明，人如果有点幽默感，是智商优越的表现，也反映出他们完全处在平等地位上的自由讨论，结果以两人"大笑"而告终，亲切而友好。

所以，苏门文学的这种自由的风气促成了苏门成为宋代文学的第二个高潮，也可以说是最大的高潮（北宋文学有两大高潮——一个是欧门的文学活动，一个是苏门的文学活动）。苏门的整体文学成就超越了欧门，所以，北宋文学最高成就是苏门。

再补充一点，应该说，在唐代也有个韩门，盟主当然是韩愈，但是他只有两个弟子，李翱与皇甫湜，而且是一种单线传承式的文学脉络，而我刚才讲的三个文人集团是一种辐射裂变式，所以，韩门的影响就没有北宋的文学集团影响大。

第十讲　苏东坡与他的弟子们

　　"苏门四学士""苏门六君子"是苏门的核心成员。黄庭坚、秦观、张耒、晁补之当时即被称为"苏门四学士"。南宋人（传为陈亮）又把他们四人及陈师道、李鷹的文章，纂辑为《苏门六君子文粹》七十卷，故又称六人为"苏门六君子"。

　　"苏门四学士"的最初含义，一是指他们四人并任"馆职"，故称"学士"；二是他们多经苏东坡亲自考选，故为"苏门"。所以"苏门四学士"最初之组合为一个群体，原本以他们和苏东坡的类似"座师与门生"的政治关系为主；但以后的发展和衍化，"苏门"成了一个人数众多，包含有政治、学术、文学等丰富内容的文人集团了。

　　苏东坡和这些苏门核心成员之间的分散的、各自的单线联系，迅速地促成成员们之间的结识和交往，好像蜘蛛编网的经纬交织，又像众星拱月而又相互牵引，以苏轼为中心，形成了一个颇为庞大的结构网络，构成一个具有某种统属关系的人才谱系。这就是苏门。

　　苏轼一生走过了几起几落、大起大落的政治道路，就其主要仕履而言，正好经历了两次"在朝—外任—贬居"的过程。元祐初年的返京任职，恰是他第二个循环的开始。也就是说，"苏门四学士"或"元祐四君子"正式确立以前，苏轼与他们的各自结识和分别交游，大都发生在他第一次外任（杭、密、徐、湖）和第一次贬居（黄州）期间，这时的苏轼，文名日隆而政治处境颇多挫折，黄、秦等

人的求知于苏轼，完全是慕其道德文章，是拜列师门而非奔走权门。陈师道擅离职守，越境间道与苏轼会面，受到弹劾，竟被罢去太学博士之职，为文学交游而付出政治代价。特别在苏轼惨遭乌台之狱及贬居黄州时，秦观千里奔视，兼以书信吊慰不止；李廌的初见苏轼，正在其贬地黄州。他们的交往确乎超出利害得失的计较，而是基于志同道合的文学志趣；固然也有借苏自重、跻身文坛的自我意识，但对苏轼文学才能和品格魅力的吸引却占主导地位。因而，他们的结群关系具有突出的文学性质。

南宋刘松年《西园雅集图》 台北故宫博物院藏

苏东坡、黄庭坚、米芾、圆通大师等宋代雅士高僧盛会于王诜西园。画中十六人被分为四组，这里所表现的是王诜、蔡肇和李之仪围观苏东坡写书法之情境。

即使是元祐时的"苏门"，其政治色彩无疑显著地加浓、加强了，但仍保持以往的这种文学性质。苏轼其时的《答毛泽民》中说："世间唯名实不可欺。文章如金玉，各有定价，先后进相汲引，因其言以信于世，则有之矣。至其品目高下，盖付之众口，决非一夫所能抑扬。""先进"对"后进"的汲引、称誉，能否为社会所承认，并非个人之力所能左右，而是取决其文学成就。"文章如金玉，各有定价"，价值标准是客观的，这本是欧阳修的观点，一直为苏轼所信奉，并经常向门弟子们宣扬、重申：

> 欧阳文忠公言："文章如精金美玉，市有定价，非人所能以口舌定贵贱也。"
> ——《答谢民师书》
> 士如良金美玉，市有定价，岂可以爱憎口舌贵贱之欤？
> ——《太息一章送秦少章秀才》
> 此人（黄庭坚）如精金美玉，不即人而人即之，将逃名而不可得，何以我称扬为？　　——《答黄鲁直》
> 以此知文章如金玉珠贝，未易鄙弃也。
> ——《答刘沔都曹书》

一再强调，无形中成了组合"苏门"的宗旨，因而在元祐党派激烈纷争的情况下，苏门也不可能变成单纯的政治集团。

一　多元多样的学术主张

苏轼和王安石的关系是颇为复杂的。在熙宁变法时期，他们

北宋王安石《过从
帖》 台北故宫博
物院藏

是势不两立的政敌；元丰末，一个作为退职宰相，
历经宦海风云，闲居金陵，一个从九死一生的乌台
之狱脱险，尝尽了黄州之贬种种人生况味，两人重
聚，相逢一笑泯恩仇，发现彼此都是直臣贤士、人
间杰才，对儒家理想人格的崇奉是他们融和的纽
带。然而到了元祐时期，苏轼及其门人却共同掀起
一个批判王氏新学的热潮，体现出对思想专制、学
术专制和文化专制的不满和反抗。

王安石的新学是他变法思想的哲学基础，自有
其不可抹杀的历史价值。诚如他的学生陆佃所说：

> 夫子没而大义乖，道德之体分裂，而天
> 下多得一体。诸子杂家各自为书，而圣人之大

体始乱矣。……而临川先生起于弊学之后，不向于末伪，不背于本真，度之以道揆，持之以德操，而天下莫能罔，莫能移。故奇言异行，无所遁逃，而圣人之道复明于世。

——《答李贲书》,《陶山集》卷一二

早在《三经新义》(《诗义》《尚书义》《周礼义》)以前，王安石的《易解》《淮南杂说》《洪范传》，乃至《上仁宗皇帝言事书》等，已初步建构起"荆公新学"的基本格局。治平时，王安石在金陵讲学，一大批要求改革现状的年轻士子受业门下，俨然形成新学学派。

与此同时，王安石"一道德以同俗"的思想逐渐成熟并固定化。嘉祐三年(1058)他提点江西东路刑狱时，作《与丁元珍书》说："古者一道德以同俗。故士有揆古人之所为以自守，则人无异论。今家异道，人殊德，士之欲自守者，又牵于末俗之势，不得事事如古；则人之异论，可悉弭乎？"同时又作《答王深甫书二》说："古者一道德以同天下之俗。士之有为于世也，人无异论。今家异道，人殊德，又以爱憎喜怒变事实而传之。"

而到了熙宁时期，他更把这一思想跟科举改革结合起来，使之付诸实践而不只停留在口头宣传上了。熙宁二年(1069)，他说：

> 今人材乏少，且其学术不一，一人一义，十人十义，朝廷欲有所为，异论纷然，莫肯承听。此盖朝廷不能一道德故也。故一道德则修学校，欲修学校则贡举法不可不变。

——《文献通考》卷三一《选举考四》

于是在宋神宗的支持下，他受命设"经义局"重新训释经义，其《三经新义》一变而为官方哲学，作为取士的标准答案，"诸生一切以王氏经为师"（《续资治通鉴长编》卷二七六），"独行于世者六十年"（《郡斋读书志》卷一"新经尚书义十三卷"条）。这样，他运用行政权力来求得学术见解的统一，在经义之争中夹杂着政见之争。这里反映出这位改革家追求思想一统的新的正宗地位，以适应政治改革的需要；但又恰恰窒息了自欧阳修以来所开创的自由讨论经学的风气，中断了包括王氏新学在内的经学变古新思潮的发展，引起崇尚自由的苏门的不满和抨击，是十分自然的。

在元祐"苏门"形成时期，苏轼更多次批评"新学"，则集中在王氏"一道德以同俗"的思想和实际作为上。元祐元年（1086）在《答张文潜县丞书》中，他说：

> 文字之衰，未有如今日者也，其源实出于王氏。王氏之文，未必不善也，而患在于好使人同己。自孔子不能使人同，颜渊之仁，子路之勇，不能以相移，而王氏欲以其学同天下。地之美者，同于生物，不同于所生。惟荒瘠斥卤之地，弥望皆黄茅白苇，此则王氏之同也。
>
> ……仆老矣，使后生犹得见古人之大全者，正赖黄鲁直、秦少游、晁无咎、陈履常与君等数人耳。如闻君作太学博士，愿益勉之。

这封信尖锐地抨击了王安石为文治学"好使人同己"的作风，指出这正是造成文章雷同单一、学术凋敝衰落的根本原因，并期望黄、秦诸子起而矫之，有所作为。

苏轼这里主要针对王氏的经学而言，但信中把当时朝廷议定的"复诗赋，立《春秋》学官"两事并赞为"甚美"，足证其批评范围也涉及文学领域。在同时所作的《送人序》中他又说：

> 士之不能自成，其患在于俗学。俗学之患，杠人之材，窒人之耳目，诵其师傅造字之语，从俗之文，才数万言，其为士之业尽此矣。……王氏之学，正如脱埏，案其形模而出之，不待修饰而成器耳，求为桓璧彝器，其可乎？

"脱埏"，即依照同一模子而制成，千人一面，千部一腔，没有个性，没有特点，正是学术文化和文学艺术发展的大敌。"脱埏"和"黄茅白苇"两个形象比喻，尖刻准确，把求同斥异的后果揭露无遗。

苏轼在反新学中，实际上提出了一个重要原则：多元性和多样化是发展学术文化的必要前提。这也成了苏门的著名门规和家法，对推动元祐文学高潮的形成起了直接的作用。

要充分认识这个原则的重大意义，不妨对比一下程朱理学家的议论。程氏在当时就指出过：

> 今异教之害，道家之学则更没可辟，唯释氏之学衍蔓迷溺至深。今日是释氏盛而道家萧索。……然在今日，释氏却未消理会，大患者却是介甫之学。
>
> ……如今日，却要先整顿介甫之学，坏了后生学者。
>
> ——《二程集·遗书》卷二上

他敏锐地感受到王氏新学的革新传统儒学的进步因素，说它比佛道为害更甚，大声疾呼要加以"整顿"。苏轼却不然，他明确地说："王氏之文未必不善也。"对其学说内容并不一笔抹煞，只是反对他的学术专制和思想统治而已，并不是片面追求多元性和多样化。

朱熹更明确反驳苏、陈说：

> 陈后山说："人为荆公学，唤作转般仓、模画手，致无赢（赢）余，但有亏欠。"东坡云："荆公之学，未尝不善，只是不合要人同己。"此皆说得未是。若荆公之学是，使人人同己，俱入于是，何不可之有？今却说"未尝不善，而不合要人同"，成何说话！若使弥望者黍稷，都无稂莠，亦何不可？只为荆公之学自有未是处耳。

> ——《朱子语类》卷一三〇

从逻辑上说，朱熹的反驳是顺理成章的，人们不能拒绝在正确思想认识基础上的统一，应该服从真理而不应一味强调个性，标新立异。

但朱熹的反驳实际上只是脱离历史具体情况的简单推理。还是马端临说得好：

> 然介甫之所谓"一道德"者，乃是欲以其学使天下比而同之，以取科第。夫其书纵尽善无可议，然使学者以干利之故，皓首专门雷同蹈袭，不得尽其博学详说之功，而稍求

深造自得之趣，则其拘牵浅陋，去墨义无几矣，况所著未必
尽善乎？至所谓"学术不一，十人十义，朝廷欲有所为，异
议纷然，莫肯承听"，此则李斯所以建焚书之议也，是何
言欤？　　　　　　　　　——《文献通考》卷三一《选举考四》

对熙宁二年（1069）贡举法之争时王安石反驳苏轼之语，马端临作
了全面深刻的批驳。他认为，即使王氏之书"尽善无可议"，也
不应该"使天下比而同之"的，这只能导致扼杀"博学详说之
功""深造自得之趣"的后果。在他看来，不同学术观点的并存
争胜，这才是正常现象，因而尖锐指责王氏之举几同于李斯焚书
之议，揭出其思想专制的实质。他的分析可谓一针见血，鞭辟入
里。但朱熹这里实又掩藏着一句潜台词：这位理学大师正是也想
把自己的思想来"使人人同己"的。历史表明，"强人同己"是
不少杰出人物常有的思维定式。苏轼身居领袖地位而不强调整齐
划一，不以自己的模式来塑造门人和追随者，这是别具识见而又
超拔同侪的。

　　更有说者，在北宋崇尚统序的时代思潮影响下，王安石的
"一道德"思想并非他个人的一时之见。曾巩《王子直文集序》
早就论述过国家治乱和"道德、风俗"同异的因果关系：治世
则"道德同而风俗一"，乱世则"人人异见""各自为家"。他说，
"至治之极，教化既成，道德同而风俗一，言理者虽异人殊世，
未尝不同其指。何则？理当故无二也"。这是他希求的理想境界，
而对"其说未尝一，而圣人之道未尝明"深致忧愤。

　　熙宁初，程颢云："古者一道德以同俗，苟师学不正，则道

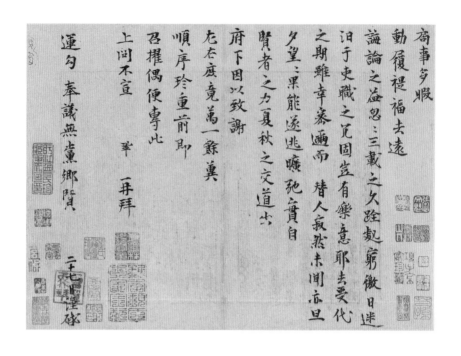

北宋曾巩《局事帖》
私人收藏

德何从而一？方今人执私见，家为异说，支离经训，无复统一，道之不明不行，乃在于此。"（《上神宗请修学校以为王化之本》,《宋朝诸臣奏议》卷七八）吕公著亦云："学校教化，所以一道德、同风俗之原。今若人自为教，则师异说，人异习。"（《上神宗答诏论学校贡举之法》,同上，卷七八）程、吕二人是就学校贡举问题而发，直接与王安石呼应。凡此种种，不仅反映出宋代士大夫趋群求同的社会心理，而且也是对面临的疑经辨伪、异说蜂起的经学变古思潮的反拨。因此，苏门的批评王学，实针对一种思想倾向而言，具有相当深广的社会意义。

二　性命自得的生命哲学

苏轼和程颐及各自门生之间的所谓"洛蜀党议"，严格地说，不是不同政见的论争。朱熹早就指出："东坡与荆公固是争新法，东坡与伊川是争个什么？"（《朱子语类》卷一一三〇）这是耐人寻味的问题。苏、程之争绝非完全是一场无原则的混战，而是包含着深刻的思想、志趣和性格分歧的争论。

洛蜀交恶的起因原系细故。《宋史纪事本末》卷四五《洛蜀党议》云：

> 颐在经筵，多用古礼，苏轼谓其不近人情，深嫉之，每加玩侮。方司马光之卒也，百官方有庆礼，事毕欲往吊，颐不可，曰："子于是日哭则不歌。"或曰："不言歌则不哭。"轼曰："此枉死市叔孙通制此礼也。"二人遂成嫌隙。

关于程颐在经筵的"不近人情"，《道山清话》有一则具体记载云：

> 哲宗御讲筵所，手折一柏枝玩，程颐为讲官，奏曰："方春万物发生之时，不可非时毁折。"哲宗亟掷于地，终讲，有不乐之色。太后闻之，叹曰："怪鬼坏事。"吕晦叔亦不乐其言也，云："不须得如此！"

关于司马光的丧事，也有一则细节。《贵耳集》卷上云：

> 元祐初，司马公薨。东坡欲主丧，遂为伊川所先，东坡
> 不满意。伊川以古礼敛，用锦囊囊其尸。东坡见而指之曰：
> "欠一件物事，当写作信物一角：'送上阎罗大王。'"东坡由
> 是与伊川失欢。

上述事件均发生在元祐元年，时程颐为崇政殿说书，苏轼任翰林学士知制诰兼侍读，无论地位和文名远在程颐之上。

这开衅的事件，反映出程、苏二人思想、志趣和性格的歧异：程颐讲求道学规范，矫情伪饰，苏轼崇尚真率通脱，企希本真自然。然而以此为发端，更由于各自门人的推波助澜，遂导成水火不容、攻讦不已的"洛蜀党争"。

把苏、程二人思想、志趣和性格的歧异，首先引入政治纷争的是程颐及其门人。同年十一月，苏轼在学士院试馆职时曾撰有一道策题，其中云：

> 今朝廷欲师仁祖（仁宗）之忠厚，而患百官有司不举其
> 职，或至于媮；欲法神考（神宗）之励精，而恐监司守令不识
> 其意，流入于刻。
>
> ——《试馆职策问三首·师仁祖之忠厚法神考之励精》

十二月，程颐门人、左司谏朱光庭即对苏轼的这道策题提出弹劾，认为有讥讪先朝皇帝之意，要求明正其罪。殿中侍御史吕陶，是苏轼的同乡好友，奋起反击，疏论朱光庭"假借事权以报私隙。议者谓轼尝戏薄程颐，光庭乃其门人，故为报怨。夫欲加

轼罪，何所不可！必指其策问以为讪谤，恐朋党之弊，自此起矣"（《续资治通鉴》卷八〇《宋纪》）。右司谏王觌、御史中丞傅尧俞、侍御史王岩叟等言官，也纷纷入对论辩，"洛蜀党争"由此公开爆发。

《续资治通鉴》卷八〇《宋纪》云："时吕公著独相，群贤在朝，不能不以类相从，遂有洛党、蜀党、朔党之号。洛党以（程）颐为首，朱光庭、贾易为辅；蜀党以苏轼为首，而吕陶等为辅；朔党以刘挚、梁焘、王岩叟、刘安世为首，而辅之者尤众。"苏轼陷身其中而无法自拔。

洛学在宋明理学发展史上起着奠基性的作用。二程对宋明理学最高范畴的"理"作了系统完整的新的阐述。他们把"理"或"天理"看作世界万物的本源，是抽象思维才能体认的无形而实在的本体："在天为命，在义为理，在人为性，主于身为心，其实一也。"（《二程集·遗书》卷一八）程氏又认为"性即理也"（同上，卷二二），"灭私欲则天理明矣"（同上，卷二四），绝情去欲才能复性明理。

他们提出的所谓"敬"和"礼"，都是为了"灭私欲""明天理"的内心修养术。程氏说"敬只是主一也"，"存此（即存敬），则自然天理明。学者须是将敬以直内，涵养此意，直内是本"（同上，卷一五）。在人们的内心存之以"敬"，涵泳修养，便能去欲明理践履封建伦理道德的规范。"敬"也就是"礼"。程氏说"敬即便是礼，无己可克"（同上，卷一五）；朱熹在《论语集注》卷六《颜渊第十二》训释"克己复礼为仁"时，曾引程颐之语云：

　　程子曰：非礼处便是私意。既是私意，如何得仁？须是克尽己私，皆归于礼，方始是仁。

"非礼"即"私意","礼"即无"私意",克尽私意便能达到"礼",也就是"敬"。要之,程氏主张通过格物穷理的自我修养,"居敬""复礼",要把封建伦理道德规范,化为个体内在的自觉要求,而不容许个体感情、欲望的存在,不容许"目则欲色,耳则欲声,以至鼻则欲香,口则欲味,体则欲安"（同上,卷二五）等一切人类"物欲",直至否定文学艺术创作的必要,公开亮明"作文害道"的观点。

由此可见,程颐的"敬"在其思想体系中占据着一个重要的地位。它由其道论（理）、人性论直接推演而出,诚如朱熹所言:"自秦汉以来,诸儒皆不识这'敬'字,直至程子方说得亲切,学者知所用力。"（《朱子语类》卷一二）

还应指出,在程氏这里,"敬"不仅仅是个体内心的修养术,而且也是治国平天下的大关捩。程氏说:"圣人修己以敬,以安百姓,笃恭而天下平。惟上下一于恭敬,则天地自位,万物自育,气无不和,四灵何有不至?此体信达顺之道,聪明睿智皆由是出。"（《二程集·遗书》卷六）导民以"敬",才能达于治民安邦、"天地自位、万物自育、气无不和"、四灵毕至的理想之境。朱熹也指出过程氏论"敬"的这一层含意。他说:"程先生所以有功于后学者,最是'敬'之一字有力。人之心性,敬则常存,不敬则不存。如释老等人,却是能持敬。但是他只知得那上面一截事,却没下面一截事。"（《朱子语类》卷一二）这里所谓的"上面一截事",即指内心自我修持,"下面一截事",则指治道政事。释老只知重己重内,程氏却由内及外,足见"敬"的意义的重大,也说明苏轼的反"敬"已成了他反理学的一个焦点。

程氏把这种顺理去欲的主"敬"术，又与伪《尚书·大禹谟》的所谓"人心惟危，道心惟微，惟精惟一，允执厥中"所谓"十六字传心诀"比附起来。他说："'人心惟危'，人欲也；'道心惟微'，天理也；'惟精惟一'，所以至之；'允执厥中'，所以行之。"（《二程集·遗书》卷一一）"'人心'，私欲，故危殆；'道心'，天理，故精微。"（同上，卷二四）

然而苏轼在《书传》卷三中从合情于性、情性均无善恶分别的观点出发，作了不同的训释：

> 人心，众人之心也，喜怒哀乐之类是也；道心，本心也，能生喜怒哀乐者也。
>
> ……道心即人心也，人心即道心也。放之则二，精之则一。桀纣非无道心也，放之而已；尧舜非无人心也，精之而已。

在他看来，"人心""道心"，本源上是统一的，之所以歧而为二，仅在于"放"和"精"的差别而已。在《韩愈论》中，更明确批驳把性与情割裂对立起来的观点，"儒者之患，患在于论性，以为喜怒哀乐皆出于情，而非性之所有"，对人情人欲作了大胆的肯定。

因而，崇尚人情、肯定人欲成了苏轼学术思想的一个重要内容。在他早年所作的《中庸论》《礼以养人为本论》等一系列论文中，反复强调"情"作为人类与生俱来的自然本能的正当性和合法性。他说："夫圣人之道，自本而观之，则皆出于

▼ 南宋佚名《无款人
　物图》 台北故宫
　博物院藏

这是一个属于文人的室
内空间，屏风上所挂的
主人半身肖像，正是北
宋苏东坡、黄庭坚等文
士们为此种写真像相互
题赞往来的写照。

人情；不循其本，而逆观之于其末，则以为圣人
有所勉强力行，而非人情之所乐者。夫如是，则
虽欲诚之，其道无由。"（《中庸论中》）把人情规定为
"圣人之道"之"本"，换言之，"道"必须顺应
人情，决不能"勉强力行"。

他又说："夫礼之初，缘诸人情，因其所安者，
而为之节文。凡人情之所安而有节者，举皆礼
也，则是礼未始有定论也。然而不可以出于人情
之所不安，则亦未始无定论也。执其无定以为定
论，则途之人皆可以为礼。"（《礼以养人为本论》）"礼"
也必须顺应"人情"，并由"人情"所决定。

"礼"随"情"变，凡是与人情谐和者，都合"礼"，从这个角度看，"礼"并没有固定的原则；但是，不能与"人情"违戾，这倒是"礼"的原则。"礼"没有违戾人情的固定不变的原则，这正是礼的原则，因而奔走于途的凡夫俗子、愚夫愚妇都是能实现礼的。这就把神圣邈远的"圣人之道"拉回到芸芸众生的生动自然的普通生活。

苏轼的人性论带有很强的实践性的品格，已经成为他人生思想的一个基点。这不仅表现在他的有关学术性的论著里，更表现在他的全部诗词文创作和一生行事之中。秦观曾说："苏氏之道最深于性命自得之际。"（《答傅彬老简》，《淮海集笺注》卷三〇）甚至比其文学成就、政治才具为高。这固然不无弄笔狡狯之嫌，但就苏轼深于人生哲学、深于生活"自得"之道而言，确实罕有其俦。他的一生，无论是立朝为宦，抑或是贬谪蛮荒，一贯珍视自身的生命存在，努力超越种种窘逼和限制，执着于生命价值的实现，获取生活的无穷乐趣和最大的精神自由。

崇尚本真自然，反对对人性的禁锢或伪饰，在苏轼的心目中，已不是一般的伦理原则和道德要求，而是一种对人类本体的根本追求。它比一般的政见之争要深刻得多，也重要得多。政治论战中的双方，可能都是"君子"。苏轼对他的不少政敌并不缺乏敬意。他从不轻易为人撰写碑志，却作《司马温公神道碑》；所作《王安石赠太傅》，把王氏视作"希世之异人"，这也不能被硬说成违心之言；连刘安世，他许为"真铁汉"（《元城语录解·附行》），都从人格道义上给予极高的评价。对比之下，他对程颐的确嫉"奸"如仇，"未尝假以色词"，原因即在于此。

我们并不认为程颐是"奸"人，但洛学中的这些消极成分恰为后世假道学所恶性推演，扼杀和窒息了一切新思想、新事物的成长和发展。在程朱理学刚刚形成，甚至还处于受困的初期，苏轼超前地成了反对伪道学的先驱者。我们应该充分评估洛蜀党争的意义。

总之，保持一己真率的个性，追求无饰的自然人格，是苏轼人生观、文学观构成的核心，通过洛蜀党争，这也给苏门带来深广的思想影响，从而促进苏门崇尚自由的门风的形成。

三 互相抑扬的批评之风

苏门是这一多元性和多样化原则最生动的体现。作为全才，苏东坡没有以自我为法，强令门人师范；他的门人也没有因敬仰备至而匍匐摹拟，丧失自我。苏、黄以诗并称，却各领风骚；苏、秦以词称雄，而风韵迥异；苏轼的散文虽于张耒等人有所影响，但也限于平易自然、流畅婉转的宋文群体风格的范围之内，其情性、禀赋、趣味等仍有明显差别。

更令人称羡的，是苏门内部的自由评论和自由批评之风，达到了坦诚无讳、畅所欲言的最高境界。

最有兴味的是关于苏东坡"以诗为词"的争论。晁补之在李清照《词论》之前，曾作《评本朝乐章》（《能改斋漫录》卷一六，又见《苕溪渔隐丛话·后集》卷三三，文字稍有出入），是现存较早的一篇词评专文。他在文中对苏、黄、秦三人之词分别做了评价。他评苏词云：

> 苏东坡词，人谓多不谐音律，自然，居士词横放杰出，自是曲子中缚不住者。

他评黄词云：

> 黄鲁直间作小词，固高妙，然不是当行家语，是著腔子唱好诗。

他评秦词云：

> 近世以来作者，皆不及秦少游，如"斜阳外，寒鸦万点，流水绕孤村"，虽不识字人，亦知是天生好言语。

这里提到有"人"不满于苏词的"多不谐音律"，又评论黄、秦词作，扬秦抑黄，很自然地使我们想起署名陈师道的《后山诗话》中的一段话：

> 退之以文为诗，子瞻以诗为词，如教坊雷大使之舞，虽极天下之工，要非本色。今代词手，惟秦七、黄九尔，唐诸人不迨也。

这里指出苏词"以诗为词""要非本色"，因而竟在秦、黄等辈之下，意见是大胆和尖锐的。但这段话是否出诸陈师道之口，有些疑惑。据《铁围山丛谈》卷六，谓"太上皇（徽宗）在位，时属升平，手艺人之有称者"，教坊司有舞者雷中庆，"世皆呼之为雷大使"，"视前代之伎""皆过之"。

陈师道死于徽宗即位的第二年，他不可能得知徽宗在位"升平"的中后期"教坊雷大使之舞"等情况，此语的真实性是有疑问的。《后山诗话》一书，有的学者已指出："真赝相杂，瑕瑜互见，贵读者具眼识别之耳。"（郭绍虞《宋诗话考》卷上），可谓知言。但审慎考索，"教坊雷大使之舞"云云虽决非由陈师道说出，但此条的类似意见，他是可能有的。张戒《岁寒堂诗话》卷上，也提到陈师道"以为退之于诗本无所得"，与此条的批评"退之以文为诗"是吻合的。陈师道在《书旧词后》中云："余他文未能及人，独于词，自谓不减秦七、黄九。"（《后山居士文集》卷九）论词每每"秦七、黄九"并称，也与此条相类。

宋金的不少著名学者也认定《后山诗话》此条为陈师道的意见。南宋胡仔云："无己称：'今代词手，惟秦七、黄九耳，唐诸人不迨也。'无咎称：'鲁直词不是当家语，自是著腔子唱好诗。'二公在当时，品题不同如此。自今观之，鲁直词亦有佳者，第无多首耳。少游词虽婉美，然格力失之弱；二公之言，殊过誉也。"（《苕溪渔隐丛话·后集》卷三三）金王若虚《滹南诗话》卷二云："陈后山云：'子瞻以诗为词，虽工非本色，今代词手，惟秦七黄九耳。'予谓后山以子瞻词如诗，似矣，而以山谷为得体，复不可晓。晁无咎云：'东坡词小不谐律吕，盖横放杰出，曲子中缚不住者。'其评山谷则曰：'词固高妙，然不是当行家语，乃著腔子唱和（好）诗耳。'此言得之。"胡仔认为陈、晁之评，各有所偏，王若虚却明言晁是陈非，看法有所出入，但都把陈师道当作晁补之的对立面，"二公在当时，品题不同如此"，都看成苏门内部的一场词学争论。

对于《后山诗话》此条的"真赝"，我们今天实已无法找到更强有力的证据，但关于苏轼革新词风的讨论和争论，在苏门却确实是并不鲜见的：

> 东坡在玉堂日，有幕士善讴，因问："我词比柳词何如？"对曰："柳郎中词，只好十七八女孩儿，执红牙拍板，唱'杨柳外，晓风残月'；学士词须关西大汉，执铁板，唱'大江东去'。"公为之绝倒。
>
> ——俞文豹《吹剑续录》

> 东坡尝以所作小词示无咎、文潜曰："何如少游？"二人皆对云："少游诗似小词，先生小词似诗。"
>
> ——《王直方诗话》

这两则宋人记载的故事，都发生在元祐时的苏门（"玉堂"即学士院）。这里着重指明两点：

一是苏轼在我国词史上开创"豪放"词派即革新词派是相当自觉的，他要求门下之士以柳永、秦观来比较他的词作，反映出他潜意识中以柳、秦作为竞争的对手，正说明他力图在当时流传最广的柳词和成就最高的秦词之外，另辟蹊径，别开生面。

二是苏轼具有豁达的气质和艺术上的宽容度量。当时的词，一般是供歌女在酒筵娱乐场合演唱的，常用琵琶等弦乐器伴奏，如宋翔凤《乐府余论》所言："北宋所作，多付筝琶，故啴缓繁促而易流。"所以，"幕士"的"关西大汉执铁板"之喻，实含有戏谑婉讽意味，苏轼却"为之绝倒"，不以为忤。

他与晁、张二人的对答应和，宛然烘托出平等探讨、心情舒坦的艺术氛围，而"以诗为词"之论，准确地抓住了苏轼革新传统词风的主要方法和手段，从现存材料来看，晁、张似是最早发现这一点的。

苏轼的豁达宽容，对于苏门中在文学、学术上的自由讨论和争论，不啻是无言的鼓励，促使门人们在这位尊师面前更大胆地直抒己见，放言高论乃至放肆无所顾忌。例如关于"二苏"高下的议论。苏轼曾自谦地说过，他的诗文不及其弟。《书子由超然台赋后》说"子由之文，词理精确有不及吾，而体气高妙吾所不及"，两人各有短长，"各欲以此自勉"；及至元祐元年（1086）所作《答张文潜县丞书》中，他进而说："子由之文实胜仆，而世俗不知，乃以为不如。"随后，秦观在《答傅彬老简》中居然也说：

> 阁下又谓三苏之中所愿学者，登州（指苏轼）为最优，于此尤非也。老苏（指苏洵）先生，仆不及识其人；今中书（苏轼）、补阙（苏辙）二公，则仆尝身事之矣。中书之道如日月星辰，经纬天地，有生之类皆知仰其高明。补阙则不然，其道如元气，行于混沦之中，万物由之而不自知也。故中书尝自谓"吾不及子由"，仆窃以为知言。

苏轼自称"吾不及子由"，是在他文名已有社会定评的前提下，作为兄长的谦逊礼让，并不会在实质上贬损自己；而秦观的直言申述，就近乎不敬了。然而，这并没有给苏秦关系带来任何阴影。苏门的宽容性和自由度确较罕见。

从苏轼一面来看，他常在轻松戏谑中对门人进行辩难和批评。苏、黄之间，既互相敬重，也彼此指摘。胡仔《苕溪渔隐丛话·前集》卷四九云：

> 元祐文章，世称苏、黄。然二公当时争名，互相讥诮。东坡尝云："黄鲁直诗文，如蝤蛑江珧柱，格韵高绝，盘飧尽废；然不可多食，多食则发风动气。"山谷亦云："盖有文章妙一世，而诗句不逮古人者。"此指东坡而言也。

葛立方《韵语阳秋》卷二云：

> 鲁直谓东坡作诗，未知句法。而东坡题鲁直诗云："每见鲁直诗，未尝不绝倒。然此卷甚妙，而殆非悠悠者可识。能绝倒者已是可人。"又云："读鲁直诗，如见鲁仲连、李太白，不敢复论鄙事。虽若不适用，然不为无补。"如此题识（见《苏轼文集》卷六七、六八），其许之乎，其讥之也？

黄诗以追求"不俗""不鄙"为旨归，部分作品"格韵高绝"，品格上乘，但也伤于单一和单调，为苏轼所不满。苏轼才情奔放，以挥洒自如、酣畅自适为艺术真谛，黄庭坚批评他"未知句法"。这些意见都耐人寻味。

在谈笑中见出严肃的艺术沉思，幽默感更有助于深刻评论的淋漓发挥，在苏门中是随处可见的。苏、黄二人关于书法的互评，足资参证。曾敏行《独醒杂志》卷三云："东坡尝与山谷论书。东坡曰：'鲁直近字虽清劲，而笔势有时太瘦，几如树梢挂蛇。山谷曰：公之字固不敢轻议，然间觉褊浅，亦甚似石压虾蟆。二公大笑，以为深中其病。"对读苏、黄现存法帖，我们亦当会心而笑。这情形也发生在苏、秦之间。曾慥《高斋词话》云："少游自会稽入都，见东坡。东坡曰：'不意别后公却学柳七作词。'少游曰：'某虽无学，亦不如是。'东坡曰：'"销魂当此际"，非柳七语乎？'坡又问别作何词？少游举'小楼连苑横空，下窥绣毂雕鞍骤'。东坡曰：'十三个字，只说得一个人骑马楼前过。'少游问公近作。乃举'燕子楼空，佳人何在？空锁楼中燕'。晁无咎曰：'只三句，便说尽张建封事。'"具体意见尽可继续推敲，其文学空气之自由却令人神往。

苏轼作为盟主，当然还要对门下之士进行写作指导，既尽心，又尽责。如对晁补之骚作的指点。《答黄鲁直》云："晁君骚词，细看甚奇丽，信其家多异材耶？然有少意，欲鲁直以己意微箴之。凡人文字，当务使平和，至足之余，溢为怪奇，盖出于不得已也。晁文奇丽似差早，然不可直云尔。非谓避讳也，恐伤其迈往之气，当为朋友讲磨之语乃宜。不知以为然否？"无独有偶，当年欧阳修曾劝王安石"少开廓其文，勿用造语及模拟前人"（曾巩《与王介甫第一书》引），是通过曾巩转达的。这里对晁补之的指点，则委托黄庭坚作为黄自己的意见"微箴之"，以免斫伤晁氏的年轻锐气。用心之细密周到，对友生一腔拳拳挚爱之情，千载之下，犹能感人肺腑。

苏门这种自由品题甚或相互讥评之风，虽尖锐直率而不留芥蒂，因为它植根于苏轼对人才的钟爱和尊重，体现的是平等的人际关系，在某种意义上是彼此间的一种揄扬方式。叶燮《原诗·外篇上》指出，"苏轼于黄庭坚、秦观、张耒等诸人，皆爱之如己，所以好之者无不至"，表现了"必以乐善爱才为首务，无毫发媢嫉忌忮之心"。这是深得坡公心曲之言。苏轼在向鲜于侁推荐人才时说"某非私之也，为时惜才也"（《与鲜于子骏》其三）；他闻秦观谢世，"为天下惜此人物，哀痛至今"（《与钱济明》）。他是从"为时""为天下"的高度而爱护、奖掖后进的。明乎此，一些历来的传闻、猜测也就不攻自破。

前述胡仔、葛立方关于苏、黄"争名"之说就是一种误解。黄庭坚的诗坛地位逐渐上升，还与苏轼相互戏谑揭短，但并不影响他坚执弟子之礼。《邵氏闻见后录》卷二一云：

> 赵肯堂亲见鲁直晚年悬东坡像于室中，每蚤作，衣冠荐香，肃揖甚敬。或以同时声实相上下为问，则离席惊避曰："庭坚望东坡，门弟子耳，安敢失其序哉？"今江西君子曰"苏黄"者，非鲁直本意。

有此一条亲闻目睹的材料，再作辨析就显得多余了。

总之，苏门的组合不是以地位、官爵、利禄为基础，而是以共同的生活理想和文化志趣等为前提，因而真诚而牢固，历久而弥坚。在元祐以后的政治厄运中仍保持联系不断，无一叛离，这是很不多见的。叶适有一段意味深长的话：

> 初，欧阳氏以文起，从之者虽众，而尹
> 洙、李觏、王令诸人，各自名家。其后王氏尤
> 众，而文学大坏矣。独黄庭坚、秦观、张耒、
> 晁补之始终苏氏，陈师道出于曾而客于苏，苏
> 氏极力援此数人者，以为可及古人……
>
> ——《习学记言序目》卷四七

叶适在文中以欧、曾、王、苏诸门加以比较，指出苏门诸君"始终"从苏，而欧、曾门人却"各自名家"，并未从一而终，还认为苏门人才之盛超过以往。我以为原因之一即在于苏门所奉行的多元性和多样化的原则。苏轼豁达大度的性格魅力，鲜明浓烈的人文色彩，成了苏门的凝聚剂。一个群体的聚合，其自由度越高，凝聚力也越强，事情的辩证法就是这样。

苏门的这些学术、政治、文学上的特点，尽管可以作出不同的价值判断，但是，其所体现的独立的政治操守、自主的文化人格和主体情性的自由表达的追求，正是苏轼本人最主要的文化内涵，是他在我国历史上最突出的人文意义。在这一意义上，这个集合体以他的名字来命名称为"苏门"，是最为贴切的。

贰

苏 海 拾 贝

▶ 明仇英《赤壁图》

茶话：与君共听水沸声

张高评教授台鉴：

9月21日手教，10月5日收悉。苏轼《汲江煎茶》一诗，实乃苏氏茶诗中之最上乘者，描状抒情，两皆称绝，素所爱诵。承教"雪乳"联关于"松风"之训释，颇有启迪。然私意仍有疑义。盖"松风"一词，在茶诗中似已积淀为一种固定意象，专摹水沸之声。唐人茶诗中已与"乳花"等连用，描写煎茶时之声和形。如刘禹锡《西山兰若试茶歌》："骤雨松声入鼎来，白云满碗花徘徊。"崔珏《美人尝茶行》："松雨声来乳花熟。"皮日休《煮茶》："时看蟹目溅，乍见鱼鳞起。声疑松带雨，饽恐生烟翠。"（陆羽《茶经》卷下："沫饽，汤之华也。华之薄者曰沫，厚者曰饽。"）降及北宋，除苏轼《试院煎茶》有"飕飕欲作松风鸣"为煎茶声外，黄庭坚诗词赋中例句甚多，如《煎茶赋》"洶洶乎如涧松之发清欢，皓皓乎如春空之行白云"，声、色并举，《答黄冕仲索煎双井并简杨休》"寒泉汤鼎听松风"，《品令》词"汤响松风，早减了、二分酒病"，《西江月》词"松风蟹眼新汤"等。南宋杨万里《以六一泉煮双井茶》"鹰爪新茶蟹眼汤，松风鸣雷兔毫霜"，罗愿《茶岩》"便将槐火煎岩溜，听作松风万壑回"等。元明以后例句不赘。

苏轼《谪居三适·夜卧濯足》则以"况有松风声，釜鬲鸣飕飕"来述说"濯足"之滚热汤水。一些茶书在讲述"候汤"时，亦常用"松风"一语。如明许次纾《茶疏》云："水一入铫便须急

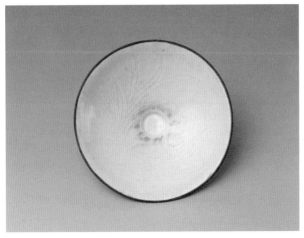

煮，候有松声即去。"罗廪《茶解》云："山堂夜坐，
汲泉煮茗。至水火相战，如听松涛。"《梅花草堂笔
谈》云："童子鼻鼾，故与茶声相宜；水沸声喧，致
有松风之叹。"

拙编《苏轼选集》原将"松声"解作"倒茶声"，
实从"泻"字推测而来。然"松风"为"水沸声"已成茶事常例，如上所述，则此"泻"字又当何解？窃意从陆羽《茶经》始，均强调候汤之难。《茶经》卷下云："其沸如鱼目微有声为一沸，缘边如涌泉连珠为二沸，腾波鼓浪为三沸。已以水老，不可食也。"蔡襄《茶录》、屠隆《考槃余事》等亦云汤之"老与嫩，皆非也"。故苏轼此句，或可解为：汤忽至三沸，其声如松风，已是该倒茶之声矣。或谓苏轼此句一作"松风仍作海涛声"(陈迩冬先生说，见《百家唐宋新诗话》，四川文艺出版社，1989年)，但似无版本根据，且亦甚费解。此诗结撰颇甚条贯：首四句写"汲江"，五、六句写"煎"(分为视觉和听觉两端)，末两句归结到"茶"，扣紧题目，分疏似较明晰。

弟素不嗜茶，对茶事不甚了了。唯喜此诗，故不避猥繁，奉覆如上，祈先生续有教之。

耑此，并颂

教祺

王水照拜启

1990年10月

附：张高评教授来函

　　《苏轼诗集》卷四十三(王、冯辑注本)，载东坡《汲江煎茶》一诗，甚有意味，诗云：

活水还须活火烹，自临钓石取深清。

大瓢贮月归春瓮，小杓分江入夜瓶。

茶雨已翻煎处脚，松风忽作泻时声。

枯肠未易禁三碗，坐听荒城长短更。

其中第六句"松风忽作泻时声"之诗蕴，最引起历代注诗家之争议。上海复旦大学中文系教授王水照先生学养深厚，专精宋诗，尤对东坡诗钻研有年，于1984年著作《苏轼选集》一书，交由上海古籍出版社印行。此书第241页，选有《汲江煎茶》诗，注释"松风"句，谓是"以松风喻倒茶声"，引东坡《试院煎茶》诗"飕飕欲作松风鸣"为证。笔者课诸生东坡诗，据此述说，未尝疑有未安。最近，王先生将此书交由《国文天地》发行台湾版，内容曾作部分修订更动，对"松风"之解释，即改为"水沸声"。笔者既习旧说，遂疑新解，于是修书一封，请王先生释疑解惑。先生来函，条举缕析，具论所以，读之，信有拨云见天之快。不敢独享，商请《国文天地》杂志社予以发表，愿与读者共赏之。

台湾成功大学教授　张高评　谨志

"淡妆浓抹"与"晴""雨"

苏轼诗《饮湖上初晴后雨二首》的第二首云:

水光潋滟晴方好,山色空蒙雨亦奇。

欲把西湖比西子,淡妆浓抹总相宜。

宋人武衍《正月二日泛舟湖上》有云:"除却淡妆浓抹句,更将何语比西湖?"可谓善评此诗。但或谓此以浓妆喻雨天,淡妆喻晴天,似可商榷。

本题共二首,其第一首开端云:"朝曦迎客艳重冈,晚雨留人入醉乡。"称"朝曦"为"艳",与浓妆相称。苏轼后来所作《次韵仲殊雪中游西湖二

▶ 清王原祁《西湖十景图》 辽宁省博物馆藏

首》其二云："水光潋滟犹浮碧，山色空蒙已敛昏。"写"雪"中
"山色空蒙"为"敛昏"，则又与浓妆不合。如此，则以晴天比浓
妆，雨天比淡妆为宜。但也可别作一解，即不必泥定两两相比，
乃泛言西湖无论阴晴雨雪、晦明变幻，在在皆美，正如西施天生
丽质，打扮与否、如何打扮总是绝世美人一样。

苏轼同时所作的《法惠寺横翠阁》云："朝见吴山横，暮见
吴山纵。吴山故多态，转侧为君容。"后《次前韵答马忠玉》又
以西施比西湖云："只有西湖似西子，故应宛转为君容。""宛转多
容"，自不限晴雨浓淡而已。

"徘徊于斗牛之间"释疑

　　苏轼名篇《赤壁赋》有"月出于东山之上，徘徊于斗牛之间"句，人们耳熟能详。但对"斗牛"的解释，存在两个问题：一是"斗牛"何所指？二是在苏轼写作此赋的元丰五年（1082）阴历七月十六日，月亮东升时能否在"斗牛"之间徘徊？

　　现行有的高中教辅书如《教师教学用书》等，对"斗牛"的解释是"北斗星和牵牛星"，这是不妥的。我在年轻时也曾犯同样的错误（见《宋代散文选注》，上海古籍出版社，1963年）。然而回想幼时在乡间夏晚纳凉，仰望碧海蓝天，长辈们总会指点牵牛星、织女星和北斗七星讲述传说故事，"牵牛星和北斗星"明明相距甚远，月亮怎能徘徊其间？后在《苏轼选集》（上海古籍出版社，1984年）中，我才改释为"斗宿、牛宿"，并且讨论过苏轼此句是否符合他当年的实际天象问题。现重提此事，可能对"斗牛"有更深入的理解。

　　明郑之惠等《苏长公合作》卷一云：

> 按日月望夜对行，以今历法论之，七月既望，月在女虚。而坡老赋曰："徘徊斗牛。"岂数百年前孟秋，日犹在井鬼间耶？抑文人吟咏有不拘拘者耳？或曰：斗牛，吴越分野，指出东方言也。

这里所说的"女、虚""井、鬼"，是古代天文学中"二十八宿"

中四"宿"之名。"宿",指星的位置,又称"舍",它不是一颗颗的单星,而是邻近若干颗星的总称。古人把黄道赤道附近的二十八个星宿是当作"坐标"来观察星空的分布与运行的。此二十八宿为:东方苍龙七宿,即角、亢、氐、房、心、尾、箕;南方朱雀七宿,即井、鬼、柳、星、张、翼、轸;西方白虎七宿,即奎、娄、胃、昴、毕、觜、参;北方玄武七宿,即斗、牛、女、虚、危、室、壁。

《苏长公合作》的编者认为,以明代历法论之,七月之望,月应在女、虚两宿之间,与"斗、牛"二宿,虽同在北方玄武七宿之列,但仍有距离,不合当日实际天象。因为"望"指阴历每月十五日,此日太阳和月亮遥相对行。在"七月既望"之日,月在女虚,日在柳星;如果月在斗牛,那么太阳要到井鬼之间了,遂滋生疑窦。看来他是怀疑苏轼弄错了。但他也为苏轼做了"开脱":或是"文人吟咏",不必拘泥于客观实际;或是因"斗牛"对应于吴越分野(《史记·天官书》张守节《正义》引《星经》:"南斗、牵牛,吴越之分野"),在《赤壁赋》写作地点黄州之东,言"斗牛",仅泛指月出东方而已。这一说法是颇合情理的。

清人张尔岐在《蒿庵闲话》卷二中,对苏轼的态度就较为严峻了。他说:

> 张如命云:东坡文字,亦有信笔乱写处。……七月日在鹑尾,望时日月相对,月当在陬訾。斗、牛二宿在星纪,相去甚远,何缘徘徊其间?坡公于象纬未尝留心,临文乘快,不复深考耳。

这里的"鹑尾""陬訾""星纪",均是星次之名。原来我国古代天文学又有"星次"之说,即以日、月所会之处为次,日、月一年十二会,故有十二次,以此来确定节气。十二次的名称为:降娄、大梁、实沈、鹑首、鹑火、鹑尾、寿星、大火、析木、星纪、玄枵、娵(陬)訾。十二星次中的每一次都有二十八宿中的某些星宿作为标志。如星纪有二十八宿中的斗牛二宿,陬訾有室壁二宿。张尔岐等说的"月当在陬訾",也就是"月当在室壁之间"的意思。要之,这里从十二星次的角度,也依据"望时日月相对"的规律,认为月亮应在"陬訾"(有"室壁"),与"星纪"(有"斗牛")是"相去甚远"的,因而指责苏轼是"信笔乱写""于象纬未尝留心",缺乏天文常识。

再从近人研究成果来看。日本著名天文学家薮内清曾著《宋代的星宿》一文(载《东方学报》,1936年12月),以现代天文学原理研究宋代的星宿,提供了准确的科学数据。清水茂先生在其《唐宋八大家文》

（朝日新闻社，1966年）注释《赤壁赋》时，又据以运用与推算。今译介其意如下：

“斗”和“牛”分别是环绕黄道的二十八个星座（即二十八宿）之一，“斗”是以人马座的Φ星（东坡时代的位置为赤经17点46分，此据薮内清《宋代的星宿》第三表皇祐年间［1049—1053］所示的赤经换算为时分，下同）为距星的星座，“牛”是以摩羯座β星（赤经19点27分）为距星的星座。

［壬戌七月］的“望”是阳历8月17日，太阳的位置大约为赤经9点45分，月亮出在赤经21点45分左右。这一天是“既望”，即“望”的第二天，月亮往东移动一天的动程53分左右，出在赤经22点38分。因此月亮不会出在斗牛之间，而应该在二十八宿中从“牛”数起第四个星宿“室”（距星为飞马座的）α（［Markab］，赤经22点18分）和下一个星宿“壁”（距星为飞马座的）γ（［Algenib］，赤经23点25分）的中间。不过这个位置离斗牛不太远，角度相差45—60度，论方位并不是太大的差距。

清水茂先生推算的结果，元丰五年“七月既望”那天夜晚，月亮应出于“室壁”之间，这个结论竟与张尔岐完全一致！

上述从明至清至近人的论说，无论是主张“月在女虚”或“当在室壁”，与“斗牛”的距离“相去甚远”或是“不太远”（女、虚、室、壁与斗、牛，均属北方玄武七宿之列），但他们的共同结论是不可能出现月亮“徘徊于斗牛之间”的景象的。我不大清楚最近有否新的考订，看来，苏轼的这句描述与实际天象是有所出入的。

人们自然会问，苏轼真的"于象纬未尝留心"而"信笔乱写"吗？不，从其作品来看，他的天文知识是颇为丰富的。《苏轼文集》卷六十五有《崔浩占星》一文，此文在《东坡志林》卷三即题为《辨五星聚东井》，就是与崔浩讨论天文的。据《史记》卷八十九《张耳陈余列传》，张耳兵败，在投刘邦或投项羽举棋不定时，甘公曰："汉王之入关，五星聚东井。东井者，秦分也。先至必霸。楚虽强，后必属汉。"于是张耳决心投汉。崔浩认为，汉十月"日在箕、尾"，不可能五星聚于东井，因"疑其妄"；苏轼指出，当时的十月，"乃今之八月"，"日犹在翼、轸间，则金、水聚于井，亦不甚远"，而且其时刘邦未得天下，"甘公何意诒之"？这说明苏轼对天象不乏兴趣。尤其是直接涉及"斗牛"的两篇文章，更堪玩索。

《书退之诗》（《苏轼文集》卷六十七，又见《东坡志林》卷一《退之平生多得谤誉》）：

> 退之诗云："我生之辰，月宿南斗。"乃知退之得磨蝎为身宫。而仆乃以磨蝎为命（宫），平生多得谤誉，殆是同病也。

此文的大意又见《书谤》一文（《苏轼文集》卷七十一，又见《东坡志林》卷二《东坡升仙》）：

> ……吾平生遭口语无数，盖生时与韩退之相似，吾命宫在斗、牛间，而退之身宫亦在焉。故其诗曰："我生之辰，月宿南斗。"

韩愈此诗题名《三星行》。所谓三星，即指箕、斗、牛三个星宿。"身宫"指一个人生日的干支，"命宫"则为立命之宫。"磨蝎"，亦作"摩羯"，为黄道十二宫之一，在十二支中为丑，在二十八宿中即为斗宿和牛宿，故苏轼说他"吾命在斗、牛间"，并依照旧时星象迷信传说，自认一生命运多舛，其源盖在于此。由此可以推测，苏轼对于斗宿、牛宿是有一份特别深切的感触的，在他仰观星空之际，或当首先映入眼帘。说苏轼不识斗牛，是很难想象的。

这又涉及生活真实与艺术真实关系的老问题。苏轼的《赤壁赋》是文学创作，而非星象记录或天文报告，在忠于现实的基础上完全可以也应该有所变异、置换乃至夸张，允许有艺术想象的广阔空间。犹如"斗牛"一词，从晋代张华因气冲斗牛而命雷焕在江西丰城发掘龙泉、太阿宝剑的故事以后，在古代诗文中运用不绝，已积淀为习见的文学词语和典故。王勃《滕王阁序》的"物华天宝，龙光射斗牛之墟"，固然是"本地风光"，切合"吴越"地域；陆游的《客谈荆渚武昌慨然有作》诗，作于福建，而有"丰城宝剑已化久，我自吐气冲斗牛"之句，运用张华之典已趋普泛化。"斗牛"的星空位置或地域方位在文学创作领域中逐渐模糊，而突出其所蕴涵的历史文化意味和情感心绪内容，以致"气冲斗牛""气冲牛斗"的成语广为流传。苏轼此句，如改成"徘徊于女虚之间"或"徘徊于室壁之间"，于事实或更准确，而于文学所特别追求的情韵兴味，却消失殆尽。对于这类艺术创作上所谓"失误"的指责，如果苏轼地下有知，或许会再次提出他的习惯性的回答："意不欲耳""想当然耳！"

再补说一句，前人对"斗牛"的讨论，具体意见容有歧异，但对"斗牛"指为"斗宿、牛宿"则是没有疑义的。星名和星宿名是两个不同概念，不应混淆。"斗宿"亦称"南斗"，"牛宿"亦称"牵牛"，但不宜径称"南斗星和牵牛星"，因"斗宿""牛宿"各由摩羯座和人马座的六颗星所组成，而"牵牛星"俗称牛郎星，与织女星相对，是天鹰座中最亮的一颗星，是单星之名。有人把"斗牛"释为"南斗星和牵牛星"，恐怕也是不妥的。

"一蓑雨"和"一犁雨"——量词的妙用

外国学子学习汉语，对于掌握各类量词的不同用法，如一把尺子、一头牛、一口井等，总视为畏途。若在英语中，一个"a"或"an"字，不是统统包罗在内了？他们进而研读我国古典诗词时，更难探明其奥蕴。我曾被问到，李白为什么要说"长安一片月？""一片月"与"一轮月""一弯月"有何区别？"一箭之地"当然指一箭之射程，为什么又能引申出"一弓"<small>（杨万里《游蒲涧呈周帅蔡漕张舶》"海水去人一弓远"）</small>、"一射"<small>（《望江亭》"见官人远离一射"）</small>等一大串？其词义是否完全等同？看来，深入了解量词在诗词中的特殊用法，对于文学作品的评赏和理解，是很有帮助的。

苏轼的《定风波》是他贬谪黄州时期的一首名词，通过途中遇雨一件小事，抒写其在逆境中随遇而安的旷达胸襟。其上半阕云：

> 莫听穿林打叶声，何妨吟啸且徐行。竹杖芒鞋轻胜马，谁怕？一蓑烟雨任平生。

"一蓑"句，我原来采取一般注家的看法，解释为"披着蓑衣在风雨中行走，乃平生经惯，任其自然"<small>（见拙编《苏轼选集》初版）</small>。把"一蓑"作"一件蓑衣"讲。但是，此词前有作者小序说：<small>"（元丰五年）</small>三月七日，沙湖道中遇雨，雨具先去，同行皆狼狈，余独不

▶ 元赵孟頫《前后赤
壁赋》册首东坡立
像 台北故宫博物
院藏

画中苏轼戴着经典的
"东坡帽"，秀眉炯目、
手持竹杖的姿态让人想
起苏轼名句："竹杖芒鞋
轻胜马，谁怕？一蓑烟
雨任平生。"这张画像
也显示了赵孟頫对"苏
轼文化人格"的认同和
仰慕。

觉。已而遂晴，故作此。"

明明交代"雨具先去"，怎又能"披着蓑衣"？更重要的，如有蓑衣遮身，就不能凸现顶风冒雨、吟啸自若的诗人形象，也无法深刻地表达作者面对困境恬适裕如的高旷情怀，与此词的主旨背戾不谐了。此解实不妥。

我后来将此条注释改为："一蓑，似与词序中'雨具先去'，矛盾。别本（元代延祐刊本、明代万历《东坡外集》本）作'一莎'，则作'一川'解，较胜。""一川烟雨"，类似于贺铸的名句"一川烟草"，乃指平川广野上烟雨弥漫。这是试图从版本的异文中寻找较为合适的解释，虽说于上下文句中能大致讲通，自以为"较胜"，但也把握不大，算不得确解。

有的学者也发觉到"一蓑"与"雨具先去"的矛盾，因而别求解释之途。他说："这里的'一蓑烟雨'，我以为不是写眼前景，而是说的心中事。……他是想着退隐于江湖。"并以陆游诗中有关"一蓑"的用例，证明此句有"归隐江湖的含义"（陈振鹏先生之说，见《百家唐宋词新话》第186页）。对此说我也有怀疑。用"蓑笠""烟蓑"以表示归隐，在古代诗文中固然不乏其例，第一位替苏轼词作笺注的宋人傅幹，在他的《注坡词》中，注释此句时即引郑谷诗："往来烟波非定居，生涯蓑笠外无余"（应为罗邺《钓翁》）；魏野《暮春闲望》："扁舟何日去，江上负烟蓑。"傅幹似也倾向于"退隐"之说。但细按苏轼此词脉理，前半写"遇雨"，后半写雨后"遂晴"，纯用叙事笔法述说先雨而后晴的全过程，仅在上、下阕的结句中（"一蓑烟雨任平生""也无风雨也无晴"），各就眼前景生发议论，点出超旷翛然的心绪。郑文焯《手批东坡乐府》评此词云："此足征是翁坦荡之怀，任天而动。琢句亦瘦逸，能道眼前景。以曲笔直写胸臆，倚声能事尽之矣。"他说的"曲笔"，是指用"眼前景"来"直写胸臆"，写景为了抒情述志；而不是用"虚笔"（把烟雨之景虚化）来径道"心中"归隐的期望。当时处于被"监控"境地的苏轼，实无归隐的现实可能性，词的前面又以"穿林打叶"的雨声开篇，"一蓑烟雨"应是实景无疑。

上述的三种解释，都直接或间接地把"一蓑"释为"一件蓑衣"，"蓑"为名词；实际上应作量词用，但比一般作为事物或动作单位的量词要复杂、丰富，或许可以说是量词的一种艺术化、审美化的用法。唐代郑谷《试笔偶书》云："殷勤一蓑雨，只得梦中披。"天公"殷勤"兴作的是"一蓑雨"，作者"梦中"所披者也是"一蓑雨"，若径视作"披着一件蓑衣"，兴味顿失。朱熹《水口行舟》："昨夜扁舟雨一蓑，满江风浪夜如何？今朝试卷孤篷看，依旧青山绿树多。""雨一蓑"即"一蓑雨"，依日常生活而言，"雨"当然不能用"蓑"来计量，但在艺术领域中却完全允许。有学者解释为"作者（朱熹）在船中披蓑衣御雨"，然而，在有"篷"的船中何用再披蓑衣？且又在夜晚安息之时？范成大有首《三登乐》词："记沧洲白鸥伴侣。叹年来孤负了，一蓑烟雨。""一蓑烟雨"作为一个相对固定的诗歌意象，由于与描写隐士式渔翁的"蓑笠""烟蓑"之类的联想、比附，其含义确又超出其单纯的词汇本义之外，即是说，"一蓑雨"比之"一场雨"，在人们的审美鉴赏中，还能增生出别一番感情色彩和文化意味。

苏轼《次韵张昌言给事省宿》有句云："一犁烟雨伴公归。"

这里的"一犁烟雨",用法与"一蓑烟雨"相同,都由名词用作量词,但所用名词必与所"计量"的对象有着这样那样的关联,不能随意搭配。"一犁烟雨",殆谓雨量充盈适中,恰宜犁地春耕。苏轼对此用语似有偏嗜,最有名的用例是他的《如梦令》词:"为向东坡传语,人在玉堂深处。别后有谁来?雪压小桥无路。归去,归去,江上一犁春雨。"他身在京城学士院(玉堂)任职,却依然怀想黄州"东坡",想象其地满江春雨,正堪重返贬地再操躬耕旧业。范成大对苏轼此语屡致倾倒之情,在诗中一再说:"请歌苏仙词,归耕一犁雨。"(《次韵子文冲雨迓使者,道闻子规》)"除却一犁春雨足,眼前无物可关心。"(《致一斋述事》)其实,"一犁雨"并非苏轼一人所独用,只是一经他手,更为人们所传颂罢了。传为苏舜钦所作的《田家词》中说:"山边夜半一犁雨,田父高歌待收获。"(此诗又见张耒《柯山集》,题作《有感》)徐绩《和张文潜晚春》云:"恰得一犁雨,田事正火急。"此处的"一犁雨",比之"一场透雨"之类,已衍生出与耕作有关的意义,更平添一种欣喜、庆幸的气氛。

量词的活用和妙用,不仅扩大了诗歌意象的涵义,而且也使诗境充满动感和活力。俞成《萤雪丛说》卷上"诗随景物下语"条云:"……至若骚人于渔父则曰'一蓑烟雨',于农夫则曰'一犁春雨',于舟子则曰'一篙春水',皆曲尽形容之妙也。"这位南宋人从烹炼字句的角度,对量词的艺术功能已有了初步的自觉。

"老泉"非苏洵之号补证

幼读《三字经》云"苏老泉，二十七，始发愤，读书籍"，知"老泉"乃苏洵之号，先入为主，深信不疑；后章太炎增修《三字经》改为"苏明允，二十七"，亦未探改笔底细。及长，阅叶梦得《石林燕语》卷一〇说："苏子瞻谪黄州，号东坡居士，东坡其所居地也。晚又号老泉山人，以眉山先茔有老翁泉，故云。"叶梦得离苏轼时代不远，且与苏轼幼子苏过交往颇密，其言之凿凿，似可信从。

其后辨误之文层出不穷。其证据大略有二：

一是发现苏轼书画中自钤"老泉山人""老泉居士"之印章。如明郎瑛《七修类稿》卷一九《辨证类》"老泉为子瞻号"条在引述《石林燕语》后云："尝闻有'东坡居士、老泉山人'八字共一印。而吾友詹二有东坡画竹，下用'老泉居士'朱文印章。据此，则老泉又是子瞻号矣，然岂有子犯父号之理？"明焦竑《焦氏笔乘·续集》卷二"老泉"条、张燧《千百年眼》卷一〇"老泉是子瞻号"条所述与郎瑛大致相同，但改作"坡尝有'东坡居士、老泉山人'八字共一印，见于卷册间，其所画竹，或用'老泉居士'朱文印章"。后吴景旭《历代诗话》卷五八、丁传靖《宋人轶事汇编》卷一二等，均把此段引作《石林燕语》语，贻误。明人黄灿、黄炜《重编嘉祐集纪事》谓亲见苏轼《阳羡帖》有"东坡居士、老泉山人"之图记。戚牧《牧牛庵笔记》亦谓

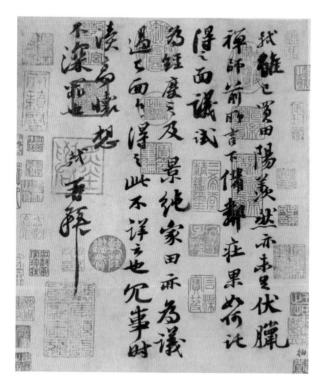

"原版《晚香堂帖》尾有'东坡、老泉'之印，钤苏轼名下，此其明证"。此外，今存清人师亮采所刻拓《秦邮帖》卷一，收苏轼所书《挑耳图题后》正用"东坡居士、老泉山人"之印。这是颇有说服力的证据。

二是从苏轼诗中用"老泉"语来作反证。如阮葵生《茶余客话》卷一二"老泉非苏洵号"条云："东坡得钟山泉公书，寄诗云：'宝公骨冷唤不闻，却有老泉来唤人。'（见《六月七日泊金陵阻风，得钟山泉公书，寄诗为谢》一诗，作于元祐八年）果老苏号

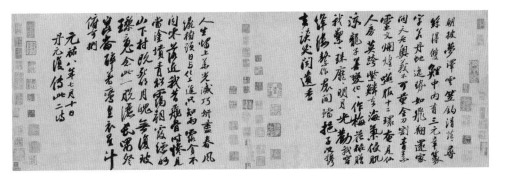

老泉，敢作尔语乎？惜不令焦文端（焦竑）闻之
也。"宋时避讳甚严，苏轼因祖父名苏序，凡作诗
文集序时均改称"叙"，未敢稍违，阮葵生问得
有理。

我在1984年秋参观日本大阪市立美术馆时，
曾观赏该馆所珍藏之苏轼所书《李白仙诗卷》墨
迹。该件后有金人蔡松年、施宜生、刘沂、高衍、
蔡珪五人的题跋。其中高衍（金世宗时吏部尚书）于正隆
己卯（四年，即宋高宗绍兴二十九年，1159）的跋文云："太白
清奇出尘之诗，老泉飘逸绝伦之字。"这说明早在
南宋初年，金国士人已称苏轼为"老泉"了。当
时，"程学行于南，苏学行于北"，金人对苏轼是颇
为熟稔和景仰的。此例可为"苏轼号老泉"助证。

但是，从南宋以还，人们又常以老泉称苏洵
（有人认为北宋曾公亮有《老泉先生挽词》、蒲宗孟《祭苏老泉先生文》，
实有出入）。如宋光宗时郎晔《经进东坡文集事略》称
苏轼为"老泉仲子也"，《三字经》的作者王应麟、

《文献通考》的撰者马端临，学识淹博，亦是如此。今存南宋刻本《东莱标注老泉先生文集》十二卷（绍熙四年刊，1193）、《老泉文集》十一卷（见《三苏先生文粹》所收，南宋婺州王宅桂堂刊本），与题名《嘉祐集》者同时并行。

把"老泉"加之于苏洵，亦非空穴来风，恐事出有因。一种推测是由于梅尧臣作"老泉诗"故。如清杭世骏《订讹类编续补》卷下"苏老泉"条云："老泉者，眉山苏氏茔有老人泉，子瞻取以自号，故子由祭子瞻文云'老泉之山，归骨其旁'。而今人多指为其父明允之称，盖误于梅都官有《老泉诗》故也。"按，梅尧臣于嘉祐三年（1058）有《题老人泉寄苏明允》诗，只是记述苏洵家乡有关"老翁泉"的传说："泉上有老人，隐见不可常。苏子（苏洵）居其间，饮水乐未央。"与误以为老泉号苏洵者，实无必然关系。

我想做另一种推测。宋神宗熙宁末年，朝廷郊祀，广施封赠，苏洵被追赠为"太常博士累赠都官员外郎"，苏轼于元丰元年"谨遣人赍告黄二轴"，"择日焚纳"祭奠乃父。这篇祭文题名为《祭老泉焚黄文》。此处"老泉"原指先茔墓地，与苏辙《再祭亡兄端明文》"老垄在西，老泉之山。归骨其旁，自昔有言"之"老泉"，其义相类，但也可能被误解为指称苏洵了。

已圆和未圆的"东坡梦"

对于我们读书人来说，中国台湾最具有吸引力和诱惑性的地方莫过于台北"中央图书馆"和"故宫博物院"了。这两座珍本秘籍的渊薮、旷世珍物的宝库，一个藏书160万册，一个库藏文物70万件，都是我们祖先所创造的伟大璀璨的文明，是中国人思想、智慧的集中体现，是我们共同的骄傲。

台北中山南路的"中央图书馆"新馆，落成于1986年9月，是一座九层楼（含地下二层）的现代化宏伟建筑，建筑面积达4万平方米。他们的口号是"一流藏品，一流设备，一流维护，一流服务"，参观一过，并非言过其实。

我们的兴趣在善本书室。该馆所定"善本"标准仍较严格，一是明以前之刻本、写本、活字本；二是清以来的精刻本、精钞本。该馆现有善本书12.5万册，其中敦煌古写本151卷，宋版书175部，明人文集之富尤是一个特点。这批善本书都是当年大陆转运去台的，其版本价值之高、质量之优自是不言而喻的，加上普通线装书4.5万册（其中1万册也由大陆运去），共达17万册之巨。

在善本室主任的导引下，我们有幸入库参观。古人云：古书厄运，大要是火、虫、霉、盗，这也是古书保护科学长期攻关的课题。我也曾遍访过日本各大图书馆，应该说，该馆的设施确乎达到当今最先进的水平，超过日本，一般的恒温恒湿的自动调节早已不成问题，其书橱也是用特质木料制成，可以有效地防止虫

東坡此詩似李太白，猶恐太白有未到處。此書兼顏魯公、楊少師、李西臺筆意，試使東坡復為之，未必及此。它日東坡或見此書，應笑我於無佛處稱尊也。

右黃州寒食二首

破竈燒濕葦，那知是寒食，但見烏銜紙。君門深九重，墳墓在萬里。也擬哭塗窮，死灰吹不起。

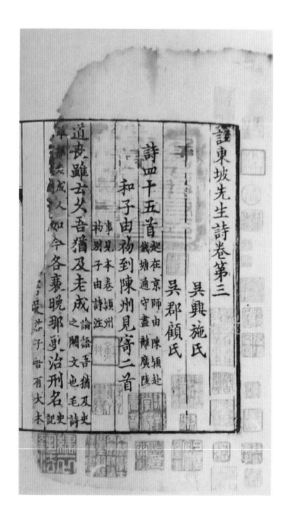

蛀。防火设备齐全配套,若有人在库内吸烟,只当一支烟三分之一的光景,立即全库响起警报,并同步自动消除烟味。特别是防盗,更是层层把关,人工和电脑双管并举,做到万无一失。

我研究苏轼,来台以前,曾有两个私愿:一愿看到嘉定本《施顾注东坡先生诗》,二愿看到坡翁手书《黄州寒食诗帖》。在善本书库,我不敢贸然提出索看此书的要求,素知此乃镇馆之宝,不轻易示人。日本的苏轼研究权威小川环树先生曾告诉我,他专程赴台欲看此书,却被婉辞。也许有缘,在参观该馆建馆60周年宝藏特展时,竟然看到了这部梦萦魂牵的宝书。

书的命运和人一样,常在可解不可解之间。宋人所注东坡诗集,本有两个系统,一是托名王十朋的《百家注分类东坡诗集》,一是施元之、顾禧、施宿合注的《注东坡先生诗》,前者类编,后者编年,更有特点和价值,还有大诗人陆游亲为作序,理应传世，但此书在南宋宁宗嘉定年间刻印时即遭查禁（施宿用公款刻印而被劾），印本稀少，至清时，成了王本独行天下、施本沉晦不彰的局面，真是历史的不公！

该馆所藏的这部嘉定原刻本，虽仅存19卷（原书42卷），包含着一个诉说不尽的历史故事。此书原为明末大藏书家毛晋所藏，入清，辗转于宋荦、揆叙（纳兰性德之弟）、翁方纲、吴荣光、潘德舆、叶名澧、邓诗盦、袁思亮等名家之手。但康熙时宋荦得到此本时已只有30卷，袁思亮于光绪宣统间到手时，不慎遭回禄之灾，烬余重装，仅存19卷。此本的价值是无法估量的：一是内容价值高，保存不少研究苏轼和宋史的史料；二是版本价值高，"楮墨精湛，字画劲秀，宋本中之上品也"（屈万里语）；三是书上有伊秉绶、蒋士铨、阮元、曾国藩等70多位名家的100多则手书题记和图绘，以及琳琅满目的藏书印章。翁方纲甚至请人画己像于书上，名其书斋为"宝苏斋"，每年苏轼生日，作"寿苏会"，祭供此书。因此该馆列为"最风雅的书"，视作拱璧。

我近年来广泛搜集日本、美国及中国台湾等地的资料，努力于恢复此书的42卷全貌的工作（已可恢复到90%），对此本的感情与日俱增。十年前我在文章中写道："宋荦本确是鲁殿灵光，吉光片羽，今存台湾，怀想不已。"如今怀想成真，经主人特许，摄影留念，快何如之！

藏于台北"故宫博物院"的苏轼《黄州寒食诗帖》却未如愿以偿，一睹真貌。因为该院采用定时分批轮流展出的方式，我们去时没有陈列。存世苏轼书迹很多，但此卷却是艺术成就公认最高、唯一没有真赝异议的苏氏法帖。它在英法联军火烧圆明园时从内府流出，后转让于日人菊池惺堂；又逢关东大地震，菊池的其他收藏均毁，幸亲携此卷遁出，故而免于劫难；又遭第二次世界大战战乱，仍能岿然独存，真是似有神明呵护了。战后归王世杰，复回中土，始入该院珍藏。报载余秋雨先生日前访台时有幸寓目，我只能自叹无此眼福了。

又圆“东坡梦”

    1993年4月我初访中国台湾时，曾在台北“中央图书馆”探访该馆镇馆之宝、南宋名椠《施顾注东坡先生诗》，但只能在参观馆方正在举办的“建馆60周年特展”上，隔着巨大的玻璃柜遥视一瞥而已，未能亲炙，留下一丝遗憾。我曾在“访台散记”的《已圆和未圆的“东坡梦”》中记述此事。今年（1997）二月我再度访问该馆，承蒙慨允阅览，喜出望外，不忍释手，竟穷二日之力，把四函二十册逐页观摩一过，自感圆了一个满意的“东坡梦”。

    在《已圆和未圆的“东坡梦”》中，我曾叙述过这部珍籍的曲折命运及其无法估量的版本价值与文物价值。此次亲睹摩挲，印象加深，至少有两点应予补充：

    一是从书上众多名家的一百多则的手书题记和图绘，以及琳琅满目的藏书印章来看，清代著名学者翁方纲的表现与作用尤为突出。他在乾隆三十八年收得此书后，特名其书斋为“宝苏斋”，甚至请扬州名画家罗两峰画己像于该书附页上，每年苏轼生日必邀集名流作“寿苏会”，祭供此书。这些题记，有诗有文，大都即作于寿苏之际。他们与苏公作异代精神对话，也是同侪之间以苏轼为中介而作的心灵沟通。在苏轼的影响和接受史上，这应是别具异彩的一章。

    二是裱褙精工。袁思亮在光绪宣统间收藏此书时，不慎遭回禄之灾，焚后残本归蒋祖诒。吴湖帆介绍吴中良工刘定之装治，费时年余而始竣事。补缀完好，尤能把烬痕与衬纸融化无间，成一整体，可谓起死回生，巧夺天工，再造了一件颇饶古趣的艺术品！所以，除了本书的内容价值和版本价值以外，光是名家跋文、书法、绘画、篆刻印章以及裱褙技艺，也可当之无愧地称为"五绝"了。

作为历史的插曲，这部书还有一个"湖州情结"。当年的"乌台诗案"，苏轼是在湖州知州任上案发被捕入狱的，"顷刻之间，拉一太守，如驱犬鸡"《孔氏谈苑》；而此书的两位注释者施元之、施宿父子又是湖州人；施宿在任提举淮东常平司时，为了资助友人傅稚返乡的盘缠，因他能写一手欧阳询字，叫他写刻苏诗注本上版，不料案发查禁，这位傅稚又是湖州人。所以梁章钜有诗云："仓厅饮罢蒲桃筵，湖州诗案灰复燃。"仓厅，指施宿所在淮东仓司之官厅，"死灰复燃"，又吃官司。在这部残本的众多名人题跋中，又有几位吴兴人。一位是"党国要人"戴季陶。他写道"唐宋以来之政治家中，余最敬爱苏文忠公"云云，题于1943年之重庆；一位就是我们熟知的沈尹默先生，他是1944年2月17日"拜观题记"的，也是最后一位题跋者。离我那天恭阅该书，恰好53年之久，真是不胜今昔沧桑之慨了。

说来凑巧，我在展卷览观时，邂逅一位老者，馆中人纷纷起立向他致意。他一看我的书桌，就朗声道："嗬嗬，您在看这部书！"相互介绍后，才知他是政治大学的乔教授，曾在此馆任职多年，与蒋复璁馆长熟稔。他告诉我：蒋慰堂先生是名门名师之后，熟悉掌故。听他说过，当年袁思亮以三千金购得此书，特藏于京中西安门寓所夫人房中，不意大火却从内室烧起。当时袁氏必欲舍身入火海抢救此书，被家人死死拉住。急设一筐钱财奖励勇者去救，"重赏之下，必有勇夫"，果然有人冒死救出。

这又使我想起另一段故实。顾廷龙先生的外叔祖王胜之先生在袁氏之前，曾见此书，因"力已不逮，失之交臂"，未能购藏。但他把"首函题跋印记，手录一册"。此册手录原本今亦遗失，但顾先生有亲笔录副，现幸尚存，保留了不少已被烧毁的题记，这又是何等的幸运（惜其他三函题记未录）！顾先生曾感叹道："窃叹此书倘归外叔祖，自不致沦劫，余亦将得摩挲之。"但他保存了首函的全部题记，可谓功在千秋！

苏轼"禁书外流"奏札与东北亚文化交流

　　暇日与韩国学子柳君闲谈，话题不觉又转到苏轼身上。他忽然作色说：苏轼在世时，正当我国高丽一朝，他被高丽士人奉作研习诗文的最高典范，崇慕备至；但他却力主禁止向高丽赠书、售书，这在目前韩国研究者中间颇有微词。我后来读到韩国的一些有关论著，果然指认苏轼"视高丽为夷狄，反对宋朝向其提供书籍，这还影响了宋朝对高丽的外交政策，造成高丽长期不派使者来华"。这一中韩书籍流通史上的小插曲，不仅反映出当时两国政治、军事上的种种曲折，而且折射出各民族文化建构、价值取向的深刻内涵，考究一番，不无意义。

　　确是一个有趣的对照：高丽朝第一部"新雕"的宋人别集，不是别的，就是《东坡文集》，这见于李奎报《全州牧新雕东坡文跋尾》；然而在宋朝群臣中，反对向高丽输出书籍，态度最坚决、言辞最详尽的，怕要数苏轼了。他在元祐四年（1089）和八年（1093），先后两次向朝廷呈奏六篇札子，反复阐述禁运书籍的必要。

　　元祐四年十一月，高丽僧人寿介等五人来华，时任杭州知州的苏轼，在《论高丽进奉状》中说："（高丽）使者所至，图画山川，购买书籍。议者以为所得赐予，大半归之契丹"；元祐八年二月，高丽使臣又至汴京，要求购买《册府元龟》、历代史、太学敕式等，苏轼时任礼部尚书，又在《论高丽买书利害札子》三文中，指出高丽听命于契丹，"终必为北虏用。何也？虏足以制其死命，而我不能故也"。苏轼的"终必为北虏用"的推断在当时情况下，并不是毫无道理的。

至于高丽所得宋朝赐物，"大半归之契丹"，苏轼此言不仅得之于"议者"，而且还有其他消息来源为根据。《东坡志林》卷三曾记述他亲自听到淮东提举黄寔的反映："见奉使高丽人言：所致赠作有假金银锭，夷人皆坼坏，使露胎素，使者甚不乐。夷云：非敢慢也，恐北虏有觇者以为真尔。由此观之，高丽所得吾赐物，北虏盖分之矣。"这里的"夷"指高丽，"北虏"指契丹。宋朝使者赠金银于高丽人，他们竟当着宋使之面，砸坏验证真伪，以便分给契丹人时，不致节外生枝，发生纠纷。苏辙甚至也说："或言契丹常遣亲信隐于高丽三节之中，高丽密分赐予，归为契丹，几半之奉"（《乞裁损待高丽事件札子》），则在高丽使团中竟有契丹心腹暗中监视了。高丽使臣的有些作为，也确令人滋生疑窦：苏轼说他们所到之处，"图画山川"，其言外之意，不难体会；而苏辙在上述札子中，说得更加直截了当："高丽之人所至游玩，伺察虚实，图写形胜，阴为契丹耳目"，颇有细作嫌疑了。熙宁时，高丽使者还专意求取王安国《京师题咏》组诗（见《倦游杂录》，又见《西塘集耆旧续闻》卷九），王安国还甚为自得，有"欲传贾客过鸡林"之句，但从军事上看，京师禁卫重地，一旦有警，这些题咏的文学性质也就将起变化了。

苏轼的禁书输丽之策，完全是从当时宋、辽、高丽的三角政治、军事的利害着眼的，是为防止汉籍经过高丽的中介，最终落入辽国之手，而汉籍中难免保留国家的机密。但他对与高丽的正常友好交往，并无异议。

元丰八年，高丽僧统义天（文宗第四子）使华巡礼，诏令苏轼友人杨杰馆伴，往游钱塘，苏轼作《送杨杰》相赠，中有"三韩王子西求法，凿齿弥天两勍敌"之句，以"俊辩有高才"的东晋名僧道安喻义天，与杨杰（以习凿齿为喻）辩才相当，对他西来"求法"做了热情肯定，并无民族偏见。又据《宋史·高丽传》，宋太宗淳化五年（994）高丽请求宋朝伐辽，不允，从此受制于辽，朝贡中绝，这是中、韩关系的一个转折点。仁宗天圣九年起，进而发展为"绝不通中国者四十三年"，使者来往告断。四十几年后即神宗熙宁四年，又遣使来华，直至北宋灭亡，始终保持一定的联系。其间的原因很清楚：宋、辽自景德元年澶渊之盟后，边境大致平静，关系相对缓和；而辽国对高丽控制日紧，高丽文宗即位后希企解脱，便转向宋廷寻求机遇，部分宋臣亦"谓可结（高丽）以谋辽"（《续资治通鉴》卷六十八），遂恢复邦交。也就是说，中韩关系受制于宋、辽关系和辽、高丽关系的双重变化，所以从熙宁起，为避免引起辽国注意，高丽使者改从明州（宁波）诣阙，不走原先由山东登州上岸的路线了。苏轼兄弟虽对"结高丽以谋辽"的可能性表示怀疑，但说他元祐上书因而导致使节中断，则与史实不符，断交远在元祐以前。

然而，苏轼的禁书之策，未能在事实上阻止汉籍的传入高丽。最有说服力的例证还是苏轼自己。他在世时，早已"文章动蛮貊"（苏辙语），为高丽朝野士子所熟知。其时金富轼、金富辙兄弟，出身高丽名门望族，富轼官至门下侍中，总揽朝政，又是著名史学家、文学家，著有《三国史记》。他"博学强识，善属文，知今古"，为文坛巨擘。富辙官尚书、礼部侍郎，宣和时出使来华，能写一手漂亮的四六文："穆如清风，幸被余光之照；酌彼行潦，可形将意之勤。幸被宽裕以有容，敢以菲微而废礼。"这篇"仿中国体"的献物状，写得不亢不卑，从容得当，切合宾主身份。但苏轼时已谢世23年，不及见此妙文。宋朝使者徐兢曾在高丽"密访其兄弟命名之意，盖有所慕"（以上均见《游宦纪闻》卷六）。一眼便知，金氏昆仲"所慕"者即苏氏兄弟。以他俩的地位、声名和才华，追攀附骥，也算没有辱没苏氏了。苏轼稍后的高丽朝著名作家，都对苏氏作品下过一番认真研习的工夫，足证其在高丽流布的深广。也许我们只举两位最重要的作家就足够了。一位是李仁老（1152—1220），这位高丽中期"竹林高会"的盟主，明白宣言自己是从苏诗中获得"作诗三昧"的：

> 李学士眉叟（李仁老之字）曰："杜门读苏黄两集，然后语道然，韵铿然，得作诗三昧。"
> ——崔滋《补闲集》

另一位大家就是今存《东国李相国集》的李奎报（1168—1241），《补闲集》是这样评论的：

> 观文顺公（李奎报谥号）诗，无四五字夺东坡语，其豪迈之气，富赡之体，直与东坡吻合。

当时盛行对苏诗字模句拟之风，李奎报由于超越此风才达到东坡"豪迈之气，富赡之体"的真诣，这是对李诗的最高赞许，也是对苏诗艺术的真切把握。苏轼在高丽赢得了不少诗文知音。

可以说，苏轼的禁书建策是未获成功的。像一切"禁运"政策一样，它可能收效于一时，总不能维持于永久。对于书籍的流通，更是如此。原因只有两个字：需要。汉籍作为中华文化的载体，集中体现了人类的高度文明和智慧，在当时东北亚地区的汉文化圈中，发展程度是最为先进的，具有极大的吸引力，并恰好适应高丽一朝建立以王室为中心的中央集权制的文化需要。据说，高丽文宗王徽做过这样一个颇堪玩味的"华夏梦"：

> 其国（高丽）与契丹为邻，每因契丹诛求，藉不能堪，国主王徽常诵《华严经》，祈生中国。一夕，忽梦至京师，备见城邑宫阙之盛，觉而慕之，乃为诗以记曰："恶业因缘近契丹，一年朝贡几多般？移身忽到京华地，可惜中宵漏滴残。"

此段文字见于《石林诗话》卷中（又见《石林燕语》卷二），是宋神宗恢复邦交时高丽使者告诉宋朝馆伴张诚一的，自然有表示复交诚意的含义；但其深层的政治心理是对宋朝文明的仰慕，也符合其时日益汉化的发展趋势，契丹的欺凌不过是一种触媒剂而已。因而，高丽对汉籍的引进和吸取，达到了如饥似渴的程度。就在苏轼的奏札中，已透露出宋朝赐书的规模："检会《国朝会要》：淳化四年、大中祥符九年、天禧五年曾赐高丽九经书、《史记》、两《汉书》、《三国志》、《晋书》、诸子、历日、《圣惠方》、阴阳、地理书等"，"勘会前次高丽人使到，已曾许买《册府元龟》并《北史》"，等等，中国书籍之流入高丽，实已成为一种不可遏止、也不可逆转的历史必然。

苏轼担心说：如不严禁书籍"流行海外"，那么必将出现"中国书籍山积于高丽，而云布于契丹"的景象。他的担心恰恰变成了现实。他的禁书之策，不仅未能限制高丽，也未能限制汉籍的间接或直接地流入辽国。原因也是相同的：需要。

对于正在向封建化过渡的辽政权，显然不能依赖其原生态的部落文化来完成封建主义的上层建筑，因而不遗余力地吸取宋朝的典章制度、声物文明。虽然宋廷明令"河北榷场，禁出文书，其法甚严"（苏轼语），辽朝也采取禁书南输的对应政策，但未能遏止汉籍北迁的势头："访闻虏中多收蓄本朝见行印卖文集书册之类"（《宋会要辑稿·刑法二》）已可见一斑。元祐四年（1089），苏辙出使辽国，他在返宋后的述职报告《北使还论北边事札子》中惊呼："本朝民间开版印行文字，臣等窃料北界无所不有。""无所不有"，竟已囊括无遗！他还举了苏氏父子三人的事例：

一件是他初至燕京，对方接待人员即询问："令兄内翰《眉山集》已到此多时，内翰（指苏辙，亦任翰林学士）何不印行文集，亦使流传至此？"苏辙后寄诗乃兄云："谁将家集过幽都，逢见胡人问大苏。"此"家集"《眉山集》即王安石所读之集（见其《读〈眉山集〉次韵雪诗》），可能是苏轼手自校定的《东坡集》（即《东坡前集》）的基础。另据《渑水燕谈录》卷七记载，张舜民出使契丹，在幽州馆中看到苏轼《老人行》一诗被题写壁上，并获知范阳书肆还刻印《大苏小集》，这也或许是辽国刻印的第一部宋人诗集了。苏辙报告的第二件事是他到达中京后，陪宴的辽臣与他讨论苏洵文章内容问题，"颇能尽其委曲"，对老苏文的理解已达一定深度。第三件事更有趣：辽臣向他打听服用茯苓的秘方，他立即想到这是因他写过《服茯苓赋》所引起的了，由此推断"必此赋亦已到北界故也"。

其实，苏轼本人在汴京担任接待辽使的馆伴时，就遇到"北使屡诵三苏文"的情况（苏轼《次韵子由使契丹至涿州见寄》诗自注）。他在《记虏使诵诗》短文中，还记载辽使刘霄在宴会上劝酒时，脱口引述苏轼诗："痛饮从今有几日？西轩月色夜来新。"风趣机智地对他说："公岂不饮者耶？"此可谓善于劝饮，然非熟知苏诗者不办，难怪引起苏轼的惊愕。他的担心汉籍"云布于契丹"，有当时宋辽对峙、保守机密的考虑，固然未可厚非，但也应得上一句"可怜无补费精神"，他的禁书建策连同宋朝的榷场禁令，几乎成了一纸空文。

书籍流通常常不能完全摆脱书籍以外非文化因素的制约，但它本身却具有独立发展的内在要求，并会产生多维的流通方式。既然有汉籍外流，也就会有"海涛东去待西还"之时。哲宗时，高丽向宋廷献书，"内有《黄帝针经》九卷"，据《汉书·艺文志》，《黄帝内经》应有十八卷，而宋朝仅存九卷，正好配成完帙，珠联璧合。于是朝臣上言："此书久经兵火，亡失几尽，偶存于东夷。今此来献，篇袟具存，不可不宣布海内，使学者诵习。"宋廷采纳此议，下诏校订版印，一时传为美谈（见《宋朝事实类苑》卷三十一）。又如《大藏经》，宋朝于971年起在成都开印最早的大藏经，通称"宋藏"（《开宝藏》）。此书传入辽国后，改订重印，称为"（契）丹藏"。熙宁时，辽国赐高丽丹藏一部，高丽僧慧照又从契丹购办三部；而早在宋太宗端拱时，高丽僧如可来华，求得宋藏而归。这样，高丽就能在多种版本基础上，对照校勘，印成新版"丽藏"。宋藏、丹藏、丽藏，一脉相承而后出转精，都对佛教文化作出各自的贡献。书籍的流通之功是显而易见的。

不同民族或国家之间的书籍流通史，往往折射出双方政治上的风风雨雨和外交上的波谲云诡，记录着友好情谊，也可能烙印着摩擦、争斗甚至屈辱和悲愤。然而，从长远的意义上看，书籍毕竟是没有国界的，是人类本应有权享用的共同精神财富，"禁运"之类终成历史舞台上一幕短暂的过场戏。

苏轼文集初传高丽考

"苏子文章海外闻"（高丽朝权适诗句，见徐居正《东人诗话》卷上），苏轼是位有世界性影响的大作家。据现存资料推断，早在苏轼在世时，他的文集已传入高丽。

苏颂《己未九月，予赴鞫御史，闻子瞻先已被系。予昼居三院东阁，而子瞻在知杂南庑，才隔一垣，不得通音息。因作诗四篇，以为异日相遇一噱之资耳》（《苏魏公文集》卷一○）诗中有"拟策进归中御府，文章传过带方州"句。带方，汉置带方县，以带水（今汉江）为名，故治在今平壤西南，此处即指高丽。苏颂在句下自注云："前年，高丽使者过余杭，求市子瞻集以归。"苏颂此诗作于元丰二年（己未，1079）九月与苏轼同系御史台狱之时，自注中所言之"前年"，即熙宁十年（1077）。此年初苏轼由密州知州改赴徐州任，其时汇辑倅杭时（熙宁四年至七年）作品的《钱塘集》早已刊印，《超然集》（密州）或尚未行世，《黄楼集》（徐州）更是后话。高丽使者所购之集，似是《钱塘集》。另据《宋史》卷四八七《高丽传》谓："往时高丽人往反皆自登州，（熙宁）七年，遣其臣金良鉴来言，欲远契丹，乞改途由明州诣阙，从之。""九年，复遣崔思训来，命中贵人仿都亭西驿例治馆，待之寖厚，其使来者亦益多。"则苏颂自注所说的"高丽使者"，大概就是熙宁九年（1076）由崔思训所率领的使团。他们从明州登陆，往返汴京，杭州是必经之路，觅购苏轼作于杭州时的作品结集《钱塘集》也就十分自然了。

苏集传入朝鲜后，迅速为彼邦士人所崇奉，至高丽朝中叶，出现了"专学东坡"的局面。徐居正《东人诗话》卷上云："高丽文士专尚东坡，每及第榜出，则人曰：'三十三东坡出矣。'"因而刊印苏集也就应运而生。现可考知最早的苏集高丽刻本当是"尚州摹本"和"全州新雕本"，均见于李奎报（1168—1241）《全州牧新雕东坡文集跋尾》（《东国李相国集》卷二一）一文。李奎报是著名政治家和文学家，他的门人、全州牧崔君址"新雕"《东坡文集》，请他作跋。他先追述缘起说：

> 其摹本旧在尚州，不幸为虏兵所焚灭，了无孑遗矣。完山守礼部郎中崔君址，好学乐善君子人也，闻之慨然，方有重刻之志。

"摹本"，原指临写、影写或石刻的翻刻本，此处与下文"重刻"及"新雕"相连而言，当指照原本摹制的刻本。这里的"虏兵"指蒙古兵。根据中朝两国史书记载，自高丽朝高宗十二年（1225）与蒙古断交后（《高丽史》卷二二《高宗世家》），蒙古兵曾三次入侵：第一次在高宗十八年（1231）："蒙古主以高丽杀使者，命撒礼塔（一译撒儿台）率众讨之，取四十余城。"高丽请降（《续资治通鉴》卷一百六十五）。第二次在高宗十九年，蒙古以高丽朝迁都江华岛为"叛"己，再命撒礼塔入侵，不久撒礼塔即中矢而亡。因而"尚州摹本"殆毁于高宗十八年蒙古兵占领包括尚州在内的"四十余城"之役，则其刊刻当在此年（高宗十八年，即宋理宗绍定四年）以前。

至于"全州新雕本"的刊年，李奎报跋文末署"柔兆涒滩皋月"，据《尔雅·释天》："太岁在丙曰柔兆"，"太岁在申曰涒滩"，"五月为皋"，则当在丙申五月，即高丽高宗二十三年（1236，宋理宗端平三年）五月。此年又与蒙古兵第三次入侵有关了。李奎报在上引跋文后接着说："时胡骑倏来忽往，间不容毫，州郡骚然，略无宁岁，则似若未遑于文事。而太守（指崔君址）以为古之人尚有临戎雅歌、投戈讲艺者，文之不可废如此。"说明崔君址的新雕本是在"胡骑"不断侵凌的战乱环境中诞生的。据《高丽史》卷二十三《高宗世家》所载，高宗二十三年，蒙古兵由唐兀台率领第三次入侵，渡鸭绿江，"冬十月甲午，全罗道指挥使上将军田甫龟报蒙兵至全州古阜之境"，蒙古前锋已达全州。在兵荒马乱、强敌即至的形势下，仍保持出版《苏轼文集》的热情，苏轼地下有知，当会惊与喜并了。

苏轼作品初传日本考略

苏轼的诗文集究竟何时以何途径始入日本，遍查有关书籍，均无明确记载。只有片鳞只爪的材料，表明至晚在平安朝后期至镰仓时代前期（即公元12世纪至13世纪中期），苏轼其人已为日本人士所知晓，作品亦有传入。

平安朝后期左大臣藤原赖长的《宇槐记抄》"仁平元年（1151）九月二十四日"条云："去年（1150）宋商刘文冲将《东坡先生指掌图》二帖等书赠给藤原。"虽然此书很可能是假托误名之书，但无论如何，这是东坡名字首次在东瀛出现。此时距苏轼去世（1101）不到五十年。

进入镰仓时期（1192—1333），有关苏轼的记载便屡见不鲜。其中有两书的记载颇为重要，即成书于1253年的《正眼法藏》（道元著）和成书于1254年的《古今著闻集》（橘成季著）。《正眼法藏》九《溪声山色》中称苏轼为"笔海真龙"，并抄录苏轼的一首偈诗《赠东林总长老》：

> 溪声便是广长舌，山色无非清净身。
>
> 夜来八万四千偈，他日如何举似人。

这是介绍苏诗、并称颂苏轼文名的最早记载。值得注意的是，作为早期五山僧的道元，他是后世五山诗僧解读苏诗的先驱，而他

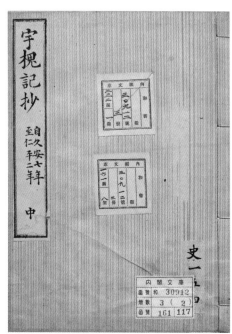

▶《宇槐记抄》书影
日本国立公文书馆藏
《宇槐记抄》是藤原赖
长的日记《台记》的一
个摘抄本。因《台记》
散佚较多，抄本往往可
补阙存逸。

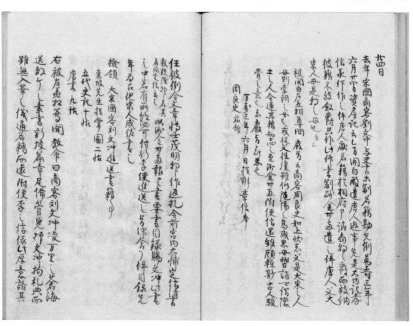

的以苏诗与禅学因缘关系为着眼点的读苏方式，也奠定了苏诗在中世日本传播的一个主要切入口。《古今著闻集·文学部》除记载刘文冲赠《指掌图》等书给藤原一事外，还提及"苏轼非难白居易作品"。据日本学者分析，这指的是苏轼《祭柳子玉文》中"元轻白俗"一语。若然，则可见苏轼文章亦流传至日本了。

到此时为止，除了以上这些零星记载外，并未涉及苏轼诗文集的流传状况。当时，商人之外，渡日的宋僧（如兰溪道隆于1246年、大休正念于1269年，无学祖元于1279年渡日）及入宋的日僧（如公元12世纪后期两度入宋的荣西、1223年入宋的道元等等），往来不绝。这些商人、僧侣在出入宋境时，往往捎带书籍，而其时南宋坊间苏轼诗文集并不难觅，况且他又被日僧（如道元）视为悟禅得道者，所以其诗文集不被购求，是很难想象的。但限于史料，只能付之阙如。

到了五山文学时期，凭依着五山诗僧的推崇，苏轼诗文集的流传便从微转盛，由晦而显，进入其诗文在日本传播的兴盛期。此时苏轼诗文集按版本系统分成三类：

（一）宋元刊本。今藏日本东北帝国大学附属图书馆的《[王状元集百家注分类]东坡先生诗二十五卷》二十五册一书，长泽规矩也氏《东北帝大附属图书馆贵重目录》题为"南宋刊本"，并说，此书中"有室町时代的书写痕迹，因而和臭很多"（《长泽规矩也著作集》第四卷。和臭，即指日人所做汉诗文中带有的日本味）。可见室町时代的日本即有南宋刊本。另外，此时期的和刻本中有覆元刊本（详见下说），则其底本元刊本也必流入日本。

（二）五山版本。所谓五山版，是指五山时期在禅寺开版印刷的书籍。五山版的苏轼诗集，被推定早在应安三年（1370）至应永二年（1395）间就有刊行。此时期正值日本南北朝（1336—1392），故是南北朝刊本。又因为是由当时避元渡日的刻工俞良甫等人参与刻写的，故又称俞良甫版。俞版即是《王状元集百家注分类东坡先生诗二十五卷》的覆元刊本。这一版本系统，数量颇多，据长泽氏《镰仓至室町时期旧刊本汉籍外典现存书分类目录》记载，宫内厅书陵部（有四部）、东北帝国大学附属图书馆、东洋文库、足利学校遗踪图书馆、近卫家阳明文库、静嘉堂、德富家成篑堂文库、高木家高木文库等均藏有此刊本。但此书可能被多次重印，甚至重刻。长泽氏在著录时，对有关成书年代，下语颇为谨慎，如对足利学校藏本，长泽氏据框廓下有"良"等刻工名字，推为俞良甫所刻的南北朝刊本。而对宫城县图书馆藏本，仅云："旧刊本，有室町时代的书写痕迹。"想必此书内无刻工名字，故长泽氏只能笼统言之。可见两书不一定是同板所出。

另外，中田祝夫《四河入海解说》一文说，国会图书馆藏本《王状元集诸家注东坡先生诗》（卷一、二缺）十二册"为覆元刻本，虽是南北朝期的刊本，但第十二册（卷二十四、二十五）为室町时代的刊本。……版心上有刻工的名字，可知是让西渡来的刻工开版刻印的"。这表明王十朋集注的五山版及覆元刊本确有不同时期的刊本。

（三）五山僧的注释本。喜爱苏诗的五山诗僧，不但持有五山版的苏集，又有专门的"坡诗讲谈师"，历代相沿，建立起苏诗注释学的学统，涌现了大量记录他们读苏心得的注释书。五山僧的注释本在方式上自成一统，即把王十朋集注分类本拆开，切除边框，逐页粘贴在较大的和纸上，再装订成册。然后即在和纸上写人自己的见解，或抄录他人的讲述。其中较著名的有瑞溪周凤（1392—1473）的《脞说》、大岳周崇（1345—1423）的《翰苑遗芳》、一韩智翃的《蕉雨余滴》（又名《一韩翁闻书》，为抄录其师桃源瑞仙的坡诗讲义之书。此书未单独刊行）、江西龙派（1375—1446）的《天马玉津沫》（又名《续翠》，亦似无单行本）、万里集九（1428—？）的《天下白》（综合《脞说》《翰苑遗芳》《续翠》三种注释，予以评判，并加按语）、周馥的《翰林残稿》（已佚）、林宗三的《东坡诗抄》等。而笑云清三的《四河入海》则是集大成者。此书亦以王十朋注本为底本，汇集《脞说》《翰苑遗芳》《蕉雨余滴》《天下白》四注，加入己见。历时八年，于天文三年（1534）完稿，二十五卷，每卷均分上、下，共五十册，有"自稿本""古活字本"存世。

纵观五山时期苏集流传状况，其特征有三：

第一，此期主要是刊行苏轼的诗集，尤其推重托名为王十朋集注的苏轼诗注本，上述三种，均属此一系统。我们知道宋人所编苏轼诗除王十朋集注本以外，还有施（元之、宿）顾（禧）注本系统。此本今尚未在日本发现，但大岳周崇的《翰苑遗芳》却忠实地过录了大量的施顾注文，足证在五山时代此本必已传入日本。（大岳曾访问过金泽文库，此《施顾注苏诗》本极可能为该文库所藏。）另外，米泽文库藏本《增刊校正王状元集注分类东坡先生诗集二十五卷》（十五册，元刊本）一种，也很值得我们重视。内田智雄编《米泽善本的研究和题解·汉籍题解》曾记录其版式："此书切除原本的外框，贴在和纸上，加以改装。又在栏外有不少每半叶三十一行六十余字的细字识语，其中频频引用施注。识语到卷第三《归真亭》为止。"这也说明在江户前期以前，日本曾有过施顾注本。因为在修撰于元禄十二年（1699）的该文库入藏书目《官库御书籍目录》上，此本已有著录，可见江户前期已入庋。从其拆书粘贴，旁加小注的做法来看，完全是五山僧的作风。中田祝夫则认为，该书在"本文中有朱笔的训点，是具有中世传统的训点，与笑云的东坡诗的训点有一致之处"。如果这一本子的加注确是成于五山僧之手的话，那么，也可助证早在五山时期施、顾注本已传入日本。

此外，苏轼的诗文集现存日本的最早版本，即为著名的宋孝宗的《东坡集》刊本，一存内阁文库，一存宫内厅书陵部（均残）。两本何时传入日本已不可考。但阁本在日本传承情况，据附于该书中的市桥长昭作于文化元年（1804）的跋文，知阁本原为京都西禅寺所藏，其后归妙心寺大龙院僧懒庵，大龙院创建于庆长十一年（1606），而僧懒庵是该院创建时期的主持僧，故推知其17世纪初在世。宫本则为金泽文库旧藏。大致可以推断，阁本和宫本在室町时代已存于日本，传入的时间当更早。

第二，五山时期虽然王十朋注本盛行于世，但当时对苏轼作品的了解，并非仅限于王十朋集注本，别有两种途径：一是总集。收有苏轼诗文的《精选唐宋千家联珠诗格》（宋于济撰，蔡正孙补）、《古文真宝》（宋黄坚编）等，在五山时期也受推崇，且均有南北朝时期的和刻本，因此对时人了解苏轼诗文，尤其苏文，不无帮助。二为诗话。成书于1372年左右的《太平记》曾抄录苏轼的《春夜》（即"春宵一刻值千金"）。此诗不收于王十朋集注本，只见录于《诗人玉屑》《诚斋诗话》等诗话（直到明成化四年［1468］吉安府本《东坡集·续集》卷二才收入本集）。而《诗人玉屑》则早在正中元年（1324）即有和刻本，因此，此诗很可能借助了《诗人玉屑》等诗话的媒介，才传入日本，并很快传诵一时，其语句、意象往往被日人采入诗文、谣曲狂言。

第三，五山时期的苏集主要在僧人中流传，五山学僧成了苏诗学的权威。一般世人很少有机会接触到苏轼诗集，除了《春夜》之外，未见有其他被反复称引的苏诗。相反，许多佛理诗、禅意诗却附会成苏轼之作而行世。可见，在日本苏轼与禅林的纽带之牢固远甚于在本国。

在室町时代与江户时代之间的安土桃山时代（1574—1615），有不少朝鲜活字本、刊本流入。僧人啸岳鼎虎藏有三苏文合选本《苏文正宗》一书。据阿部隆一氏《洞春寺开山啸岳鼎虎禅手泽现存本》记载："存首一四卷（缺卷一），宋苏洵、苏轼、苏辙撰，朝鲜阙名编。朝鲜﹝古（16世纪）﹞刊。四册。"因该书"与朝鲜的申公济等所编的《韩文正宗》书名相类，所以推想大概是李朝人所编"。阿部氏更进一步推测此书的由来，大概是1592年丰臣秀吉攻打朝鲜（所谓文禄之役），鼎虎随军入朝时获藏的。

到了江户时代（1603—1867），由于学术普及，汉籍由中国、朝鲜输入，并经由幕府官刻、诸侯藩刻、民间私刻三个渠道进行翻刻，苏轼作品集的种类远富于前一时期。不过，需要指出的是，在江户中期（享保时代，1716—1736），由于大儒荻生徂徕、服部南郭等鼓吹明诗、排斥宋诗，影响了一代诗风，"学者逐李（攀龙）王（世贞）之臭，不知李杜之后有坡公者几乎七八十年矣"。这七八十年间，苏轼的作品大受冷落，《胆大小心录》云："东坡的诗集（刊于明历二年﹝1656﹞等者），纸质虽佳，书价只值五六匁（六十分之一两为一匁），然问津者乏。"身价一落千丈，自然会影响到翻刻苏集的热情。下面所列江户时期翻刻苏集情况，虽只依据几种主要书目，网漏甚多，但也清楚地显示出18世纪是苏集翻刻的低潮期。

1.《（增刊校正王状元集注分类）东坡先生诗》二十五卷，《东坡纪年录》一卷，大二十七册。宋苏轼撰，王十朋等注，刘辰翁评，明历二年（1656），京都上村吉右卫门刊本。

（此本甚多。又长泽氏主编《和刻本汉籍文集》收入刊行，得之颇易。）

2.《新刻东坡禅喜集》九卷，宋苏轼撰，明徐长孺编，元禄二年（1689），洛阳（指京都）中野伯元刊。

3.《东坡先生诗抄》不分卷，四册，宋苏轼撰，清周之麟、柴升选。朝川鼎松井元辅校，文化三年（1806），台仙西村治右卫门等刊。

4.《东坡先生志林》，宋苏轼撰，文化六年（1809），息耕堂刊。

5.《苏长公小品》四卷，四册，明王纳谏评选，日本布川通璞校，弘化三年（1846），浪华书林河内屋茂兵卫等刊。

6.《苏文忠文抄》二十八卷，宋苏轼撰，茅坤批评，安政五年（1858），昌平黉刊。

（此书又有安政六年本，亦是"昌平学问所"刊本。昌平学问所是德川幕府直属的讲授中国学问的学校。）

7.《苏文忠公诗集择粹》十八卷，《目录》一卷，清查慎行原本，清纪昀评、清赵古农选，平田敬校，文久二年（1862）江户玉山堂浅仓屋久兵卫刊本。

（此书另有文久三年［1863］江户山城屋佐兵卫等刊本。）

除了翻刻汉籍苏集外，还出版了一些由日本人整理、评选的本子，如：

1.《东坡文抄》二卷，二册，宋苏轼撰，赤松勋纂辑，文化元年（1804）江户山城屋佐兵卫等刊。

2.《苏东坡绝句》四卷，四册，宋苏轼撰，村漱修选、田能村孝宪订，文化十四年（1817），浪华书铺松根堂刊。

此一类由日人辑选的苏轼作品集，到了明治时期仍方兴未艾，如藤森大雅编《东坡策》（明治三年，1870）、中川升辑《怀宝东坡集》二卷（明治十年，1877）、森川次郎选辑《东坡诗粹》一卷《文粹》三卷（明治十四年，1881）、近藤元粹选评《苏东坡诗醇》六卷（明治四十年，1907）等，虽然明治时期已不属江户时代，但可视为江户后期宋诗风回升的余绪。

苏轼与清初阳羡词派

在清朝建国之初词坛上，首先以其人格、理论、创作造成重要影响的是陈子龙（1608—1647）。他是阳羡派领袖陈维崧之师。陈子龙虽未曾明确提出对苏词的具体看法，但是，可以肯定他对苏词是并不排斥的。谢章铤《赌棋山庄词话》续编卷三云："昔陈大樽以温李为宗，自吴梅村以逮王阮亭翕然从之，当其时无人不晚唐。"这种看法如果从某些方面（如令词的创作、早期词的创作特色等）加以审视，也有一定的道理。不过，陈子龙在理论上并不否定苏词，在其《幽兰草·题词》中他贬斥南宋词为"近于伧武""入于优伶"，又以为晚唐"意鲜深至"，而赞扬南唐二主至清真"代有作者"（当然包括苏轼）。他还将情有独钟的北宋词分为两派：一派为"秾纤婉丽"，一派为"流畅淡逸"（苏词当属后一派）。而他对两派未加轩轾，他认为此二派"皆境由情生，辞随意启，天机偶发，元音自成，繁促之中尚存高浑"。基于这一认识，他对有明一代推重刘基、杨慎、王世贞三家，并分析其各自的得失优劣。他评王世贞云："元美取境，似酌苏柳间。""苏柳"并称是当作肯定因素提出的，只是可惜王氏"未免时坠吴歌"。而所谓"翕然从之"的吴伟业、王士禛又如何呢？

吴伟业（1609—1711）在《苏长公文集序》中有云："一片忠诚，徒寄于风晨月夕之啸咏。即琼楼玉宇，高不胜寒，天子亦知其为爱君之语。"很显然这里含有了对苏词深至思理的阐释与肯定。

王士禛（1634—1711）在《花草蒙拾》中继承了陈子龙的二派说，他说："名家当行，固有二派。苏公自云：'吾醉后作草书，觉酒气拂拂，从十指间出。'黄鲁（直）亦云：'东坡书挟海上风涛之气。'读坡词当作如是观。琐琐与柳七较锱铢，无乃为髯公所笑？"王士禛对二派的态度和对苏词审美价值的肯定在《带经堂诗话》卷二十八更有进一步的说明："词如少游、易安，固是本色当行，而东坡、稼轩直以太史公笔力为词，可谓振奇矣。"可惜的是王士禛后期专力于诗，未能有"振奇"之词作，而徒以师法《花间》《漱玉》为人所道，陈子龙也只在牺牲之前留下了颇具东坡之风格的绝笔词。但是，吴伟业与苏词的关系却受到了人们的重视。陈廷焯《白雨斋词话》卷三云："东坡词豪宕感激，忠厚缠绵，后人学之，徒形于粗鲁。故东坡词不能学，亦不必学。惟梅村高者与老坡神似处，可作此翁后劲。"陈廷焯还具体举出吴梅村的《满江红》诸阕，以为与东坡词"颇为暗合"，"哀艳而超脱，直是坡仙化境"。

清初词坛陈子龙"苏柳"并称的做法显然是对明代贬斥苏词的一次反拨，是对苏轼所代表的词气豪迈一派的肯定。贺裳孙在其《诗筏》中虽然认为苏词"不如秦七、黄九之到家"，但更着重批评了李清照《词论》中对苏词的否定，承认其代表词中之一调，故曰："东坡词气豪迈，自是别调。"尤侗（1618—1704）《西堂杂俎二集》卷二《芙蓉词序》云："世人论词，辄举苏、柳二家。"卷三《梅村词序》赞："坡公'大江东去'，卓绝千古。"而沈谦（1620—1670）在其《填词杂说》中以为"晓风残月""大江东去"皆"文之至也"。在改朝换代的残酷政治氛围中，清初不少词人胸怀块垒，郁抑不平，促使他们去努力开掘苏词中"词气豪迈"方面的审美价值，承认其具有与柳永所代表的"本色"一派的平等地位，无疑是一种历史的必然。这种历史的选择与南宋初年的词人和词论家自觉地选择苏词有着惊人的相似，同时，这种选择如同南宋造就了辛派词人一样，也造就了陈维崧（1625—1682）为代表的阳羡派。

苏轼之于宜兴、常州（宜兴古称阳羡，宋时为常州属县），本来就有一段不平常的因缘。他一生漂泊奔走，几达半个中国，但每一处都不是出于他的愿望，惟有卜居宜兴（最终死于常州乃至后裔在此定居）却是他自主选择的结果。早在嘉祐二年（1057）考中进士的琼林宴上，同年蒋之奇向他述说家乡阳羡风物之美，他后来回忆道："琼林花草闻前语，耄画溪山指后期；岂敢便为鸡黍约，玉堂金殿要论思。"（《次韵蒋颖叔》）虽然"且约同卜居阳羡"（苏轼自注），但政务缠身，不能实现。以后他南来北往，经过常州约有十几次之多，而最早买田于宜兴则在熙宁七年（1074），他通判杭州之时（参看宗典《苏轼卜居宜兴考》，《中华文史论丛》1997年第一辑，上海古籍出版社）。宋人费衮《梁谿漫志》卷四《毗陵东坡祠堂记》条云：苏轼"出处穷达三十年间，未尝一日忘吾州"，看来不算夸大。

他之所以选择宜兴，用他的话来说，一是"独裴回而不去兮，眷此邦之多君子"，此见于他为友人钱济明之父钱公辅所写的《钱君倚哀词》。他结识了一大批常州、宜兴籍的朋友。除蒋之奇、钱氏父子外，他还与胡完夫、单锡、胡仁修、报恩寺长老、邵民瞻、蒋公裕等人亲密交往。二是"买田阳羡吾将老，从来只为溪山好"（《菩萨蛮》），他赏爱宜兴的三湖九溪之风光。三是

清拓苏轼《种橘帖》
故宫博物院藏
此帖亦称《楚颂帖》。
荆溪在今江苏宜兴，苏
轼尝买田于此。

退居明志。他在宜兴所作的《楚颂帖》云："阳羡在洞庭上，柑橘栽至易得，暇当买一小园，种柑橘三百本。屈原作《橘颂》，吾园若成，当作一亭，名之曰'楚颂'。"屈子"苏世独立，横而不流"的"橘颂"精神，也是苏轼作为中国文人典型文化性格的有机构成，即是说，顺境时立朝为宦，坚持济世拯时的节操，逆境时退避林下，"潇洒"自处，追求自我生命价值的完满实现。

苏轼又云："吾来阳羡，船入荆溪，意思豁然，如惬平生之欲。逝将归老，殆是前缘。"他的这一"阳羡情结"的文化内蕴也应主要从士大夫立身准则上去探求。而全部东坡词正是它的形象体现，

"致君尧舜，此事何难"，"用舍由时，行藏在我"之类的歌唱当最能拨动清初阳羡词人的心弦，以致达到了异代的精神沟通。他们正处于山崩地裂的易代鼎革之际，又大都具有反清的民族意识，面临着进退失据、用舍维艰的选择，于是五百年前的这位侨寓乡贤，很适合成为他们倾心追慕的对象。陈维崧云："思往事，峨嵋仙客，曾驻吾乡。惹溪山千载，姓氏犹香。"(《满庭芳·蜀山谒东坡书院》)龚胜玉(节孙)作《仿橘图》，陈氏又作《摸鱼儿》题赠，在词序中云："节孙，兰陵人，卜居阳羡，慕东坡之为人，故为斯图以明志"，其所"明"之"志"，即是"拟'楚颂'名亭，追踪坡老，此意尽潇洒"。其实，"慕东坡之为人"也是陈维崧自己的心迹。他的姑表兄弟曹亮武亦云："先生买田阳羡，潇洒忆当年。""耿耿孤忠亮节，落落风流文采，此事只君全。独喜清秋夜，今古共婵娟。"(《水调歌头·代祭东坡书院》)"孤忠亮节""风流文采"正是此时阳羡词人所最需要的精神支柱和文化修养，因此才能获得今古之"共"的思想认同。苏轼词名于是流芳三湖九溪，挈乳沾溉无尽，这一词派之崇奉东坡词，其最深层的原因就在这里。

　　陈维崧早年受业于陈子龙，但他并没有墨守陈子龙的词学观。代表其成熟时期词学观的文章是康熙十年(1671)他与吴本嵩、吴逢原、潘眉合编的《今词苑》的序文《词选序》(《陈迦陵文集》卷二)。首先，他反对词为"小道"之说(陈子龙《幽兰草·题辞》有云"作为小词以博奕")。他从"天之生才不尽，文章之体格亦不尽"的前提出发，证明了词与经、史、诗"谅无异辙"。其次，与陈子龙否定南宋不同，他标举苏、辛一派，以为"东坡、稼轩诸长调，又骎骎乎如杜甫之歌行与西京之乐府也"。同时，他还总结了当时苏、柳并提的观点，认为优秀文学都必须具备厉"思"、博"气"、观"变"、会"通"等方面，所以，不必极意固守《花间》《兰畹》的"香弱"与清真的"本色"。

在陈维崧影响下的阳羡词人任绳隗、史惟圆、徐喈凤，无论在创作还是理论上都极主"性情"，以苏、辛为词中壮士，乃至力图证明"豪放亦未尝非本色"（徐喈凤《词证》），史惟圆《南耕词·评语》中批判了鄙薄"大江东（去）"为"非词家正格"的本色派论调。在阳羡派的鼓荡下，苏辛派的作品（尤其是慢词）成为词人们主要的参习对象。吴梅《词学通论》第九章有云："小令学《花间》，长调学苏、辛，清初词家之通例也。"主要就是指阳羡派及受到陈维崧影响的曹贞吉、吴绮等词人。但是，陈维崧并不满足于在慢词中学苏、辛壮语，也努力将其贯彻到令词之中去。蒋兆兰《词说》云："自东坡以浩瀚之气行之，遂开豪迈一派。南宋辛稼轩，运深沉之思于雄杰之中，遂以苏、辛并称。""至清初陈迦陵，纳雄奇万变于令、慢之中，而才力雄富，气概卓荦，苏、辛派至此，可谓竭尽才人能事。"

客观地分析清初学习苏辛一派的成功就会发现：第一，吴伟业、陈维崧等词人都经历了明末清初冷酷政治血雨腥风的洗礼，痛苦的心灵积淀决定了他们能具备苏辛词中所必备的"气"与"意"；第二，他们早期都有过学习"本色""婉约"一派的艺术经验，这种艺术经验使他们改学异质词风时就能有效地防止粗率或叫嚣。这两个重要条件若不具备必然会失败。蒋兆兰云："初学填词，勿看苏、辛，盖一看即爱，下笔即来，其实只糟粕耳。"（《词说》）尤其是苏轼词天然超旷的情韵更是无迹可求。故而陈廷焯以为"太白之诗，东坡之词，皆是异样出色，只是人不能学"（《白雨斋词话》卷一）。吴梅亦云："惟（东坡）胸怀坦荡，词亦超凡入圣。后之学者，无公之胸襟，强为摹仿，多见其不知量耳。"（《词学通论》第七章）所以，随着血雨腥风的政治斗争的相对平息，以陈维崧为首的学苏派也就归于沉寂。

苏诗评价的升沉起伏

苏东坡是中国文学史上最具艺术生命力的作家之一。他的文学创作乃至文化创造有着恒久不衰的魅力，吸引了一代又一代的学者、诗人和一般读者。清代何仁镜《东坡事类序》中甚至说"唐而来学士大夫，其声名饫入耳目，大抵以先生为最"，把苏东坡推为宋以来知名度最大的作家。因而，几乎从苏东坡生活的时代开始，就自然形成了一部长达九百年的苏轼接受史。

这部接受史，以2 700多首苏诗、300多首苏词、4 800多篇苏文为解读接受的对象，又分属以理论阐述为主的学术研究、以作家创作借鉴为特点的文学创作、以阅读鉴赏为内容的大众阅览等三个层面，采取评论、笺注、编选、年谱、传记、吟诵、唱和、刊刻、传抄等不同传播接受媒介形式，具有十分丰富深刻的内涵，理应成为"苏学"研究中的一个有机构成。但迄今尚未见有关论著问世，不能不是很大的缺失。

这种缺失对"苏学"研究来说带有根本性质。我们传统学术中有"学术史"或"史料学"等分支，似与"接受史"学科范围相类或相关。但随着20世纪60年代崛起的西方接受美学的传入，使我们对此有了深层的认识，即把文学创作活动的完成过程，从只限于由作家到作品而止，进而延伸为作家——作品——读者。也就是说，文学作品一旦从作家手中脱稿，还不是有意义的存在，只有进入流布过程而为受众所接受并解读，作品才实现其价值。

正如劳动产品只有经过交换才获得"价值"，甚至单单用以满足自己需要，不当做商品出售的产品，都不具有"价值"。尽管接受美学也有片面强调读者视点而忽视作品本义的偏颇，然其对文学研究视野的开拓、领域的扩展、作家作品意义的挖掘与增值、变异乃至对接受者的时代阅读环境的探求，其重要性是不言而喻的。

王友胜博士的这部《苏诗研究史稿》第一次对苏轼诗歌的研究历史做了全面系统的论析，对本专题的研究对象、内容范围、结构框架、研究方法诸问题发凡起例，纲举目张，思致颇密，用力甚勤，其草创之功，值得称道。这对建立并进一步完善本学科的体系与规范，具有方法论的意义。

作为"史"，作者着眼于梳理、归纳历代接受苏诗的全过程，亦即探究苏诗升沉起伏、曲折多变的历史命运。分期问题便是一切历史著作首先需要解决的问题。分期不仅为了寻找一个方便而又符合历史原貌的叙述结构，更为了揭示其每个时段的不同内容、特点和趋向，从其所反映的各个时代不同的社会思潮和审美趣尚中，研究历代接受者对苏诗意义与价值的不断重新阐释，何者被突出和强调，何者又被淡化和忽略，从而更全面深刻地把握苏诗的内在意蕴，也探求文学发展的一些基本规律。本书把清以前的苏诗研究史划分为形成期（两宋）、过渡期（金元）、低落期（明代）与繁荣期（清代）四个阶段，并从具体论述各时期的主要成就和大量事实中，概括出"两头热、中间冷"的研究趋势，又对形成此一趋势的原因做了合情合理的解释。我以为这一整体把握是颇为准确的，也为全书论证的展开奠定了可靠的基础。

依据于"两头热，中间冷"的宏观把握，本书以两章的篇幅论宋，三章的篇幅论清，重点突出，眉目犁然，也是作者用力最多因而亦多见精彩之处。全书的主要创获：一是对历代苏诗的注释著作做了系统的研究。对每种重要笺注本，举凡编撰缘起、成书过程、编次、体例、成就、局限与影响等相关问题，均一一作了深入的探讨。二是对历代苏轼诗集的编刻，对苏诗的辑佚、辨伪与系年等问题做了稽考。如对宋代《注东坡先生诗》的诗歌系年，明代《东坡续集》《重编东坡先生外集》的辑佚，查慎行《补注东坡先生诗》的辨伪工作，均有更细致的考评。三是对历代苏诗论评所涉及的问题进行再评述，尤其对每一时期的主要相关文学流派及主要苏诗研究者的苏诗观，给予有相当学术深度的述评。还对某些苏诗研究者的学术思想、文学观念、研究手段作了分析与阐说。

　　这些成果的取得，与作者以实证为基础的多种研究方法的综合运用，是密不可分的。作者自觉追求历史与逻辑的统一，点、线、面的参证互补，使全书在本论题范围内尽可能地臻于完整，尤致力于论证的平实可信。如对清代两部具有总结性的苏诗注本，即冯应榴的《苏文忠诗合注》和王文诰的《苏文忠公诗编注集成》的评估问题，历来意见并不一致。钱锺书先生在《宋诗选注》中说过"王文诰的夸大噜苏而绝少新见的《苏文忠公诗编注集成》在清代中叶做了些总结工作"。一则说他"夸大噜苏而绝少新见"，一则说"做了些总结工作"，对其优点和缺点均有涉及，可谓一语中的。本书作者亦持此种客观辩证的态度。书中热情肯定冯氏荟萃旧注、补注苏诗和纠前人之误的三大主要成就，而对王氏，既认为他对苏诗注释绝少发明，其评点则或有可取之处，但对他不遵守学术规范，借掊击前人而抬高自己的不良学风，就坚决予以摈弃。这一评估是作者从两书的具体注评中，两两对勘，认真考辨，广泛取证而得，因而语虽尖锐而理却坚确，是可以信从的。要之，本书清晰地勾勒出近千年苏轼诗歌研究的历史进程，对种种重要的人、书、事做了切实可信的评述，是一部具有较高学术水平的专著，为今后更全面、更深入的苏轼接受史的诞生，起了导夫先路的作用。

友胜君自1996年春来复旦大学从我攻读中国古代文学博士学位，此前则执教于湘潭师范学院中文系，现又学成回归原校任教。他在复旦园三历寒暑，刻苦攻读，锲而不舍，毫不懈怠。其间除完成这篇博士论文外，还发表其他论文约20篇，不少刊载于著名刊物。他又与陶敏教授合作编校了《韦应物集校注》（上海古籍出版社），学术质量颇高；并独立完成《中国历代文学经典·唐宋词卷》（光明日报出版社）的笺释整理工作。除了勤奋，他还敏于思索，对材料的搜集、梳理和阐述能力均达相当水平，"出手"尤较迅捷，文思流畅，表达亦称清利。这些应是治学的良好素质或条件。多出"活"，还得出好"活"，因而树立追求学术精品的目标，就显得更为重要。语云："无冥冥之志者，无昭昭之明；无惛惛之事者，无赫赫之功。"立志高远精诚，临事专默沉潜，孜孜矻矻，循序致功，于此我实有厚望焉。

是为序。

（本文原为王友胜著《苏诗研究史稿》［岳麓书社，2000年］一书序言，作于2000年2月8日，收入本书时略有改动。）

苏轼研究史：整体感与系统性

枣庄先生是我订交20多年的畏友，也是学苏、治苏的学术同道。他嘱我为其新著《苏轼研究史》作序，我实愧不敢当；但就这部新著的书内之丰富学术含蕴和书外的令人扼腕惊服的特殊意义而言，我又不能也不敢拒命。

说来有缘，我们是从1980年关于苏轼的一封书简的评价之争而开始结交的，真应了俗话所谓的"不打不成交"。嗣后，我们一起参与中国苏轼研究学会的活动，互赠著述，交流心得，友谊日深，但仍时有学术交锋，如1984年关于苏轼诗歌分期的讨论。我们之间的争论和讨论，虽然连《苏轼研究史》上的小插曲也算不上，却是我们个人为人、治学的一种难得的锻炼，或许得益于宋人交友之道和苏轼自由争辩宗风的潜在孳乳吧。

在当今苏学研究中，枣庄先生是著述丰硕、自成一家的著名学者。可以毫不夸张地说，从苏学研究成果的数量来看，并世罕见其匹。他的评传系列：《苏轼评传》（1982）、《苏洵评传》（1983）、《苏辙评传》（1995）及《三苏传》（1995）；他的三苏文集笺注整理（合著）：《嘉祐集笺注》（1993）、《栾城集》（1987）、《三苏选集》（1993）；他的资料汇评系列：《苏诗汇评》《苏词汇评》《苏文汇评》（1998），等等。面对这三大系列以及他的"文存之一"的《三苏研究》（1999）中的大量论文，我们不禁肃然动容，被他焚膏继晷、呕心沥血，以学术为生命的精神所深深感动。还应提到，他除了三苏研究外，还主编了《全宋文》（约1亿字，1988年开始出版，已出50册）、《中华大典·宋辽金元文学分典》（1200万字，1999）这两部大型总集和类书，堪称宋代文献资料库，其学术贡献毋庸赘述。《宋文纪事》也是治宋学者的案头必备之书。我曾戏称他为"拼命三郎"，语虽有失严肃，却是实情。

枣庄先生的苏学研究不仅成果数量惊人，且已形成自己的特色。比如，他既把苏轼放在北宋的整个文化背景中加以考察（如《北宋文学家年谱》即是以年谱形式所作的众多作家之交游考），对苏氏父子均进行了深入研究，并从同中之异的比较对勘中揭示苏轼独特的思想面貌与艺术面貌；又如，评论、传记、年谱、文集的全面整理等有关"苏学"的种种专题，他几已囊括殆尽，论述性、资料性兼具，用多种著作形式去逼近同一研究对象，也使他的研究富于整体感与系统性。

这部《苏轼研究史》，更使这种整体感与系统性得以大大加强，确切地说，是研究的整体感与系统性的自身逻辑发展的必然。我最近为门生王友胜君的博士论文《苏诗研究史稿》所作序言中曾说：

> 几乎从苏轼生活的时代开始，就自然形成了一部长达九百年的苏轼接受史。这部接受史，以2700多首苏诗、300多首苏词、4800多篇苏文为解读接受的对象，又分属以理论阐述为主的学术研究、以作家创作借鉴为特点的文学创作、以阅读鉴赏为内容的大众阅览等三个层面，采取评论、笺注、编选、年谱、传记、吟诵、唱和、刊刻、传抄等不同

传播接受媒介形式，具有十分丰富深刻的内涵，理应成为"苏学"研究中的一个有机构成。但迄今尚未见有关论著问世，不能不是很大的缺失。

友胜君就苏诗研究过程进行了再研究，对这个"缺失"作了初步的弥补；枣庄先生的《苏轼研究史》则在广度和深度上对填补这一学术空白起了极大的作用。

枣庄先生的新著又使我发现上述自己的说法应作两点修正：一是把苏轼接受史仅停留在苏诗、苏词、苏文等文学作品上。若从文学学科立论，当然也是可以的，但在外延上实可再作伸展。新著论述对象除诗、词、文外，还涉及书、画，乃至经学等方方面面，其范围之广、开掘之深、论述之要，应是第一部全面系统的苏轼研究史。其中不少章节先在报刊上发表时，已引起学界的瞩目。我也大都拜读过，对不少新颖论点留下深刻印象，但不免有窥斑尝脔之憾。如今全豹全鼎在眼，快何如之！二是把苏轼接受史仅停留在本国范围之内。若从中国文学学科立论，这也大致说得过去；但苏轼是一位有世界影响的伟大作家，其接受史应在内涵上再作深化。枣庄先生广邀各国友人共同撰作，设立日本、韩国、欧美等国的苏轼研究史述略诸章，让读者具体了解苏轼如何跨出国门而为域外人们热爱与接受的过程。这在已有的成果中，是并不多见的，相信会引起研究者们的兴趣。

枣庄先生这部新著，是内容充实、有重要学术价值的苏学著作，也是他战胜病魔后奋力拼搏的产物。我读到的，不仅仅是方块汉字，而是读书人的近乎痴迷的自信，人生信念的自持与自律，以及实现一己生命价值的自豪。枣庄先生不幸于1998年11月罹患癌症，但他镇静自若地奉行自己"作最坏的思想准备，尽力往好处努力"的"老庄哲学"，怀抱平常之心，挑战病魔，终于成为一位胜者。今年3月和5月，我在上海和南京的两次学术会议上与他晤见，他精神饱满，谈笑风生，完全与往昔一样，丝毫觉察不出刚与死神搏斗过的踪影。当他告诉我《苏轼研究史》竟在病后黾勉从事，已完稿葳事时，我再一次感佩他的坚毅沉着，再一次在"畏友"面前感到自愧。

我和枣庄先生年相若，稍长几岁，都已过了花甲，进入人生之旅的晚年。我想起了南宋赵蕃的"难斋"，他命名此斋，乃取"末路之难"之义，典出《战国策·秦策五》："诗云：'行百里者半于九十。'此言末路之难。"末路，此非贬义词，而指最后一段路程，以喻晚年。晚年之难，一言难尽，思维迟钝而记忆锐减，精力不支而杂事丛脞；衰病日寻，犹白香山所云"病与乐天相伴住"，更是难逃之劫。但赵蕃以"难斋"自警，年垂知命，自视坎然，仍勤勤问学于朱熹，执弟子礼甚恭，努力在文化事业上续有建树。枣庄先生的晚年之难，实超出常人数倍，但他以克服"末路之难"为宗旨，以精进不息为鹄的，这部新著就是生动的例证。如何应对"末路之难"，也是我自己的人生课题。

我想不出怎样结束这篇短文，只好再重复一遍苏词："但愿人长久，千里共婵娟。"

（本文原为曾枣庄著《苏轼研究史》［江苏教育出版社，2001年］一书序言，作于2000年秋，收入本书时略有改动。）

东坡诗词艺术与"形上诗""形上词"

　　文鹏先生于1978年秋进入中国社会科学院学习与工作，我恰于是年春调离南下，参商暌违，冀北江南，同事之缘，失之交臂。然而，他从80年代起陆续发表的有关苏轼论文，却引起我密切的注意与浓厚的兴趣，这不仅因为我们有着共同的研究课题，同道愿意相谋，自是情理之中；而且就我个人而言，既想探索绝世全才苏轼所创造的文化世界的底蕴，也热心追究后人心目中各具面目的苏东坡。传记作者自然会在自己的劳作中融注进主观理念和个性，像林语堂的《苏东坡传》，传主就时时闪动着他名士式的身影，而研究者们不同的学术旨趣和特色，也颇堪琢磨，以汲取教益。初步接触陶先生的治苏论文，就被他严肃求索的一份真诚所感动，他的不少新见解、新提法也促使我进一步思考。

　　我原先只读过陶先生的个别篇章，留下的印象不免断续而不连贯。现在有机会把他的十篇论文通读一过，他治苏的特点就显得更加突出了。这些文字虽似无事先的统一规划，但都集中于一点，即对苏轼诗词艺术的美学观照，这可谓抓住了苏轼作为文学家的一个核心命题。作者对这个命题的开掘与钻研，不求面面俱到，四处出击，而主要集中在诗画关系和自然山水两个专题上；而在展开这两个专题时，又紧紧围绕苏轼的理论思想与诗词创作两个层面，两者虽各自成文而又互为表里，彼此印证，使理论探讨与作品分析有机统一。因而全书具有一种内在的整体感，有利于推进论证的深入，丰富了学术含量，使之优入著作之林。

应该承认，研究苏轼的诗画理论与自然观是有不小难度的。第一，前人在这两个专题上已有不俗的研究成果，如何更上层楼，并非易事；第二，苏轼本人的文艺思想材料大都片断、零碎，散见于笔记、题跋、书简乃至策论、诗词等各体文类，纷繁无序。陶先生凭借其扎实的理论功底和敏锐的思辨能力，善于把问题放在中外文艺史的背景中加以考察，联系苏轼的创作实践，略人之所详言，发人之所未言，力避低水平的重复，而坚持自己的独立学术追求。他努力从"味摩诘之诗，诗中有画；观摩诘之画，画中有诗""赋诗必此诗，定知非诗人""诗画本一律，天工与清新"等耳熟能详的论艺名言中发掘新意余蕴；他论苏轼的"形神"之说，指出苏轼能把传统的"传神说"与"意境说"结合起来，乃是一大发展；论苏轼的"留意"与"寓意"对举，能拈出康德、王国维等人的相关论说加以对勘比较，等等，都颇能益人神智，发人深思。

《论苏轼的自然诗观》是本书篇幅最长的一篇论文，则突出表现作者驾驭和组织片段思想材料的能力。苏轼是一位作家，同时又是文学理论家和批评家。他虽然没有留下多少文艺专论，只有碎金片玉，散落各处，但其中却蕴涵着十分深刻的美学思想。他的文艺批评，文约义丰，片言居要，却以一定的理论思想为支撑。尤其在他的大量山水诗词作品中，更记录着他具体深切的审美体悟，反映其丰富精辟的文艺思想。陶先生用的是这类片段材料，依其内在逻辑，"百衲"成篇，令人信服地给出了苏轼"自然诗观"的整体构架，揭示出确实存在的"潜体系"。

如果说，陶先生对苏轼诗画理论和自然诗观的研究，好比老树着新花的话，那么，他对苏轼人物诗和哲理词的探讨，就是新品种的开发与培育了。流行的文学观念认定文学的基本特质是抒情性和形象性，这对我国古代诗词来说，当然更是如此。"诗缘情而绮靡"（《文赋》），"簸弄风月，陶写性情，词婉于诗"（《词源》），已是经典性的话语，甚至演为套语常谈。然而，从文学作品内容构成的要素而言，则情、景、事、理四端实缺一不可。清人史震林《华阳散稿·序》云："诗文之道有四：理、事、情、景而已。理有理趣，事有事趣，情有情趣，景有景趣。趣者，生气与灵机也。"因而除了抒情、写景外，在叙事和说理中也一样能酿造出具有艺术特性的事趣和理趣，从而成为审美对象。这对苏轼和宋代文学研究的开拓与深化，具有特殊的意义。本书的《论苏轼诗塑造人物形象的艺术》《论东坡哲理词》等文，就提供了具体的证明，正是文学观念合理调整后的产物。

近年来，饶宗颐先生提出"形上诗""形上词"的命题。他不仅从中西诗学传统上予以理论上的论说，认为这类"再现形而上旨意"的新诗体、新词体，其存在和发展是合理的，也是必然的，还特别指出"中国说理诗，乃至宋代才有相当地位"，此实乃关涉到对宋诗宋词的时代特征的理解和把握；同时，饶先生身体力行，创作了一批意趣隽永、思致深刻、耐人咀嚼的优秀"形上词"。施议对先生已有多篇论文推介，是很及时的。陶先生则着力分析苏词中所表达的人生哲理，苏轼对祸福、荣辱、生死的理性思考，对人生的短暂与永恒、虚幻与实在、形相与底蕴、意义与价值的感受，并仔细剖析他创造哲理意境的五种途径。分析切实，论证周密，为"形上词"说提供了一个生动的个案。

谈到诗词中的叙事性，诚然，比起西洋文学，我国长篇叙事诗不够发达，但不能忽视抒情诗词中的叙事要素。众所周知，况周颐曾秉承王鹏运的见解，提出"重、拙、大"之说，此说成为词学理论中的一个重要观念。在他晚年所编《历代词人考略》卷八"柳永"条后按语中，又提出补加一个"宽"字："'作词有三要，重、拙、大'，吾读屯田词，又得一字曰'宽'。……向来行文之法，最忌平铺直叙，屯田却以铺叙擅场，求之两宋词人，正复不能有二。"况氏的"宽"字诀，是对词的叙述艺术某一境界的概括和总结，对"六义"之一"赋"法的补充与发挥。

探究宋代诗词艺术，这实是一个很有学术生长点的研究视野。陶先生专力研究苏诗中的人物形象的塑造，从近二百首苏诗中分析其人物诗的一般特点，对其叙事与抒情的结合，以写照传神为旨归等，均有会心之处。即使在论及苏轼写景词时，也注意到线状铺叙法与环伏、块状铺叙法的差异。铺叙当然与情、景、事、理都有关系，但究以叙事（故事、人物）为重点。本书对诗词中叙事性的研究成果，在目前学术界似尚属少见，我想会引起重视的。

苏轼所创造的文化世界是如此深邃精妙，绚丽诱人，虽已有许多论著问世，却未达到穷尽的地步。陶先生的学术素养和艺术感悟，为他提供了继续精进的良好条件。他表示要进一步努力，写出"有新意有深度"的苏学著作，我乐观其成，相信他一定能为这个研究领域再添光彩！

（本文原为陶文鹏著《苏轼诗词艺术论》［上海古籍出版社，2001年］一书序言，作于2001年2月，收入本书时略有改动。）

独抒性情：东坡诗词与其文化人格

以文会友，自古而然，是个好传统。我和张惠民君的结识，开始于读他的《宋代词学审美理想》《宋代词学资料汇编》等著作；及至今年秋天在银川举行宋代文学学会第三届年会之际，才得以晤面倾谈。我与张进女士的最初交往，也在另一次学术会议上，同样是先读其文而后才识其人的。现在他们两位以合著的近作《士气文心：苏轼文化人格与文艺思想》问序于我，我本不敢应命，但我对苏轼似有一份特殊的感情，以至于了解别人心目中是个怎样的坡公形象，成了我的偏嗜，于是，才贸然应承了，也算是一种缘分。

我是相信一点"缘分"的。对中国古代作家的学习与研究中，我自问用力最多、相倾最深的是苏轼。说起来也充满偶然的因素，可谓是"东坡缘"吧。如果在大学时代没有参加《中国文学史》的《苏轼》一章的写作，就不会几乎通读他的全部作品，初窥"苏海"之浩瀚，被他的非凡创作才情所牢牢吸引；如果不是毕业分配到中国社会科学院文学研究所，又一次参加该所正在编写的另一部《中国文学史》工作，《苏轼》一章恰缺人手，就由我承乏，并得到所长何其芳先生的直接指导，听他谈自己读苏的内心感受，我就不会初下决心走上治苏之路；如果不是居处逼仄，只能利用上海图书馆看书作文，自己的图书资料却禁止携带入馆，我可能不会承担上海古籍出版社《苏轼选集》的约稿，从而使我对苏轼文本的体会趋于深细；如果没有1980年成立的全国苏轼学会，我就会失去许多治苏的学术同道，失去切磋商榷的良机。但这些"如果"都没有发生，于是我有了一个充实的"东坡缘"。甚至有些缘分是"隐性"的。回顾自己走过的学术道路，受到两位先生的影响最深，即何其芳先生和钱锺书先生。真是凑巧，何先生谢世时享年66岁，与苏轼相同，不过一为足岁，一为虚岁；钱先生逝世于1998年12月19日，这一天恰是苏轼的生日，只是一为阳历，一为阴历。在我的生活中，如影随形，处处感觉到苏轼的存在。

我今年招收博士生时，出过一道入学试题："或谓周邦彦为'词中老杜'，请予以评述。"这个题目实际上是"冲"着苏轼来的。众所周知，这个"或谓"是指王国维（虽然朱祖谋也有"清真之似子美"的品评，郑文焯有过"毕竟当以清真为集大成者"的相类意见）。王国维在《清真先生遗事》中说过"词中老杜则非先生（周邦彦）不可"的话。

我预设的"标准答案"应论及两方面内容：一是王氏对清真词的评价，在不同文章中存在不一致的问题，即他在《人间词话》中贬之为"创意之才少"，"能入不能出"，甚至比之欧阳修、秦观之"艳语"，竟有"淑女与倡伎之别"，但为什么在《清真先生遗事》中又说欧、秦乃至苏、黄，均"殊不逮先生"，并誉之为"词中老杜"？二是"词中老杜"具体含义为何，这就涉及如何理解他对苏轼的评价了。王氏另有《文学小言》一文，明确倡言"三代以下之诗人，无过于屈子、渊明、子美、子瞻者"，就是说，苏轼才是与杜甫等并列的"旷世而不一遇"的文学大家。值得注意的是，《人间词话》约写于1906年至1908年间（自署审定脱稿于1910年），《清真先生遗事》1910年写成，《文学小言》作于1906年，三文大体作于同一时期，人们通常从王氏前后期观点变化的角度来解释，恐不妥。

上述问题在学术界争论颇久，人言言殊，大抵角度不同，标准有异，难求一律（刘熙载还认为苏词"颇似老杜诗"）。我出题的目的仅在于测试应试者处理学术争端问题的能力，而自己所看重的却是王国维评苏轼四人的具体标准。他在《文学小言》中说："此四子者若无文学之天才，其人格亦自足千古。故无高尚伟大之人格，而有高尚伟大文章者，殆未之有也。"又说："天才者，或数十年而一出，或数百年而一出，而又须济之以学问，助之以德性，始能产真正之大文学。此屈子、渊明、子美、子瞻等所以旷世而不一遇也。"他还说："屈子感自己之感，言自己之言者也。""宋以后之能感自己之感，言自己之言者，其唯东坡乎？"他突出的是"高尚伟大之人格"，是"学问"，是"德性"，是能"感自己之感，言自己之言"，这才是苏轼与屈、陶、杜并居"文学上之雄者"的共同条件。人格、学问、德性、独抒情性，我以为王氏给出了一个解读苏轼的要领。

张惠民、张进两位的苏学新著，正是围绕这个要领而展开他们的全部论证，充分发挥他们视野开阔而又长于理论思辨的学养优势。他们不仅援引王氏《文学小言》的论断，作为立论的依据，尤见功力的是结合苏轼这一具体个案，对其人格魅力、精神境界的深刻丰富的内涵，作了相当透彻的论析，印证了王氏的论断，并在当下时代精神、学术理念的观照下，更有了新的突破与发展。

作者们在开宗明义第一章即指出，"苏轼一生以一种开放兼容的态度，吸纳融合儒释道三家思想，建构了自己博大丰富的学术思想体系"，这一"思想体系"表现为"卓然独立充满积极意义的文化人格"，表现为后人很少企及的"以天地胸怀来处理人间事务"的"天地境界"（冯友兰语）。这是苏轼精神世界的核心，也是作者研究苏轼的高起点。全书即洋溢着一以贯之的思辨色彩，对苏轼精神的方方面面作了全面考察，既具完整性，又有层次感。如对苏轼学佛的过程，颇为细致地梳理出始受于凤翔（受同僚王彭的影响），渐深于倅杭而至黄州进入堂奥的过程。不少论析又切中肯綮，如提出苏轼学佛的最大特点，是他并不执意追求"信"与"不信"的问题，而是既不盲目迷信，也不沉溺其中，他只是取佛理以用于人生思考，以求得对人生真谛的大彻大悟。苏轼自己说得好，"以无所思心会如来意"，"无所得故而得"，断绝一切功利之念，才能获得对佛理、对人生的彻悟。这些分析都能在前人的基础上更为周密平妥。

作者善于把分散的甚至片断的思想资料，依其内在理路审慎地进行梳理、鉴别，努力揭示出其实际存在的"潜体系"。作为文艺全才的苏轼，研究他的文艺创作思想自是题中应有之义，正如本书书名所标明的那样。作者分别从本体论、创作论、作家论三维视角切入，提出苏轼在我国文艺思想史上的最大贡献，在于他论证了文艺创作的最高境界就是主体情性的充分自由的表达，亦即"艺道同一"（本体论）；文艺创造的最佳境界就是合目的性和合规律性的统一的自由境界（创作论）；还论证了"艺道两进"的作家修养问题（作家论）。这一切又都建基于他人生境界的哲学本体论思想之上的，或者说，是在文艺创作领域中的自然延伸与展开。作者探索与建构苏轼文艺思想的"潜体系"的努力，也是值得称道的。

此书论述条贯，行文雅洁，读来惬心称意，时为不少闪光点所吸引。我为苏轼研究的新进展、新成果而欣喜，也期待他们两位续有佳作问世。

（本文原为张惠民、张进著《士气文心：苏轼文化人格与文艺思想》［人民文学出版社，2004年］一书序言，作于2003年11月19日，收入本书时略有改动。）

圆融精妙与意趣猛跃：苏轼散文的文学性

现存苏轼散文的最早选本，是南宋郎晔于 1191 年向宋光宗进呈的《经进东坡文集事略》六十卷，距今正好八百年了。自宋以降，各种苏文选注本继出不穷，对苏文的评赏、研习和传诵历久不衰。近年来，这种情势仍有增无已。这不仅说明苏文一直拥有众多的读者，具有永恒的魅力，而且也说明苏文是一个无比丰富深邃的艺术海洋，经得起人们从不同观念、不同视角、不同层次出发去探索它的奥秘。尽管也有一些不必要的重复选本，但大都各有存在的价值。选本的繁多，可以说是研习像苏轼这样的散文大家所必然出现的文化现象。现在摆在读者面前的孙育华先生的《苏轼文学散文选》，是又一部具有独特的选取观念、新颖的解读视角，融学术性、知识性、鉴赏性为一体的好读本。

正如本书书名所揭示的，突出和强调苏轼散文的文学性，是本书的重要特点。我国文学的最初发展阶段，"文史哲不分家"，散文中的文学作品跟历史、哲学著作很难划分；嗣后的所谓唐宋"古文"，其内涵也主要是在形式方面，即以不拘对偶、声律、用典的散句单行为特征，以与"骈文"相对称。随着文学观念的日趋明确和进步，有必要对这一"混沌"的"古文"遗产进行剖析和研究：它实际上是文学因素和非文学因素相混合的一个复杂系统。由于"古文"在语言、形式上的同一性，这两种因素很难划出一条绝对明确的界限，但这种区分却又具有重要的意义。

一类"古文"，主要是议论说理文，按其质的规定性，并非文学散文，但又包含着很强的民族文化的感染力，其文章的神理、气味、格律、声色、结构、剪裁、用笔、用字等，也有不容低估的美学价值；而另一类"古文"，主要是记叙抒情文，则是文学散文或文学性较强的散文，往往摆脱或淡化应用酬世的性质，表现出自觉的创作意识，使"古文"成为表现、描述现实世界和自己内心世界的艺术样式。

苏轼在我国散文史上的突出贡献正在于极大地加强了散文的文学性，为文学散文的独立发展开辟了广阔的道路。这一点在明代士人中几乎成为共识。袁宏道说："余尝谓坡公一切杂文，圆融精妙，千古无匹活祖师也。惟说道理、评人物，脱不得宋人气习。"（《三苏文范》引）他甚至认为："东坡之可爱者，多其小文小说……使尽去之，而独存其高文大册，岂复有坡公哉！"（《苏长公合作》引）刘士镳《文致序》也说："予犹忆儿时，诵坡公海外游戏诸篇，意趣猛跃，以对正心诚意之言，痛哭流涕之论，则脾缓筋懒，昏昏欲倦。夫所贵读古人书者，借彼笔舌活我心灵。"王纳谏（圣俞）第一个编选了苏轼随笔小品集《苏长公小品》，他在序中说"余读古文辞，诸春容大篇者，辄览弗竟去之"，而对苏轼随笔小品备致倾慕。

我们很容易看出这几位明人的偏颇，但他们的可贵之处在于发现苏轼"古文"中存在两类不同文字及其不同的审美感受，并且异口同声地推崇他的文学散文，特别是随笔小品，比之"高文大册""春容大篇"来，具有"圆融精妙""意趣猛跃""活我心灵"的艺术效应。这是在我国散文研究领域中，文学观念的一种巨大的历史性进步。

本书编者更进而从当今文艺科学的高度来抉择苏文，在4 200余篇全部作品中，选取赋、序、杂说、记、传铭祭文、书牍、题跋杂记、寓言各体散文近120篇，大都是"圆融精妙""意趣猛跃""活我心灵"的优秀范文，活现出一位历经磨难而旷放豁达、节操自守、富有生活情趣的封建社会知识分子的心灵，集中体现了作者对人生了悟的深刻思致，浩瀚精微的感情天地，机智诙谐的非凡智慧，确是一笔可贵的精神财富。

尤其引人注目的，本书编者对苏轼那些言简意赅的随笔小品倾注了更多的热情，入选比例甚大，这也是颇具识力的。这些短章小文，大都信手拈来，随口说出，漫笔写成，却是达到很高文字功力的艺术精品。事实上，短笺、题跋、杂记这些文体，正是经过苏轼的妙手结撰，大力经营，才成为成熟而稳定的文学散文样式，是明代乃至近代小品文发达的滥觞。本书对此的强调首先在选目上体现出来。我们不妨以郎晔的《经进东坡文集事略》的选目加以对勘。郎书就以大量的"进论""进策""表启""奏议""内制""外制"等实用议论文章为重心，几达全书三分之二以上，则可反照出本书鲜明的现代意识。这在目前的苏文选本中还是比较罕见的。对散文文学性的强调，使人们可以更深入地认识苏轼散文的特质，更全面地评估苏文的价值和意义，于今天新散文的创作也能提供更切近的艺术经验。

一部作品的最后完成，不仅取决于作者的精神劳动，而且依赖于读者的鉴赏、接受和补充。这对艺术品位高的作品尤其如此。苏轼散文经历了多少年来不同时代、不同读者的解读、欣赏和选择，形成了对作品无穷的"对话"。明代出现的《百三十二名家评注三苏文范》就是突出的一例。对苏文可以而且应该"常读常新"，新的解读、欣赏和选择是绵延不绝的，这一过程是没有终点的。

本书编者就是本着这种认识而努力于创新和突破。本书对每篇苏文，分别从"注释""集评""评析"三方面进行解读，力求注释详明准确，集评博而不芜，评析独具心得，并注意这三方面的内在联系：注释重在词语训释，解决文字疑难，集评则把古人的领会评赏作为参照系，也是编者自己"评析"的某种基础和思想艺术资料，有时更把古"评"今"析"融会贯通，别出机杼。因而胜义迭见，颇受启迪。尽管有些地方读者还可以作出自己的理解，但这种注释、集评、评析三者有机结合的设计，无疑是经过一番匠心和艰苦踏实的搜集、爬梳、整理的功夫才得以实现的。

忻州乡贤元好问曾说："鸳鸯绣了从教看，莫把金针度与人。"（《论诗三十首》其三）金针（诀窍）秘藏，强调读者自己直接体认作品，这是一种学习方法；本书编者孙育华先生则把金针度人，指引津途，又是一种学习方法。对于初学者，后一种方法是更为适宜的。因而我乐于加以推荐。读者在其引导下，升堂入室，探求苏文艺术宝库的底蕴，获取文学欣赏的愉悦，我想是可以预期的。

（原文为孙育华著《苏轼文学散文选》[山西高校联合出版社，2001年]一书序言，作于1990年9月，收入本书时略有改动。）

从苏诗看宋代士大夫及士大夫社会

　　内山精也教授是一位诚笃踏实而富有创造力的中青年学者，多年来又与中国学人密切交流，倾力相助，获得同道们的衷心称道。他的新著《苏轼诗研究——宋代士大夫诗人的结构》，是他长期从事中国宋代文学研究的结晶，以其富于探索精神的史观、自成一家之言的史识和丰赡厚重的史料，成为他治学道路上的一块界碑，必将引起中日研究界——特别是宋代文学研究界的重视。

　　收入《苏轼诗研究——宋代士大夫诗人的结构》的文章，当其以论文形式初载于各刊物时，我大都已拜读过，现编为四个部分：(一)作为士大夫的苏轼；(二)东坡乌台诗案考；(三)苏轼诗的技巧；(四)苏轼的周围。就显得层次井然，部居适当，把我分别阅读时见到的一山一水、一村一落，联缀成一个逻辑严密、略见体系的完整图像。究其原因，实在于作者心目中已有一个整体把握在，其关键词即"士大夫"，这是对宋代文学创作主体的社会身份的重要认定，具有深远的意义。

　　中国两千多年的传统社会性质，通常判定为"封建社会"，近年来备受诟病，从而提出"君权专制社会""帝制农民社会""宗法地主专制社会"等多种说法，自是学术探讨的正常现象。若从科举制度着眼，宋以后以进士及第者为中心的"士大夫"阶层的形成，取代六朝以降的门阀士族，从而成为政治、法律、经济决策和文化创作的主体，制约并影响着中国传统社会的形态与发展。在这个意义上，若说宋以后的中国进入了成熟的"科举社会"，似无不可。

本书书名为"苏轼诗研究"，副题却是"宋代士大夫诗人的结构"，已经提示出他不是单就苏诗论苏诗，而是着力于从宋代士大夫诗人的知识结构这个新视角来切入；也显示出作者从事宋代文学研究，有个一以贯之的理念，有他潜心求索后而形成的"史观"。这种学术探索精神是每位研究者应该具备的。

作者认为，北宋中后期出现了一批官僚、学者和诗人"三位一体的知识人"，恰与进士科的三项考试项目相对应："帖经"、"墨义"、"经义"（学者型）、"策论"（官僚型）、"诗赋"（诗人型），这就不是偶然的。三者结合正是宋代士大夫的理想范型。作者又进一步分析，此三项从横向比较而言，并非不分主次，而是偏重策论（官僚型）；从纵向发展而言，三者存在此消彼长的变化，直至宋代后期逐渐形成一批科举体制外的士人，即江湖诗人群，逐渐与士大夫诗人原来的理想范型相疏离，而具有别一种新的历史意义。

本书以苏轼为主要论题，但作者不拘执于题下，就事论事，而是在"士大夫""士大夫社会"等理念的引导下，以前后打通的宏阔视野进行考察、探讨，不仅创获甚巨，启人心智，同时也展示出新的学术空间，预示着研究前行的方向。事实上，作者也已着手进行江湖诗人群的全面研究，值得我们期待。

内山教授不仅善于提出一些贯穿全局性的理念与观点，努力使宋代文学研究导向有思想的知识系统，而且在一系列具体问题也新见迭出。用宋人的话来说，既在"大判断"上表现出有探索性的史观，又在"小结裹"上体现出具有深度的史识，并努力于两者的结合，这是本书的又一特点。

浏览内山教授的论文选题，一类是旧题新作，如论王安石《明妃曲》、苏轼"庐山真面目"、苏轼次韵诗词等，均能在前贤研究基础上，适度吸纳接受美学、传播学等理论成果，探究宋代士大夫的心态和审美趋向，虽旧题却仍能给人以耳目一新之感。一类是选取新题，另辟蹊径，如论印刷术与宋代文学关系，在十多年前，尚少有学者论及，内山教授敏锐地予以开发、探讨，尤用力于揭示两者内在的互动作用，又与宋代社会转型问题相联系，开拓了学术视野。要之，从具体论题入手，提炼出理论性命题，深入于实证经验性材料，涵泳搜讨，勤于思辨，从中引出其固有的意义与结论，实是学术研究的基本方式与方法。内山教授的每篇论文，均能达到有新意、有内容、不蹈袭、无空言，端由自具史识所致，难能可贵。

重视史料的搜集与运用，这是日本汉学的突出优点，实其"强项"所在，素为中国学人所钦佩。内山教授受过严格而系统的学术训练，在本书中把这个优点发挥到相当精深的程度。

谨以"东坡乌台诗案"为例。"乌台诗案"是中国文祸史上的著名事件，审判对象竟是一代文豪苏轼，案件涉及上自皇帝、太后、元老重臣、硕士俊彦，下至狱卒、捕快等办案胥吏，纠结于新旧党争和朝野舆论，尤其是留存至今的完整的审案原始档案《东坡乌台诗案》一书，更是史无前例的珍贵资料。这自然引起研究者的兴趣，已有如清人张鉴《眉山诗案广证》之类的著作，今人更多各类论述，似乎难以为继。内山教授却迎难求本真，因难见功力，在其书中用较长的篇幅重勘此案，他梳理了案发、审判、结案的全过程，几乎达到逐日记事、每事必考，剖析毫芒，决不懈怠，又追踪作为机密档案《东坡乌台诗案》的外传途径及其条件，还深入考索此案与社会、政治乃至诗歌观念、印刷媒体等的关涉，就我的闻见而言，是迄今为止描述最详尽、梳理最可信、论述最深刻的成果。这首先得力或者得益于在史料上下了大功夫。他从穷尽式的搜集史料开始，再进行科学排比、细心梳理，并对各条史料的可信度一一作出鉴别，然后才下断语。这一方法，真正做到材料为我所用，而不是成为材料的奴隶，使整部著作显得资料丰富而不芜杂，整理细致而不琐碎，避免了常见的堆垛罗列之病。

中国古代文学研究是日本汉学研究的重要分支，经过一代又一代日本学者的辛勤耕耘，取得了举世公认的成绩，并形成了优良的传统。我在五年前编辑的《日本宋学研究六人集》（第一辑），旨在向中国读者介绍出生于20世纪五六十年代的日本年轻学者的成果，内山教授的《传媒与真相》即是其中的一种。我当时就强烈感受到，这批活跃于当今东瀛学术界和教育界的新锐，他们既继承自己前辈师长们严谨精细的治学风格，而又面对复杂多变的时代风云和学术潮流，吸纳新知，融汇西学，表现出自己的学术新追求，向后世传达出这一代学人的新思考和新祈向。同时也感受到，他们的论著与中国当下学者著作，比之上一辈来，有着更多的对话与碰撞，沟通与融贯，呈现出"和而不同"、交毂互动的良好势头。学术乃天下之公器，内山教授是一位有自觉学术担当的学人，在近"知天命"之年，学识已趋成熟，任重道远，实有厚望寄焉。

（本文原为〔日〕内山精也著《苏轼诗研究——宋代士大夫诗人的结构》〔日本研文出版社，2010年〕一书序言，收入本书时略有改动。）

后苏东坡时代与苏门"和陶诗"

　　宋徽宗建中靖国元年（1101）七月，苏东坡病逝于常州，对他的政治历程而言，未始不是幸事。此年十一月，徽宗即诏改明年年号为崇宁元年，标志着重新推行熙宁之政，打击包括苏东坡在内的元祐党人，政局又将丕变。果然，次年五月，苏东坡还未安葬，即被贬为崇信军节度行军司马，但这第四次贬官已是他身后之事了。苏东坡的早一年去世，使他免去了又一次贬逐之哀与流离之苦，岂非幸事？然而，对于北宋文坛和苏氏家族而言，却确实进入一个艰难的"后苏东坡时代"。文坛失去盟主，家族失去灵魂，士人们普遍从失落而焦虑，力求有所振兴；族人们多方努力，谋求延续苏氏文脉，以维护苏学于不坠，于是演绎出种种眩人眼目、耐人深思的历史故事和文学故事，成为宋代文学与家族关系研究的一个新课题。这个课题充满魅力与富蕴价值，不但可为目前方兴未艾的"跨学科专题研究"的热潮提供新的实例，也必然会丰富研究思维、视角和方法。

　　本书作者原田爱君敏锐地抓住这个好课题，深入开掘，用心拓展，获得了可喜的成绩。面对并不丰厚的前期研究成果和尚待爬梳、整理的零散文献资料，她选择重点突破、以点带面的研究策略，避免概述式的面面俱到的简单罗列，以"和陶诗"为中心就是她的第一个切入点。

　　苏东坡的"和陶诗"是中国文学史上的一个特殊现象。诗人之间互相唱和原是中国文人日常的交游活动，但是，要把前辈作者的全部诗歌尽和殆遍，在东坡之前是绝无仅有的。如果仅仅着眼于诗歌艺术而言，唱和诗必然面对两个难题：一是和作应与原唱保持思想内容上的应对衔接、交流碰撞，以及诗风上的风味相类。然而，和作之于原唱，学不像固然不能称好，学得可以乱真也未必好，实处于创作前提上的两难选择；二是韵律的拘限，如是"步韵""次韵"更有严格的押韵要求，真是"戴着镣铐跳舞"了。深知诗歌真谛的苏东坡自然懂得此理，却自觉选择对陶诗"要当尽和其诗乃已耳"。他说过："古之诗人，有拟古之作矣，未有追和古人者也。追和古人，则始于东坡。"其创作冲动来自"吾于渊明，岂独好其诗也；如其为人，实有感焉"，他自觉地要以陶为师："欲以晚节师范其万一也。"（苏辙《子瞻和陶渊明诗集引》）这说明他和陶渊明之间存在着深刻的精神认同和相似的审美趣尚，即自然任真的理想人格和人生智能层面的深度对话，和他晚年对平淡诗风的倾心追求。这是我们对苏东坡和陶诗意义的一般认识。

我想提醒读者的是，本书作者对于和陶诗现象的解读，并不限于从诗歌领域立论，而是联系宋代"党禁"清洗的大背景，密切结合北宋文坛和苏氏家族在"后苏东坡时代"的遭际，进行了别具识见的阐释。作者以苏轼生前、死后为界，细致地勾画出苏轼生前如何用心良苦地把自己的和陶诗分送给他的门人、亲族、友朋，这样的和陶诗达到九十九首（总数为一百二十四首），仅苏辙一人就收到乃兄六十五首。苏轼自觉地扩大他的和陶诗的影响，渴望引起亲友们的反馈，也果然形成了众声继和的小热潮。本书中都有实证性的一一论列。苏轼还具体要求苏辙把他的和陶诗编纂成集，"以遗后之君子"，视作要传诸后世的名山事业，显然也不仅仅把它看成一次单纯的文学活动。

我们检验和陶诗的内容，一般均是他当时贬谪中的日常情事，看似平淡无奇，不兴波澜，而其内蕴则涉两类主题：一是仕隐或曰出处，一是生死或曰对生命的终极关怀。苏轼和陶诗是从元祐七年（1092）扬州时开始的，虽已关乎仕隐问题，但未形成专门性的创作主题；至绍圣元年（1094）贬至惠州，他才决心"要当尽和其诗乃已耳"，并普遍寄赠，"约诸君同赋"，造成舆论热点。这一系列活动表明：他的和陶诗写作，已从个人一己的抒发扩展到尽可能广泛的群体，体现了他作为文坛盟主的作派和影响力；也说明此非一般性的诗歌唱和，而是元祐党人在横遭折磨打击的困难时期借以相互慰藉和心灵交流，发抒这一特定政治群体在"大清洗"中的心声的重要方式，应看作"苏门"一次特殊的文学活动，而苏轼依然发挥着引领和核心的作用。自然，"苏门"对此事的反应并非铁板一块，黄庭坚就是"苏门四学士"中唯一不写和陶诗的人。虽然他曾高度评价苏轼之作，"饱吃惠州饭，细和渊明诗。彭泽千载人，东坡百世士。出处虽不同，风味乃相似"（《跋子瞻和陶诗》），但当苏辙致函亲邀他参与唱和时，他却未应命。内中情由，颇堪玩索。

苏东坡去世后，文坛和苏氏家族的领袖人物一时发生中断，其实有一位现成的人选，那就是苏辙。苏过《叔父生日四首》其一云："斯文有盟主，坐制狂澜漂"，"手持文章柄，烂若北斗标"，"造物真有意，俾公以后凋"，就是这种愿望的表达。苏辙时居颍昌，处于政治的低谷期，但他仍在推动"许党"新生门人继写和

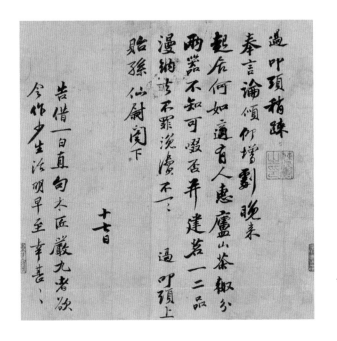

陶诗活动中做了巨大努力。本书作者对此提供了较
为丰富的数据和引人入胜的描述，不少还是第一次
见于引用，多少展现出苏辙领袖群彦的盟主风采。
但他毕竟与乃兄年岁相间的密度太小，还不足以形
成代代相沿的序列（当时士人中也有推举"岿然独存"的张耒为
苏轼继承人选，只不过反映文坛的一种焦虑而已），加之处于政治
上的低谷期，其个人的文学成就、人际关系的亲和
度尚不足与苏轼匹配，因而北宋文坛盟主只能历史
地终结于东坡。本来，某个文坛的形成和盟主的出
现，是多种政治社会条件和盟主个人综合素质交互
作用的结果，而不是人为刻意制造的。

"一门父子三词客，千古文章四大家"，作为文化家族，苏氏一族在"贵经术而重氏族"的眉山地区首屈一指，蜚声海内外，其地位和影响远胜于同时的澶州晁氏、临川王氏、南丰曾氏等。苏洵十分重视氏族的建设，他撰作的《苏氏族谱》与欧阳修的《欧阳氏族谱》，发凡起例，开创了宋代族谱编纂的先河。苏轼的家族观念也根深蒂固，在他诗文中多有表露。在海南所作《和陶郭主簿二首》中，记叙他偶听幼子苏过朗读诗书，"诵诗如鼓琴"，就联想到自己四十年前，因吟诵诗书而得到父辈的称赞，不由得使他"追怀先君宫师之遗意"，入夜还梦见两位孙子。这个"遗意"就是"家世事酌古，百史手自斠"的苦读精研的旨趣。从一个偶然性的日常经历，能联想到与父、子、孙四代人的关联，充分说明家族文脉的传承和延续，始终是苏轼念兹在兹的情结。在苏轼去世后，苏辙在颍昌聚集苏氏家族近二百余口，传为一时盛事。他亲自教育子、孙两代，现存苏籀所辑《乐城先生遗言》即可见谆谆教诲的情景，他并叮嘱"传诸笔墨以示子孙"。他为"诸子才不恶"《示诸子》而感到自慰，又以"少年真力学，玄月闭书帷"《示诸孙》相励，都表现出力求文化世家绵延不衰的自觉性。

比起晁氏、王氏、曾氏等家族来，眉山苏轼一族有几点特征更较突出。一是子嗣繁衍，家族成员众多。苏轼、苏辙各有三子，苏轼有十三孙，苏辙有九孙，两人的曾孙、玄孙辈已不能详知，可谓绵绵瓜瓞，人丁兴旺，属于绵延长久型的家族。"君子之泽，五世而斩"，而苏氏却是少见的例外，便于从历时性上考察家族的发展和演化。二是地域的展延性较广。二苏后人分布大江南北，主要有许昌、眉山、宜兴、婺州四支。眉山乃其发祥地，许昌和宜兴分别是二苏终焉之地，均留有子脉。苏迟迁官婺州，开创浙东一支，也颇令世人瞩目。区域扩展和联动，有可能发展出更为广泛的人际网络关系，增加文人交游的频率和深度，也使整个家族具有面向全社会的开放性。三是家族成员多具文化修养和文学才能。二苏后代在当时士人心目中均留下能够继承家风的良好印象，"况其子孙，且有典型"，"尚有后昆，克绍其门"，"学有家法"之类的评语，随处可见。虽然他们之中很少大家、名家，但都保持相当的水平。其中如苏过，有"小东坡"之称，其《斜川集》亦有不俗的成就。

钱穆先生有言："家族是中国文化的一个最主要的柱石。"苏氏家族应是极具研究内涵的个案。深入探讨其社会功能和文化功能，尤其着重其文人交游网络中所蕴含的信息，对促进文学生产的互动和激励，就是一个值得关注的方面。即使是家族内部的文化教育和文学训练，乃至文献图书的整理和积累等，也有开发的空间。事实上，近年来也获得了一些成果；限于材料的分散，这些成果只能说是初步的。原田爱君的这部著作也不是全面的系统性著作，她仍然采取以重点专题切入的方法，从一个侧面来揭示苏氏家族与文学关系的面貌，即二苏文集的系统整理、刊刻、传布的研究，成为本书的第二个切入点。

本书作者花费巨大精力，钩沉阐幽，细致地推原出二苏后人对先人文集编印的全过程。苏轼文集在他生前已初步编纂，但遭遇党祸，毁版禁行。后人们抓住政局转变的有利时机，适应高宗、孝宗对苏轼文学的爱赏，及时重新编印。其中苏过的编纂和讲释，两位曾孙苏峤、苏岘的刻印，均产生重大的作用和影响。从本书描述中，我们看到苏轼的文集如何从苏轼本人开始，延及苏过、苏峤、苏岘等几代人不懈的努力，才获得颇为完善的面貌，强烈地表达了对家族文化资源的坚守与坚持。书中还讨论到苏峤编印《东坡别集》，前此还少有学者论及。苏岘参与刻印《许昌唱和集》，内收他祖辈苏过、苏迨的作品，论叙也颇为详尽。苏诩为曾祖苏辙编印《栾城集》，也功不可没。这都体现了家族的凝聚力和自豪感，以及恐坠家声的忧患意识，而对传播苏氏文化而言，却是功在千秋的大事，直到今天，我们仍在享用他们的劳绩。

原田爱君此书内容丰富，涵意深长，我仅就两个"切入点"说开去，借以表述我对文坛盟主、家族文化问题的一些想法，不当之处难免，敬请读者教正。同时期望本书作者以此为良好开端，继续精进，贡献出更好的成果。

（本文原为［日］原田爱著《苏轼文学的继承与苏氏一族》［日本福冈中国书店，2015年］一书序言，作于2014年10月，收入本书时略有改动。）

苏东坡：值得毕生探求的课题

拙著《苏轼其人与文学》（即《苏轼传稿》）一书是导读性的普及读物，我为有机会将它介绍给日本读者而感到由衷的高兴。

我把苏轼作品当作研读对象，始于大学时代。当时，我被他那种文学艺术上的"全才"特点所吸引。在他的闳博的文化知识、成熟的艺术技巧、丰富而复杂的人生经验面前，在无限广阔、难测其深的"苏海"面前，我错愕、惊叹。苏轼是北宋时期文化全面繁荣的杰出代表，也是中国文化长期发展的历史结晶，因而是值得我毕生探讨的研究课题。随着时间的推移和个人生活体验的积累，我对苏轼的思想和性格产生了越来越浓厚的兴趣。苏轼历经坎坷沉浮，虽处逆境仍不失去对生活的信念，继续坚持对美好事物的追求。这在中国古代知识分子中是具有代表性的一大典型。这本小书就是基于对苏轼的这种认识而写成的。

苏轼的名字对于日本的读者并不陌生。早在五山时代就有专门的"坡诗讲谈师"。我这次作为客座教授来日本东京大学任教，有幸读到了五山时代的诗僧们所编的《四河入海》百卷本。他们对苏轼做了非常详细的解释，其刻苦钻研的情景，在五六百年后的今天，仍令我历历如在目前。日本现代的苏轼研究，也取得了很大的成就，涌现出众多的著名学者，出现了一些价值颇高的论著，这些都给我留下了难忘的印象。

文学是无国界的，像苏轼这样的文学家，不仅属于中国，更是人类共同拥有的精神财富。本书日译本的刊行，如果能让更多的日本读者熟悉和理解苏轼及其作品，并对中日两国的文化交流产生一点促进作用的话，我就感到非常荣幸了。

（本文原为王水照著，山田侑平译《苏轼其人与文学》[日本日中出版社，1986年]，即《苏轼传稿》日译本自序，作于1986年3月，收入本书时略有改动。）

苏东坡究竟长什么样

　　读者诸君在看完这部几十万字的传记以后，不知是否会产生一个问题：苏东坡究竟长得什么模样？笔者在写作过程中对这问题倒是时时萦绕脑际的。苏东坡同时代的画家如李公麟、程怀立、何充、僧表祥、妙善及道士李得柔等，都曾为他画过像，但真迹至今都已亡佚，沉晦无闻。清初著名学者翁方纲鉴定过的《东坡扶杖醉坐图》，我认为此图比较接近苏东坡的原貌。这幅图像据传是依照李公麟的原画，由翁方纲请友人朱野云临摹的。黄庭坚《跋东坡书帖后》说："庐州李伯时（即李公麟）近作子瞻按藤杖，坐盘石，极似其醉时意态。此纸妙天下，可乞伯时作一子瞻像，吾辈会聚时，开置席上，如见其人，亦一佳事。"此幅画像与黄庭坚所说的"按藤杖""坐盘石""醉时意态"是吻合的，但朱野云所临摹的是否为李公麟原画，还是需要继续考证的。然而，此画的东坡形象，比照苏东坡本人和当时其他人的有关记载来看，恰是完全相符的。依据这些记载材料，苏东坡的容貌、身材特点是：

　　（一）身材颀长。苏东坡和弟弟苏辙都是高个子，苏辙说过"颀然仲（轼）与叔（辙）"（《次韵子瞻寄贺生日》），苏东坡写给苏辙的诗，有"观汝长身""身如丘"句子（《次韵和子由苦寒》《戏子由》），别人也说苏东坡跟他弟弟一般高："江边父老能说子（辙），白须红颊如君（轼）长。"（苏轼《吾谪海南，子由雷州……》）最直截了当是苏东坡自称"七尺顽躯走世尘"（《宝山昼睡》），他的朋友孔武仲也明确描述他为"颀然八尺"（《东坡居士画怪石赋》），"七尺""八尺"，总是算高身材了。

（二）眉疏目朗，眼神尤为炯然有光。这也见于孔武仲的《谒苏子瞻因寄》："紫瞳烨烨双秀眉。"

（三）颧骨高耸，两颊清瘦。苏轼的名篇《传神记》，说到他"于灯下顾自见颊影，使人就壁模之，不作眉目，见者皆失笑，知其为吾也"。仅从颧颊的影廓中即能辨认出是苏轼，说明他颧骨的特征最为显著突出，若是团团福相就不可能这样的了。

（四）面容长形如圭，上下一方正、一尖圆。这见于米芾《苏东坡挽诗五首》其一："方瞳正碧貌如圭。"

（五）尤其重要的是须髯颇稀，后世多画成络腮胡子者，实离真像甚远。明人李东阳、清人翁方纲都分别指出"其多髯者妄也"，"世间所传丰颐多髯者非真也"（分见《题宋诸贤像后》《跋坡公像三首》）。可举一则笑话为证。据《邵氏闻见后录》卷三十所载：秦观多髯，苏轼取笑他。秦观机智地说："君子多乎哉！"借用《论语》成句，表明"多髯"者乃是"君子"。苏轼立即打趣说："小人樊须也。"也用《论语》成句，说明"繁须"（与"樊须"谐音）者却是"小人"！这则笑话正表明苏轼自己不是"多髯"。

朱野云临摹的这幅画，完全符合高身材、长脸型、颧骨突出、两颊清瘦、胡须颇稀的特点，只是描绘的乃是"醉态"，目光自然不能炯炯有神了。

我们详细地叙述上述情况，除了对此怀有兴趣以外，还想借以说明本书写作的两个原则。第一，我们没有采取目前颇为流行的"戏说"写法，特别是在一些影视剧中的历史人物，与真实情况相去颇远，甚或毫不相关（从娱乐或寄托某种理念出发，"戏说"作为一种手法，也有它存在的理由）；我们坚持"无一'事'无来历"的宗旨，凡所讲述到的苏轼种种事件，包括一些细节，均有文献根据，绝不凭空编造。读者从我们对苏轼容貌、身材的考辨中，也可以看到我们写作态度的严肃与认真。但要说明两点：一是有些事件和故事，我们所据的是宋人的一些笔记，其中所记的遗闻逸事，有的未必可靠；但它们毕竟是产生于同时代的传说，因而在不完全真实的材料中，仍然保留着真实的时代风气、氛围和风俗习惯，有的固然属于并没有发生过的事情，却是有可能发生的事情。二是我们坚持"无一'事'无来历"，却不主张"无一'字'无来历"。也就是说，在追求某一事件、故事、情节在时、地、人的真实性的基础上，允许做一些合理的想象和推演，以表示笔者对这些事件等的个人理解，也使此书具有生动性与可读性。本书基本上是一部苏轼传记的"信史"，读者可以放心地"信以为真"，但也存在有限度、有节制的虚拟。我们能做到这一点，实在有赖于有关苏轼的种种材料，在他本人和其他宋人的笔下，原已十分丰富、鲜活，无需我们再作太多的虚构了。

第二，我们对苏轼的容貌、身材怀有兴趣，并认为在他的传记中提及此事也并非多余、离题，但又没有放在正文中来展开叙述，这是因为本书取材的重点在于苏轼本人的作品，尤其是他的诗、词、文、赋等文学作品。我们按苏轼从降生、出仕、贬谪到辞世的先后顺序，渐次展示他一生曲折坎坷而又丰富多彩的生活道路；但又以他的文学创作作为全书的基本架构，因为苏轼的大量文学作品是他一生最真实的形象写照，也是他思想、胸襟、性格的最生动的体现。我们期待读过本书的朋友，在了解苏轼一生经历的同时，也能欣赏到苏轼的充满艺术魅力的文学精品，获得一次切实的审美享受，从而更深入地认识苏轼的思想和人格。——也许是我们的一点奢望吧。

（本文原为王水照、崔铭著《苏轼传：智者在苦难中的超越》〔天津人民出版社，2000年〕后记，作于1999年3月，收入本书时略有改动。）

下篇　王水照讲东坡诗词文

叁

东坡诗词讲解

▶ 明文徵明《林榭煎茶图》

和子由渑池怀旧

人生到处知何似？
应似飞鸿踏雪泥。
泥上偶然留指爪，
鸿飞那复计东西。
老僧已死成新塔，
坏壁无由见旧题。
往日崎岖还记否，
路长人困蹇驴嘶。

▶ 元佚名《东坡骑驴
图》 美国大都会
艺术博物馆藏

宋仁宗嘉祐六年（1061），苏东坡赴凤翔府签判任，其弟苏辙送他到郑州分手，自回汴京侍奉父亲苏洵，作《怀渑池寄子瞻兄》一诗。本篇即是苏东坡的和诗，当作于他过渑池之时。主旨是从"怀旧"抒写深沉的人生感慨。

　　前半首径直发大议论、大感叹。苏辙原唱开头说："相携话别郑原上，共道长途怕雪泥。"苏轼即承"雪泥"引发，变实写为虚拟，创造出"雪泥鸿爪"的著名比喻。这一名喻意蕴深曲，一方面表现了作者初入仕途时的人生迷惘，体验到人生的偶然和无常，对前途的不可把握；但另一方面，却透露出苏轼独特的人生思考：把人生看作悠悠长途，所经所历不过是鸿飞千里行程中的暂时歇脚，不是终点和目的地。苏东坡对人生的思考，总是跟具体的生活感受和经验密切相连，并大都伴随着生动的形象，而不作抽象的思辨和推理，因而，他的有关诗作，就不是质木寡味的说教，而是充满情韵和理趣，启人心智，发人寻味不尽的。此外，这四句在风格上也一气贯注，生动流走。三、四两句依照律诗常规应作对仗，在意义上一般要求上下相对或相反。但苏诗却一意相承，语义连贯。纪昀云："前四句单行入律，唐人旧格；而意境恣逸，则东坡本色。"（《纪批苏诗》卷三）所谓"单行入律"，即指上下句不构成意义上的对立，而是各具独立性，却又语气一贯，造成奔逸畅达的气势。

　　后半首即落实到题目中的"怀旧"，怀念五年前的往事。嘉祐元年（1056），苏轼兄弟在苏洵带领下第一次由蜀赴汴京应举。他们途经渑池，投宿于老僧奉闲的古寺，曾在壁上题诗；而今再过，老僧凋谢，题壁无踪。又想起他们经过东崤、西崤时，所乘之马死去，只得租赁跛足之驴来到渑池。这里所写三事皆寓对比之意："老僧"已死，犹有瘗藏骨灰的"新塔"，比之"旧题"的完全消损，略胜一筹；往日从西至东经渑池去汴京，一段"崎岖"经历，比之今日由东往西赴凤翔任职，似也包含一番辛酸和慰藉的对照。

凡此种种的事过境迁，人事变幻，在在印证和加强前半首"雪泥鸿爪"的人生飘忽无定之慨。然而，东坡对人生无常性的深刻体验的本身，往往同时蕴含着对无常性的省悟和超越，我们细细咀嚼"往日崎岖"四字，当会有所领会："崎岖"毕竟成为过去！在他的其他诗篇中，更从人生是流程的思考出发，明确表达对未来充满希望的热忱。

六月二十七日望湖楼醉书五首
（其一、其二）

黑云翻墨未遮山，白雨跳珠乱入船。

卷地风来忽吹散，望湖楼下水如天。

放生鱼鳖逐人来，无主荷花到处开。

水枕能令山俯仰，风船解与月徘徊。

▼ 南宋李嵩《西湖图》 上海博物馆藏

这组诗写于宋神宗熙宁五年（1072），时苏东坡任杭州通判，原共五首，此选第一、二首。望湖楼，为五代时吴越王钱氏所建，又名看经楼、先得楼，在西湖边。

苏东坡在杭州时，陶醉于西湖秀丽旖旎的景色，写了许多脍炙人口的名篇佳作。他的写景诗的一个特点，是习惯于用动的眼光观赏自然，因而作品富于腾挪跌宕的气势，反映出生生不已的自然生机和活力。这里的第一首即是如此。诗写夏天西湖的一场暴雨，即乡谚所谓"阵头雨"。四句诗振笔直遂，迅捷地勾勒出三个过程：云起而雨降，风来而天晴，雨过而水清。三个过程环环相扣，层层衔接，因而每句诗都含有很强的内在张力，都写出一种"包孕的时刻"：每一时刻的景观本身又包含下一时刻的另一景观。云起、雨降、风来、放晴、水清，层次分明而又跃动向前的过程，满足人们追求灵动、圆满的心理要求和审美要求。

这种艺术追求还体现在遣辞造句、设色修辞上。以"翻墨"谓"黑云"，以"跳珠"言"白雨"，重彩浓色，犹如一幅气韵淋漓的泼墨画卷；"黑云"还来不及把山遮全，大雨即降，传神地描绘了风云变幻之突然，并贴切地写出南方"阵头雨"的实景；写瓢泼暴雨，用"跳珠"、用"乱"字，亦见善譬妙喻，连苏轼自己也不免惊喜于得句之奇。十五年后他再来杭州时，又写诗说："还来一醉西湖雨，不见跳珠十五年。"（《与莫同年雨中饮湖上》）首两句对仗工整稳妥，但其飞动之气势，奇警之情采，使人们感觉不到作者的琢磨之工，用心之细，确实不同凡手。

从"白雨跳珠乱入船"句来看，这首诗的作者似在船上，首两句是从船上取景的；但后两句的视点却有所转换：从望湖楼上眺望湖景。卷"地"之风，是俯视；水天一色，是远眺。柳宗元《别舍弟宗一》："桂岭瘴来云似墨，洞庭春尽水如天。"上句写柳州之山，下句写由柳州赴江陵途中之景，是泛指性的设景。李贺《贝宫夫人》："秋肌稍觉玉衣寒，空光帖妥水如天。"则以深秋水天一色来写仰视神女像时的寒冷之感，这是幻觉之景，苏轼的"水如天"却是即目实景：开阔旷远，衬托出雨后湖上的一派清新，胸襟为之一爽。而其视点的灵活转换，也是动态美的一种表征。

　　与前一首的强烈、动荡相比，后一首却呈现出幽雅、轻柔的风采，但同时也表现为以静寓动的视点特征。宋真宗、仁宗时，杭州的地方官王钦若、沈遘等人几次下令以西湖为放生池，禁捕鱼类，为皇帝祈福；这也保护了湖面，使菱芡等物成了"无主"的野生植物。头两句写"鱼鳖逐人"、野生荷花盛开，正表现了人与自然野趣的相亲相悦。尤其是后两句，更进一步表现了这种拥抱自然、与山水风月融为一体的精神境界，反映了作者对自然的由衷认同。"水枕"，铺在水面（船上）的枕席；"风船"，随风飘移的船。这两句说，人躺在船上观看群山，群山随船起伏上下；船随风飘移，好像与月亮一起同步漫行。苏轼《出颍口初见淮山，是日至寿州》"青山久与船低昂"，《李思训画长江绝岛图》"孤山久与船低昂"，皆同一机杼。同一意象的反复运用，和上首的"跳珠"一样，说明是苏轼自己认为的得意之笔，也反映了他独特的自然观：自然山水不是冷漠地存在，而是仿佛具有灵气的知己，投射诗人感情的对象！

新城道中二首（其一）

东风知我欲山行，吹断檐间积雨声。

岭上晴云披絮帽，树头初日挂铜钲。

野桃含笑竹篱短，溪柳自摇沙水清。

西崦人家应最乐，煮芹烧笋饷春耕。

▶ 南宋马和之《豳风图》 故宫博物院藏

新城，在杭州西南，宋时是杭州属县（今浙江富阳新登镇）。宋神宗熙宁六年（1073），苏东坡作为杭州通判（知州的副长官），巡视杭州所属各县，在赴新城的路上写下了这首七律。诗中描绘了山行途中清新秀丽的春色和繁忙欢快的春耕景象，流露出他对这种淳朴自然的山居生活的向往之情。

起首二句写清晨启程之际，吹来习习清风，雨声渐渐歇止，久雨放晴。好天气给准备旅行的苏东坡带来了好心情。为了突出这种愉悦的心情，无情的自然现象在其笔下都具有了情意：连日不断的积雨，竟是东风知道了他"欲山行"，才特意吹断的，真是浮想联翩，妙语成趣。这里把"东风"拟人化，"知"字原是知道、理解的意思，还有知趣、作美的含义。不仅一扫原先春雨连绵，不能出门的苦恼，而且为全诗欢快的情绪定下了基调。这两句点明作者出行时风吹雨停的特定景色和由此逗引起的喜悦心情，以下各句即进入途中所见所闻的具体描绘了。

苏东坡兴致勃勃，边行边赏。中间四句说，只见远处山岭飘缀着似断似连的薄云，仿佛给山头戴上了一顶棉絮帽；一轮初日冉冉上升，很像挂在树梢上的一面铜钲。接着又见野桃烂漫，竹篱低矮；柳枝婀娜，溪水清澈，一派春意，无限春光。"岭上"两句写日出，是仰视所见；"野桃"两句则写日出以后，是平视所见。时间递进，视角变换。"岭上"两句扣紧"山行"和"吹断雨声"，是承前；"野桃"两句则已是平地的村落景致，"竹篱"暗示有人家居此，为最后两句作铺垫，是启后。

最后两句从景物转写人事，时间已近正午。西崦，指西山地区。饷，指送食物。这两句说，西岭上的人家，男子耕作，妇童饷耕，粗菜淡饭，甘美可口，而自食其力。在东坡眼里，山民简朴自然的生活是天底下最快乐的生活了。

　　这首诗写半日行程情事，四联分写日出前、日出、日出后直到正午，层次井然。而全首的内容主要突出一个"乐"字："东风"多情，雨过天晴是乐；春云春阳，明丽和煦是乐，野桃含笑，柳枝能舞是乐；而"西崦"人家的春耕饷耕，作者径直发出"最乐"的礼赞！这些景物和人事都通过作者的主观感受而融为一体。

　　在写作手法上，作者善于利用平凡的东西来作比喻。"铜钲"是古代的一种打击乐器，有柄，形如钟、铃之类，它和"絮帽"一样，在当时都是常见之物，作者用以比喻"日"和"云"，显得新奇独特，化俗为雅。"野桃"一联，纯用拟人手法，前人推许为"铸语神来"，确为神来之笔。

有美堂暴雨

游人脚底一声雷，满座顽云拨不开。

天外黑风吹海立，浙东飞雨过江来。

十分潋滟金樽凸，千杖敲铿羯鼓催。

唤起谪仙泉洒面，倒倾鲛室泻琼瑰。

▼ （传）五代十国董源《夏山欲雨图》局部　台北故宫博物院藏

这首律诗是咏杭州夏季的暴雨。苏轼在诗中绘声绘色地描摹了一幅波澜壮阔、气势浩大的江上雨景。

开头两句描写暴雨欲来时的景象。低雷为暴雨的先驱，浓云是大雨的征兆，雨势之猛、之大已可预想。从中也透出一种剑拔弩张的力度和紧张感。颔联夸张地描写风雨交加、如晦如冥之景：海面（即指钱塘江的江面）竖立，暴雨横泻，惊心动魄，令人咋舌。此联是苏诗中的名联。陈衍《宋诗精华录》卷二说"三句尚是用杜陵语，四句的是自家语"，的确如此。前句"吹海立"，出自杜甫《朝献太清宫赋》的"九天之云下垂，四海之水皆立"；后句则是苏轼依据眼前实景而锻造的独创之语，与前句"吹海立"浑然一体，体现了他熔古铸今的高超手段。（旧注谓此句为唐殷尧藩《喜雨》中的成句，有学者考证，殷诗是明人造作的一首伪诗。）颈联用两个新颖奇特的比喻，传递出面对江雨的独特感受：江面水势猛涨，似突过江岸，犹如杯中斟满之酒高出杯面；急促有力的雨点声恰似咚咚作响的击鼓声。尾联化用典故，巧嵌比喻，由景入情，从雨到人。传说，唐玄宗命李白作诗，而李白时已喝醉。玄宗让人水洒其面令醒；李白醒后，"顷之成十余章"。苏轼视暴雨为清泉，是诗人李白（也是苏轼自己）倾泻琼瑰美玉般清辞丽句的诱发因素。暴雨不再是可怕之物，表达了作者的雄豪胸襟。

这首律诗的主要特点在于苏轼善于抓住当时当地的特征，运用纵横飞宕、腾挪雄奇的笔力，淋漓尽致地描绘了雨势的壮阔，并进一步写出观雨者——苏轼自己的豪放雄健的心境。首先，作者观赏的是江上暴雨，因而诗中交织地描写暴雨倾泻和江水猛涨，江、雨混而为一，以江水的汹涌衬托雨势的浩大。其次，作者是坐在山上的有美堂观赏雨景的。诗中的描写也充分体现了这种俯观的视象特征：雷起脚底、云绕身旁，似虚似实，既含夸张之笔，又不乏地势根据。更为重要的是，这种俯视不但是视角上的，更是心理上的。以江水为美酒，以暴雨为引发诗文创作的契机，渲染了作者心中吞吐万物、蔑视一切的气魄和胸襟。豪杰壮阔，既是暴雨的特征，更是苏轼自身精神面貌的写照。

百步洪二首（其一）

长洪斗落生跳波，轻舟南下如投梭。

水师绝叫凫雁起，乱石一线争磋磨。

有如兔走鹰隼落，骏马下注千丈坡。

断弦离柱箭脱手，飞电过隙珠翻荷。

四山眩转风掠耳，但见流沫生千涡。

崄中得乐虽一快，何意水伯夸秋河。

我生乘化日夜逝，坐觉一念逾新罗。

纷纷争夺醉梦里，岂信荆棘埋铜驼。

觉来俛仰失千劫，回视此水殊委蛇。

君看岸边苍石上，古来篙眼如蜂窠。

但应此心无所住，造物虽驶如吾何！

回船上马各归去，多言譊譊师所呵。

宋神宗元丰元年（1078），苏东坡时任徐州知州，其友人王巩来访，曾游徐州城南的百步洪（洪，即碛，拦水的堰）。一个月后，王巩已离去，苏东坡与僧人参寥重游于此，作本篇。原共两首，第一首送参寥，第二首追送王巩，本篇即为第一首。

本篇分前后两段：从开篇到"何意水伯夸秋河"十二句为前段，主要是写景。"我生乘化日夜逝"至结尾十二句为后段，主要是说理。前后又缩合紧密，理从景出，景寓理趣，融成有机整体。劈头四句即写出一幅水流湍急、轻舟飞下、水道狭窄、两岸乱石嵯峨的舟流图。船夫的高声惊叫，野鸭大雁的蓦然起飞，更烘托出紧张惊险的气氛，使人不敢舒气逼视。紧接"有如兔走鹰隼落"四句，一连用七八个比喻来形容水流的急速，勾魂摄魄，精光熠熠，引起过无数诗评家的惊服。

南宋洪迈首先注意苏轼运用"博喻"的特点："韩苏两公为文章，用譬喻处，重复联贯，至有七八转者。"（《容斋三笔》卷六"韩苏文章譬喻"条）清代查慎行认为："联用比拟，局阵开拓，古未有此法，自先生创之。"（《初白庵诗评》卷中）纪昀补充说："一句两比，尤为创格。"（《纪批苏诗》卷十七）的确，博喻的运用，造成了雄放奇纵的艺术风格，使读者对轻舟在急流中飞驶之疾留下了过目难忘的印象。

"四山眩转"两句又进一步从乘船者的角度强化这种印象：周围群山似在旋转，令人头晕，两耳唯闻风声，双目但见众多旋涡。"峡中得乐"两句是说：这种强刺激极大地满足了游兴的快感，但实在不必炫耀，否则，与"河伯"（河神）夸耀自身的短见陋识没有什么两样。《庄子·秋水》说，秋天河水大涨，河面开阔，河伯"欣然自喜，以为天下之美为尽在己"，后来遇到海若（海神），见到海面的浩瀚宽广，自惭不如。这里借用这个典故的丰富意蕴，把前面着力描写的"险""乐"一笔扫倒，从而为后半首的议论做了很好的铺垫。

后半首的议论围绕以下三点展开：一是眼前之景，即百步洪水流的湍急，诗中以此作为议论的反衬和对立物；二是慨叹"追怀曩游（即王巩等第一次游赏）已为陈迹"（见苏轼为此诗所写的自序），则又不无人生飘忽无常之感，但重要的是寻找解脱；于是第三，此诗所赠对象为僧人参寥，正好借助佛理禅趣以实现自我超越。其主旨是说：人们只要把握自"心"，就能超越造物的千变万化；保持自我的意念，就能超越时空的限制而获得最大的精神自由。

"我生乘化"两句说：我的人生像流水一样永远顺随自然而日夜奔驰，但比之意念之速仍不足道。《景德传灯录》卷二十三说，一念之间可以越过新罗国（今朝鲜）。"纷纷争夺"两句说：世上的一切纷争攘夺，犹如一场醉梦，皆为虚无，所谓"荆棘埋铜驼"之类的巨变传闻，也实在难足凭信。《晋书·索靖传》记索靖颇具远见，预言天下将乱，对着洛阳宫门外的铜驼说："再见到你时，你一定已在荆棘丛中。"后因以"铜驼荆棘"喻指世事巨变。苏诗却反用其意，谓人世如梦，连这类巨变亦属虚幻不真。"觉来俛仰"两句进一步说：人的意念在俯仰之间就会发现时光流逝已千年万载，反视百步洪的湍急流水，实在是从容安闲得很了。"俛仰"即俯仰之"劫"，佛语，人世间成坏一次为一劫。"委蛇"，从容的样子。"君看岸边"四句说：百步洪两岸篙眼如蜂窠，表明有多少行客经过，但俱成"陈迹"；只要人们把握自心不动不变，造物的变化也就与我丝毫无关，不必为此感伤。"此心无住"，亦佛家常语，"住"即执著。人心不为外物所拘牵，自能超脱。以上几层意思，都采用正反对说的思维形式，表现出辩才无碍、灵通透脱的哲理了悟和体验，并又结合着百步洪的流水和游踪，因而密切照应前段，构成全篇整体。

　　结尾"回船上马"两句戛然而止，既点明此诗所赠对象的身份，又进一层以禅理作结。禅宗以不立文字为第一义，"多言"便落入俗谛。上述诗中所表达的那番了悟和体验，实已直抉玄理，表明一切，足以受用寻味了。"师"，即僧参寥。

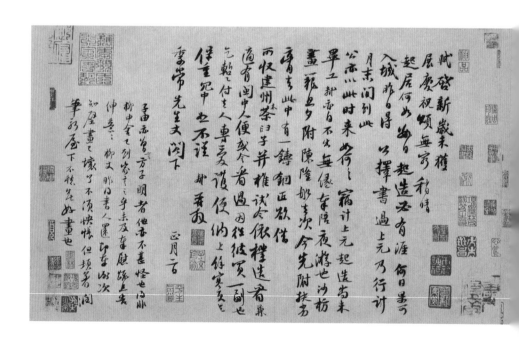

陈季常所蓄朱陈村嫁娶图二首

何年顾陆丹青手，画作朱陈嫁娶图。

闻道一村惟两姓，不将门户买崔卢。

我是朱陈旧使君，劝农曾入杏花村。

而今风物那堪画，县吏催钱夜打门。

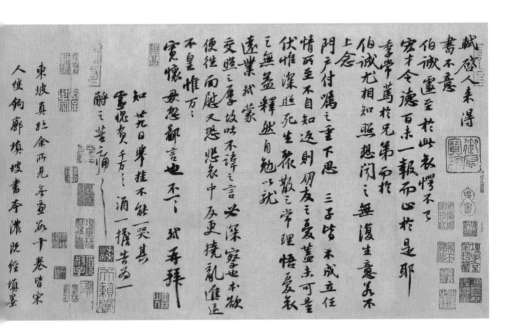

▶ 北宋苏轼《新岁展庆、人来得书帖》 故宫博物院藏

宋神宗元丰三年（1080）正月，苏轼经历了险遭不测的"乌台诗案"之狱以后，贬赴黄州。途经岐亭（今湖北麻城），在陈慥家中作此诗。陈慥，字季常，苏轼的老友，在黄州时期两人过从甚密，苏轼曾为他作《方山子传》。"朱陈村"，在安徽萧县附近深山之中，一村仅朱、陈两姓，世为婚姻，民俗淳朴。白居易有《朱陈村》诗："一村惟两姓，世世为婚姻。""生都不远别，嫁娶先近邻。"写出封闭自足、静谧和平的原始农村风貌，颇为时人所向往，甚至成为绘画的题材。五代前蜀人赵德元即画有《朱陈村图》（《益州名画录》卷上）。

这是两首题画诗。苏轼的题画诗大致有两种写法：一种是直接地再现画面形象，着力于描摹的细致逼真，使人吟诵一过，如亲观其画；或在描摹画面形象的基础上，再作引申、渲染、想象，以构筑诗的意境。一种是借题发挥，由画面引发议论，抒发感慨。这两首绝句属于后一种，都寄寓了对现实社会风尚和政治时弊的感叹和不满。

第一首头两句平平叙题，陈慥所藏此画，不知何年何人所作？"顾、陆"，顾恺之、陆探微，晋代名画家，擅长人物。这里喻指赵德元一类的画家。后两句即抒慨：朱陈村民俗淳古，两姓为婚，不涉利势，不去高攀名门大族。"崔、卢"，唐代两大望族，这里泛指富贵人家。这表现了作者对原始民俗的由衷热爱，对奔逐名利世态的憎恶，反映了作者淡泊自守、崇尚自然真趣的情操。

第二首从自我追忆叙起。苏轼曾任徐州知州，故称"旧使君"（使君原是汉朝太守的别称，宋朝的知州相当于太守）。他曾因"劝农"到过与朱陈村相连的杏花村。后两句笔锋一转：如今县吏夜半催钱聚敛，这个宁静怡乐的"世外桃源"早被打碎，"那堪画"即"不堪画"了。这表明遭受"乌台诗案"打击、刚刚出狱的作者，仍不改初衷，满怀忧民、敢言的政治热情。

两首诗的重心都在最后一句。看似冷冷拈出，实则无法掩饰作者内心的激越不平，颇有举重若轻、以淡语见警策之妙。

汲 江 煎 茶

活水还须活火烹，自临钓石取深清。

大瓢贮月归春瓮，小杓分江入夜瓶。

雪乳已翻煎处脚，松风忽作泻时声。

枯肠未易禁三碗，坐听荒城长短更。

▼ 明文徵明《林榭煎茶图》局部　天津博物馆藏

茶文化是中国传统文化的独特内容之一。特别自唐宋以降，品茗跟饮酒、书画、金石鉴赏等，日益成为文人学子日常生活的不可或缺的部分，对他们的思想、性格、情趣产生重要的影响。唐陆羽《茶经》、宋蔡襄《茶录》、宋徽宗赵佶《大观茶论》等专著的出现，是茶文化成熟的标志，众多的茶诗更为茶文化增添了异彩。

苏轼这首茶诗作于宋哲宗元符二年（1100），时贬居"天涯海角"的海南岛。此诗展现出作者善于从日常生活中发掘情趣和诗意的心灵，反映出宋诗题材日益走向生活化的普遍倾向。

这首律诗有两个显著的风格特点：一是细腻深婉，二是清新洒脱。开头四句写"汲江"。"活水"即指江水，活火即旺火，两"活"相配，乃茶事所"贵"。苏轼《试院煎茶》诗说："贵从活火发新泉。"这是品茗行家的经验之谈。"自临钓石取深清"一句，据写过不少茶诗的南宋诗人杨万里的分析，这句"七字而具五意：水清，一也；深处清，二也；石下之水，非有泥土，三也；石乃钓石，非寻常之石，四也；东坡自汲，非遣卒奴，五也"（《诚斋诗话》）。这样的分疏阐发，可能有失琐细、割裂，但也不能不承认抓着了本篇刻画细腻的特点。"大瓢"两句，说白了，不过是指两个动作：用大瓢把江水舀入瓮中，再用小杓把江水注入瓶内。但"贮月""分江"的天真想象，"春瓮""夜瓶"的构词色彩，把水清月白、春意夜绪的无限情趣，渲染得即清逸又饱满，使之顿成名联。唐人韩偓虽有"瓶添涧水盛将月"（《赠僧》）的句子，苏诗却有自己的创造和发展。

"雪乳"两句承前写"煎茶"。"雪乳"指茶煎沸后翻起的白沫。"脚"指茶脚。"松风"则形容沸腾声，作者《试院煎茶》诗也用"飕飕欲作松风鸣"喻煎茶声。上句视觉，下句听觉，细致而又形象地突出煎茶时沸腾的情态。

结尾两句从上"汲江""煎茶"到品茗，转而着重于就具体事抒情致慨。唐人卢仝有首著名的《谢孟谏议寄新茶》诗，极写新茶之美："一碗喉吻润，二碗破孤闷……七碗吃不得也，惟觉两腋习习清风生。"苏轼反用其意，谓如此佳茗却喝不了三碗，乃因身居异乡的贬谪之感所致。这样，整首诗在安闲恬适的氛围中又平添几丝悲凉萧疏。但这种悲感又是极其适度的、克制的，不仅没有破坏全篇的基调，毋宁说是一种使基调内涵得以丰富的反衬，这种安闲恬适似乎经过悲感的过滤，升华为超旷。

江城子

密州出猎

老夫聊发少年狂，左牵黄，右擎苍。锦帽貂裘，千骑卷平冈。为报倾城随太守，亲射虎，看孙郎。

酒酣胸胆尚开张，鬓微霜，又何妨！持节云中，何日遣冯唐？会挽雕弓如满月，西北望，射天狼。

▼ 金张瑀《文姬归汉图》 吉林省博物馆藏

苏轼是宋代豪放词派的开创人。《江城子·密州出猎》《水调歌头》(明月几时有)是他写得最早的两首豪放词。这两首词都是他在密州任知州时所写。

"江城子"是词牌名,也就是曲调(曲谱)的名称。五代时欧阳炯依照这个曲调写过一首词,末有"如西子镜照江城"一句,后来才管这曲调叫《江城子》。"密州出猎"是这首词的副标题。这首词是苏轼在密州做知州的第二年(宋神宗熙宁八年,1075)写的,当时苏轼四十岁。这年冬天,苏轼带领随从去密州附近的常山祭谢龙王,回来时,与同僚们"习射放鹰",并写下了这首词,同时还写了同样题材的一首诗,题目为《祭常山回小猎》。

研究一首词,要研究它的主题思想,研究它的形象和意境的特点和内涵,可以从它的结构线索入手。这首词是怎样组织结构的呢?开头第一句"老夫聊发少年狂"很重要,开宗明义为整首词的结构做了提示。这里提出了"老夫"和"少年狂"的矛盾。"老夫",实际上并不老,只有四十岁;"少年狂"也不是真狂,而是借打猎这件事,抒发自己积极报国的豪情壮志。这首词上半阕写他的"少年狂",写他这次打猎的热闹场面;下半阕抒发"老夫"的感慨,年老要报国而又报国无门。

接着说"左牵黄,右擎苍",左手牵着黄色的猎犬,右臂上托着猎鹰。"锦帽貂裘"写他自己的打扮,戴着丝织的帽子,穿着貂鼠皮做的裘。"千骑卷平冈","骑"念去声,当名词用。"骑",旧称一人一马谓一骑,这里是指他的随从。为什么用"千骑"呢?古代礼仪规定,诸侯出外,有千骑相随。古代的诸侯是一方之长,相当于后来的刺史、太守。所以这里隐约点出他的知州身份。"卷平冈","平冈"指开阔的山冈,这里是指密州附近的铁沟（地名）。"卷"即席卷,指围猎。此即《祭常山回小猎》中"黄茅冈下出长围"句意。

"为报倾城随太守","倾城"一种解释为美女,根据是《汉书·外戚传》引李延年歌:"北方有佳人,绝世而独立,一顾倾人城,再顾倾人国。"就是倾国倾城的美女。这一解释不一定对。另一种解释为满城的人,即俗话说"万人空巷"的意思,这种解释比较好。《诗经·郑风·叔于田》说"叔于田,巷无居人",这句暗用《诗经》这首诗的意境。"报"也有两种解释:一种解释为酬答、报答,意思比较实一点;另一种解释为有人来向我"报告",意思比较虚一点。这两种解释都可以,但从词的意境看,后一种比较好。"诗无达诂",对诗词的不同解释,有的可分是非优劣,有的却很难分,不妨并存;几种解释并存也有好处,可以使人们对词境的理解更丰富一些。

"亲射虎,看孙郎",这是用孙权的典故。《三国志·吴书·吴主传》"（建安）二十三年十月,（孙）权将如吴,亲乘马,射虎于凌亭（今江苏丹阳）。马为虎所伤。权投以双戟,虎却废（倒退）,常从张世击以戈,获之。"苏轼词里突出一个"郎"字,"郎"字是古代对少年的美称,这里突出孙权的少年英俊,和上面的"少年狂"互相呼应:既以"老夫"自称,却又以"孙郎"自比,那就是"少年狂"了。上半阕写出猎时的盛况,写得很有层次。开头几句写他自己左手牵着黄犬,右臂托着猎鹰,锦帽貂裘,一副戎装打扮,出来打猎;接着写他随从之多;最后写围观者之众。从个人特写到泛写随从和全城百姓,逐次展现,也透露出他第一次当知州时比较得意的心情。

下半阕转写"老夫"的感慨。但换头一句"酒酣胸胆尚开张",仍是承上写"少年狂",狂饮烂醉,意气豪纵。"鬓微霜,又何妨",说鬓边微有白发也不介意,他报国的雄心壮志还在。

"持节云中,何日遣冯唐?"这里用魏尚、冯唐的典故。《史记·冯唐列传》说:汉文帝的时候,魏尚担任云中太守(云中,在今内蒙古、山西北部一带)抵御匈奴的侵扰,魏尚在多次战斗中,颇有战功。有一次犯了一点小错误,就是在向皇帝报告战绩的时候,把杀敌数多报了六个。这件事被揭发后,皇帝大怒,将他削职贬官,判罚作苦工。后来冯唐向汉文帝劝谏:魏尚立了这样大的战功,犯了一点小错误,给了他这样重的处罚,不公平。汉文帝听从了这意见,就派冯唐传达皇帝的命令去赦免魏尚,仍叫他做云中太守,继续抵抗匈奴。苏词是用这个典故,这是没有疑问的,但解释时却有两个分歧。一是"节"字的含义,有人解释为兵符,"持节"就是带兵,这解释不一定对。实际上这"节"就是戏曲舞台上苏武牧羊时手里拿的那根竹竿。它是传达皇帝命令的使者作为符信(凭证)的标志。另一个歧义是苏轼在这里是以冯唐自比还是以魏尚自比。各家选本大致上有这样两说。

主张冯唐说的主要有以下三条理由:第一,魏尚当时是受到处罚,"下吏削爵",而苏轼这时是升官的(从杭州通判升任知州),所以如以魏尚自比则和当时情况不合。第二,古人用冯唐这典故,一般都用来说明年老不被重用之意,如西晋时左思的《咏史》诗里有"冯公岂不伟,白首不见招",王勃《滕王阁序》有"冯唐易老"。因此认为以冯唐自比,比以魏尚自比更符合苏轼词的内容,和"老夫"扣得更紧。第三，冯唐当时不仅是持节的使者，而且皇帝任命他为车骑都尉。他去云中传达皇帝命令时，带了很多兵，这和下面"会挽雕弓如满月，西北望，射天狼"可以呼应，词意联系更紧。

上面三条理由，我们都不太同意，主要应从用典故的特点来看。古人用典，一般不是取典故的全部意义，只是取其某一点。用典实际上和用比喻一样：本体和喻体在某一点上极相似，而在本质上又极不相同。词里不论以冯唐自比，还是以魏尚自比，他们二人和苏轼毕竟是不同时代的不同人物，苏轼用典自比，不需要也不可能跟他们二人的情况完全切合。如说当时魏尚是贬官的，苏轼是升官的，所以不合，这一理由似缺乏说服力。前面说过，苏轼的《祭常山回小猎》诗，跟这首词同一题材，并作于同时同地，诗的最后两句说"圣明若用西凉簿，白羽犹能效一挥"，这里用了西晋时的一个典故。当时西北少数民族侵扰西凉州（今甘肃一带），西凉的地方长官起用了一个主簿（官名）名叫谢艾的来指挥战斗，后取得胜利。这首诗的最后两句是说皇上若能像起用谢艾那样用我，那么我也能一摇羽扇指挥战斗，为国效劳。这里苏轼以谢艾自比，是十分清楚的。但若死扣典故，那也"不合"了：谢艾是主簿，苏轼是"知州"，官比谢艾要大得多。苏轼用典，只取谢艾作为文人而能效劳这一点，其他的内容不能牵涉进去。

关于第二条理由即古人用冯唐典故，一般是用来说年老而不被重用的，这虽符合实际情形，但这是就冯唐一生的经历而言的，是指他在汉武帝时被举荐，但年已逾九十，不能任职。冯唐去云中时并未年老，要和年老扯在一起也讲不大通。至于把冯唐带兵和词末"射天狼"相牵合，实际上是一种引申，两者并无关联。

结尾"会挽雕弓如满月，西北望，射天狼"。"会"，将要。"满月"，形容弓弦拉开时，形状像圆月一样。"天狼"，星名，古代天文书上的说法"天狼"象征侵略，象征有兵事。这里借喻敌人。究竟指哪一个敌人呢？这里有一点分歧："西北望"，指西北方向的敌人，应指西夏，西夏在宋代曾对宋构成一定的威胁，可是当苏轼在密州时期，西夏的威胁已不是主要的了，当时主要的是辽国。密州又地处宋辽边境，而且不久以前，宋辽谈判，宋签订了屈辱的条约。所以从当时情况看，也可以指辽国。这两种解释都可以。

最后，做三点总结：

（一）这首词是现存苏轼豪放词的第一首作品。苏轼在中国词史上开创了豪放派，但他豪放词风的形成，也有一个发展的过程。

苏轼写词比写诗晚，写词是他在杭州当通判时才开始的。那时的词作，初步表现出"以诗为词"的倾向，就是说他用写诗的方法来写词。词，从民间产生，后来发展到文人词，就起了变化，题材、写法跟诗有了明显的区别，诗里可写的内容，词里就不能写。这就所谓"诗庄词媚"。词发展到文人词，主要是作为酒筵上歌妓唱的歌词，内容主要是描写爱情，甚至色情，而反映民生疾苦、抒发个人壮志或朋友间的正常友情等，词里是很少写甚至不能写的。这样诗词在题材上有了严格的区别。比如，欧阳修的词，有人说不是他自己写的，欧阳修在所写的文章里，显出一副庄重儒者的面孔，诗里面也是很拘谨的，而他的词，却大写风流逸事，因此有人说，这是他的仇人所作诬陷他的。实际上当时的诗、词就有这样的不同。苏轼的词打破了这个界限。

这首《江城子》副标题为"密州出猎"，这类副标题在词里出现是很值得注意的。我们看一些词集例如《花间集》《尊前集》，这些集子的名称，也表明了它的内容的千篇一律，不需要副标题。"以诗为词"时就不然了。每首词都有它独特的内容，反映的生活面比以前广阔丰富多了，词牌下就需要写副标题以示区别。苏轼的词几乎都有副标题。这也从一个方面表示他要打破诗词的严格界限，扩大词的表现范围。苏轼的题材、表现手法上的开拓，直接导致他的豪放词派的建立。

苏轼在密州时，生活有了变化，开始写豪放词。他对开创豪放派有一定的自觉性。他当时给朋友鲜于子骏的信中说："近却颇作小词，虽无柳七郎（柳永）风味，亦自是一家。呵呵！"他力图在传统婉约词风之外，另辟蹊径，"自是一家"。

（二）这首词进一步表现了诗词合流的倾向。首先，它的题材和主题在词的发展上有重要意义。在中国词的发展上，原来的民间词，如在敦煌石窟发现的唐末五代的曲子词里，也有写边塞题材的，但到文人词里，这种题材几乎中断了。只有范仲淹写过边塞词，例如《渔家傲》（塞下秋来风景异），但基调是悲壮苍凉的。苏轼的这首《江城子》有意识地把唐代边塞诗的题材和意境写到词里来，写得慷慨昂扬，充满积极报国的激情，在以前文人词中是罕见的。

其次，在用诗歌手法写词上也有发展。例如此词用典较多，有的是明典，有的是暗典。"亲射虎，看孙郎"用孙权的典故，

"持节云中，何日遣冯唐"，用冯唐、魏尚的典故，这是用明典。有的用暗典，例如"左牵黄、右擎苍"，用这形象写打猎的，较早的是秦始皇丞相李斯，李斯最后被杀，临死时对他儿子说："我现在想和你两个牵黄犬、臂苍鹰出上蔡东门，都不可能做到了！"《后汉书》《梁书》里也有汉阳太守、张充出猎时臂鹰牵狗的记载。"为报倾城随太守"，则暗用《诗经·郑风·叔于田》。不了解这类暗典，词也看得懂；但了解以后，可以对词理解得更深一些。用暗典就要用到这火候。这首词是明典和暗典相结合，扩大了词的表现手段。

另外，我们再从当时苏轼写的一诗一词来比较，应该说，他的词比他的诗写得更充沛、更生动，表现他当时的心情更淋漓尽致。词的艺术水平超过了诗。在我们看来，宋后期的词要继续发展，老是写男女爱情及琐细的东西是不成的。苏轼豪放派的功绩之一，就是表现在诗词合流的倾向，打破诗词传统的严格界限，为词的进一步发展开辟了道路。

（三）从这首词的音乐效果来看豪放词的风格。这首词的演唱情况，也见于苏轼给鲜于子骏的信："数日前猎于郊外，所获颇多，作得一阕（即这首《江城子》），令东州（密州）壮士抵掌顿足而歌之，吹笛击鼓以为节，颇壮观也。写呈取笑。"这材料说明这首词的唱法和婉约派词的唱法是完全不一样的。婉约派词适于十七八岁女郎执红牙拍板来唱。南宋词人姜夔有诗说"小红低唱我吹箫"，说明是用吹箫来伴奏。从这些零零碎碎的材料说明婉约派词的演唱风格是缠绵多情，不是像《江城子》用东州壮士那样的唱法。从这种音乐效果充分表现出豪放派词的艺术风格。

水 调 歌 头

丙辰中秋，欢饮达旦，大醉。作此篇，兼怀子由。

明月几时有？把酒问青天。不知天上宫阙，今夕是何年？我欲乘风归去，又恐琼楼玉宇，高处不胜寒。起舞弄清影，何似在人间！

转朱阁，低绮户，照无眠。不应有恨，何时长向别时圆？人有悲欢离合，月有阴晴圆缺，此事古难全。但愿人长久，千里共婵娟。

▼ 南宋马远《举杯邀月图》 美国克利夫兰美术馆藏

《水调歌头》副标题为"丙辰中秋，欢饮达旦，大醉。作此篇，兼怀子由"。《水调歌头》是词牌名。相传隋炀帝开汴河时曾制《水调歌》，唐人演为大曲。"歌头"是此大曲的一部分。苏轼这首词，作于写《江城子·密州出猎》的第二年（1076），时年四十一岁。这首也是豪放派词的代表作。这首词的结构，上下阕是对称的。上阕写对月饮酒，下阕写对月怀人，怀念他的弟弟。上阕是问天，下阕是问月。上阕突出入世和出世的矛盾，下阕是情和理的矛盾，怀念弟弟的手足之情和人生哲理之间的矛盾。上下阕并列，上阕为下阕服务。

　　"明月几时有？把酒问青天"，这句是从李白"青天有月来几时，我今停杯一问之"（《把酒问月》）化出。问青天什么问题呢？"不知天上宫阙，今夕是何年？"这种问题按常情是不值得问的，这是一种痴问，正好表现了苏轼内心激烈的矛盾。"我欲乘风归去，又恐琼楼玉宇，高处不胜寒"。作者在现实社会中得不到安慰和满足，"我欲乘风归去"，天上是纯洁的，但"高处不胜寒"，处处表现了现实和理想的矛盾，出世和入世的矛盾。"起舞弄清影，何似在人间！"李白另一首诗《月下独酌》说"我歌月徘徊，我舞影零乱"，即苏词此句所本。"何似在人间"，有的解释为"天上怎么比得上人间生活的幸福"，有的解释为"还不如在人间"。此处可以联系苏轼的《赤壁赋》来理解。

　　苏轼在《赤壁赋》里用主客对话的形式写出了乐—悲—乐的思想感情的变化，实际上是表现苏轼自己出世与入世的矛盾及其矛盾的解脱过程：先从清风和明月交织而成的江山美景中，写他"羽化而登仙"的出世之乐；继从对历史人物兴亡的凭吊中，跌入入世的苦闷；最后阐发"变"与"不变"的哲理，仍从清风明月中摆脱这一人生的矛盾。这是苏轼解决他出世与入世矛盾的一般方式，这首词也是如此。

他在现实社会中得不到安慰和幸福，于是向往上天，向往出世，但又怕"高处不胜寒"。解决的办法就是陶醉于月下起舞，这境遇，既有上天的纯洁，没有人间的恶浊，又有人间的温暖，没有天上的寒冷，这不是理想的出路么！"何似"，即不似，此句意即哪里是像在人间呢！清人黄蓼园评论此句说"仿佛神魂归去，几不知身在人间也"，是颇有启发的。宋人蔡絛《铁围山丛谈》也说："歌者袁绹，乃天宝之李龟年也。宣和间，供奉九重，尝为吾言：东坡公昔与客游金山，适中秋夕，天宇四垂，一碧无际，加江流濆涌。俄月色如昼，遂共登金山山顶之妙高台，命绹歌其《水调歌头》曰'明月几时有，把酒问青天'。歌罢，坡为起舞，而顾问曰：'此便是神仙矣。'"这条材料也可以帮助理解"何似在人间"句，就是说，人是在人间但又不像在人间，而有飘飘欲仙的情趣。如果把这句解释为"天上怎么比得上人间生活的幸福"或"还不如在人间"，则与"起舞弄清影"句在语气上似不太衔接，或者要把原词理解为倒装句："何似在人间起舞弄清影！"月下起舞就变成一种虚写。但从上句"高处不胜寒"来看，月下起舞确是词中实境，从在人间问天，希望飞往太空而又打消去意，最后又落到在人间月下起舞，却又如处仙境。这样理解，词意的转接似更自然些。

下阕写月下怀念弟弟。承上仍从月亮写起。"转朱阁，低绮户"，月光照着华美的建筑，低低地照进漂亮的窗户，说明已经夜深了。"照无眠",有两种解释:一是说月光照得有心人不能安眠;一是说月光照着失眠的人。这两者稍有区别,一是照人无眠,一是照无眠之人,我们认为后一种解释比较好。"不应有恨,何事长向别时圆?"月亮不应该有什么怨恨,但你为什么偏在人家离别时圆起来,不是伤人家的心吗?他和弟弟苏辙感情非常深,现在离别已有七年,他的怀念之情,不能摆脱。接着讲了一个人生的道理,"人有悲欢离合,月有阴晴圆缺",从古以来一直如此,这是人生不能克服、无法解决的永恒的遗憾。情和理之间就产生了矛盾。底下就宽慰自己,"但愿人长久,千里共婵娟"。但愿我们人永远平平安安活着,虽然相隔千里,但可以共赏明月。此句是从谢庄《月赋》"隔千里兮共明月"句化来。"婵娟"有两种说法,一种指美好的样子,指月光,一种指美女,借代月亮,因月里有嫦娥。

最后,分别从主题、风格和音乐性三方面,做个总结。

(一)主题:上阕是写入世和出世的矛盾,他乘风上天,但又觉天上寒冷,不如人间温暖,反映作者因政治失意而对现实不满的心情。下阕写情和理的矛盾,人有悲欢离合,正像月有圆缺一样,不能十全十美,抒发了手足离别之情。我们所理解的这首词的主题就是如此。

但传统上还有别种理解,主要是常州词派。常州词派兴起于清代,他们讲词,专门讲寄托,实际上是讲影射。他们认为苏轼这首词是爱君之作。主要依据是词中"我欲乘风归去,又恐琼楼玉宇,高处不胜寒"几句。这种讲法,牵强附会,错误是明显的。脱离词的整个意境,抓住片言只语,比附牵合,来讲词的主题，这是专讲寄托一派的通病。

沈雄《古今词话》还说，"神宗读至'琼楼玉宇，高处不胜寒'，乃叹曰：'苏轼终是爱君。'即量移汝州"。这一说法有个明显的漏洞：苏轼贬官黄州后才去汝州，而按这个说法，这首词就变成黄州时的作品，但根据现在掌握的材料，确知这首词是密州时期所作。

关于主题还要提一点，这首词是积极的还是消极的。从全词来看，既有积极的一面，也有消极的一面。苏轼内心世界矛盾的解决办法是"千里共婵娟"，以此来宽慰自己。可整首词还是笼罩着悲伤的情绪，这两面都要看到。若拿苏轼《念奴娇》和《水调歌头》这两首词作一比较，可以看出这两首词的结尾各有特点。《念奴娇》全词是积极昂扬的，"大江东去，浪淘尽，千古风流人物"，很有气魄，但结尾有些消沉，"人生如梦，一樽还酹江月"，结尾是向下跌的。《水调歌头》一开始调子比较深沉，但结尾比较开朗，"但愿人长久，千里共婵娟"，结尾是向上扬的。但从整首词看，《念奴娇》给人的感觉是积极昂扬的，而《水调歌头》给人的主要感觉是深沉婉曲的，这说明一个什么问题呢？说明我们判断一首词的基调，不能单从一些概念性的语句来判断，而是要依据全词的主要形象来决定，由主要形象所体现的意义来决定。

（二）风格：这首词的风格跟《江城子》不一样。王国维在《人间词话》里说过，"东坡之词旷，稼轩之词豪"。这两句话精辟地说明了苏、辛词风的不同特点。但是苏轼豪放词风本身，既有旷的一面，也有豪的一面。《江城子》代表豪的一面，《水调歌头》代表旷的一面。苏轼除写豪放风格的词之外，还写婉约词。苏轼词风格的多样性，正是他艺术成熟的标志。

为什么说这首词表现了旷？主要是讲了一个人生哲理："人有悲欢离合，月有阴晴圆缺"，表示对人生的探索。哲理的内容也是苏轼较早带进词里来的。这样，加深了词的意境，这也是苏轼的贡献之一。这首词和《江城子》合在一起，完整地表现了苏轼豪放词风的两个方面。

（三）音乐性：这首词和《江城子》一样，当时是可以唱的，也获得很好的音乐效果。所以我们说豪放派的词，不是不讲音乐性。还要指出一点，这首词押韵上有一特点，即藏有暗韵。这首词的韵脚，都符合词律。例如上阕"天、年、寒、间"四个韵脚。下阕"眠、圆、全、娟"，也是四个韵脚。押韵的地方是音乐的单位，也是意义的单位。押韵的地方，意思往往转换，所以我们读词，还是要注意韵脚。

另外，这首词还藏有暗韵，上阕的"去、宇"，押去声韵；下阕的"合、缺"押入声韵。苏轼此词不仅严守词韵，而且还藏有暗韵，加上其他审音选字上的讲究，因此朗读起来，声调铿锵有力，和词的内容和风格是统一的、和谐的。

定 风 波

三月七日，沙湖道中遇雨。雨具先去，同行皆狼狈，余独不觉。已而遂晴，故作此词。

莫听穿林打叶声，何妨吟啸且徐行。竹杖芒鞋轻胜马，谁怕？一蓑烟雨任平生。

料峭春风吹酒醒，微冷，山头斜照却相迎。回首向来萧瑟处，归去，也无风雨也无晴。

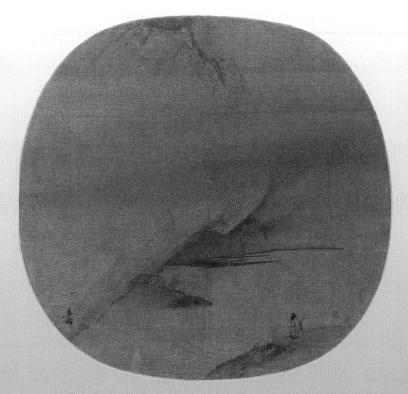

▶ 南宋梁楷《泽畔行吟图》 美国大都会艺术博物馆藏

本篇作于宋神宗元丰五年（1082），时苏轼贬居黄州。郑文焯《手批东坡乐府》评云："此足征是翁坦荡之怀，任天而动。琢句亦瘦逸，能道眼前景。以曲笔直写胸臆，倚声能事尽之矣。"所谓"眼前景"，指上片的雨景和下片的雨后初晴之景。贯串全词的关键字眼即是词序中所说的"余独不觉"。这类"不觉"，前人也有过，如谢安。据《晋书·谢安传》云：他"尝与孙绰等泛海，风起浪涌，诸人并惧，（谢）安吟啸自若"。同是"吟啸"，"自若"即是"不觉"的另一种表达方式。《晋书》是突出谢安处变不惊的镇定，而苏轼却借以表达雨既不怕、晴亦不喜，超越宠辱得失、祸福凶吉的人生了悟，即"任天而动"的"坦荡之怀"。这是苏轼备尝仕途"风雨"折磨后的自我内省和思索的结果。他用这种思维方式来淡化和消解他所面临的挫折和困苦，并形成他洒脱飘逸的气度，笑对人间厄运的超旷襟怀。

"不觉"，从对象来说，指不觉雨，不觉晴，不觉雨和晴的差别；从内涵来说，却并不是取消听觉、视觉等对外物的感受，"穿林打叶"的雨声仍听到，"山头斜照"的阳光仍看到，而是在哲理感悟上否定外物的存在。也就是说，只要把握自我，就能超越客观的千变万化，"不觉"外物的种种限制拘束而获得最大的精神自由。这一点，上、下片的末句均有深刻的阐发。

上片末尾"一蓑"句是说：在风雨中行走，乃平生经惯，任其自然，有何可怕？高度概括了苏轼坦然自若、何往不适的生活态度，冒雨吟啸徐行的苏轼，成了读者心目中最熟悉的东坡画像。附带应提及，"一蓑"，一般解作一件蓑衣，但与词序中"雨具先去"抵牾。也可解作量词，与"一犁烟雨伴公归"（苏轼诗）的

"一犁"用法相类，指雨量的大小，如郑谷《试笔偶书》"殷勤一蓑雨，只得梦中披"；朱熹《水口舟行》"昨夜扁舟雨一蓑，满江风浪夜如何？"另外，有的版本作"一莎"，则是"一川"之意，指满川烟雨，也可通。或说此句系虚写，不是眼前景，而是心中事，即特指归隐之念，亦可备一说，但似与上、下文意衔接不顺。

下片结尾几句则是苏轼得意之笔。他晚年在海南岛所作《独觉》诗，也以"回首向来萧瑟处，也无风雨也无晴"作结。天有雨、晴，人有顺、逆，其实终究皆成过去，不必介意萦怀。"不觉"正是这种恬淡心境的极致。

水 龙 吟

次韵章质夫《杨花词》

似花还似非花，也无人惜从教坠。抛家傍路，思量却是，无情有思。萦损柔肠，困酣娇眼，欲开还闭。梦随风万里，寻郎去处，又还被、莺呼起。

不恨此花飞尽，恨西园，落红难缀。晓来雨过，遗踪何在，一池萍碎。春色三分，二分尘土，一分流水。细看来，不是杨花，点点是离人泪。

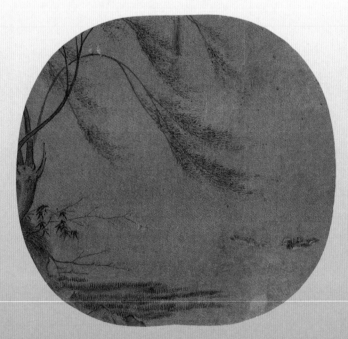

▼ 南宋马和之《柳塘鸳戏图》 台北故宫博物院藏

苏轼《与章质夫》信中说:"《柳花》词妙绝,使来者何以措词?……故写其意,次韵一首寄去,亦告不以示人也。""次韵一首"即本篇。据此信推测,此词当作于宋神宗元丰四年(1081)或五年(1082),时苏轼贬居黄州。

作为咏物词,必得对所咏对象描摹逼真生动,但又需追求象外之意,以形取神。刘熙载《艺概》评本篇云:"东坡《水龙吟》起云:'似花还似非花',此句可作全词评语,盖不离不即也。"这一评语十分准确地抓住了此词写法上的特点,即一笔两写,亦花亦人,人花互映,情景交融。作者处处把杨花和思妇写得不即不离,若即若离。杨花的飘坠是"抛家傍路",煞是思妇腔吻;愁肠百结的思妇,慵眼难开,沉睡梦乡,又直摄杨花之神;而思妇的梦魂,随风飘到万里之外去寻找情人,却不料美梦又被黄莺啼声惊破,这种奇思异想又联结着杨花飘飞不定的形态特征。词中咏叹角度多次转换,衔接自然;下片议论虽多,而并不游离于情景之外。如此咏物,真可谓不粘不滞,出神入化,难怪王国维称它是咏物词的"最工"之作。

词的第二句有"惜"字,可视为全篇"文眼"。任风飘扬,散落路旁,是惜;"萦损柔肠"、梦寻情人而不得,是惜;落花难以复归故枝,是惜;雨后杨花落地入池,又是惜;最后直呼杨花乃是离人之泪,哀怨悱恻,几无复加了。因此,"直是言情,非复赋物"(沈谦《填词杂说》),全力抒写悲哀,是本篇又一特点。

至于所言之情,也非单一而是多层次的:既有借杨花自开自落的寂寞传递出感时伤春的幽怨之情,又有思妇念远的别绪离愁,更寄寓了作者正遭贬谪的抑郁之思,其精神内蕴是颇为丰富的,极大地提高了咏物词的品位,是苏诗中婉约风格的代表作。

定 风 波

　　王定国歌儿曰柔奴，姓宇文氏，眉目娟丽，善应对。家世住京师。定国南迁归。余问柔："广南风土，应是不好？"柔对曰："此心安处，便是吾乡。"因为缀词云。

　　常羡人间琢玉郎，天应乞与点酥娘。自作清歌传皓齿，风起，雪飞炎海变清凉。

　　万里归来年愈少，微笑，笑时犹带岭梅香。试问岭南应不好，却道，此心安处是吾乡。

▼ 元盛懋《松梅仕女图》 台北故宫博物院藏

文人词发轫之初，艳词为重要题材，大都描摹歌妓的声色体态，充满香软浓丽的感官刺激，"花间词"即其代表。苏轼这首以王巩歌姬柔奴为主人公的词作，虽然也不免带有"点酥""清歌""皓齿"等香艳字面，但已汰洗掉传统艳词的脂粉气和轻佻味，透出明丽雅致的清新情调；更为重要的是，词中融入了"此心安处是吾乡"的深沉的人生思考。作者笔下的这位久居繁华京城、"眉目娟丽"的歌妓，竟具有历经厄难而不忧不惧的哲人式的胸襟和气度，这是对传统艳词的升华和超越，是有重要意义的。

"此心安处是吾乡"，实际也是苏轼本人的人生思想。王粲《登楼赋》说"人情同于怀土，孰穷达而异心"，乡土之恋乃人情之常。对西蜀故里的归返，始终是苏轼一贯的追求。但在他一生大起大落、几起几落的仕宦生涯中，他逐渐吸取前贤（包括白居易《吾土》"身心安处是吾土"等）的思想资料，形成了随遇而安的生活态度，对他所客居的许多地方，都产生过深刻的第二故乡的感情："自意本杭人""元是惠州秀才""我本海南民"等，从而在迁流无定的生命苦旅中，保持乐观旷达的情怀。这也是他把柔奴视作平生知己而出以庄重清雅之笔的原因。

此词在写法上具有记实性的特点。上片记歌，下片记言。记歌是贴切柔奴"歌儿"的身份，而"风起，雪飞炎海变清凉"一句渲染歌声效果，恰与全词所表达的超尘脱俗、清旷放达的基调相谐和。记言是用对话体。作者问语"岭南应不好"而不是"岭南好不好"，一个"应"字原含有肯定之意，因而柔奴的答话收到事出意外的效果，显得更为精警。对话体在以往文人艳词中较为少见，苏轼用此，真切自然，更突出柔奴履险如夷、恬淡自适的心境。

八声甘州

寄参寥子

有情风万里卷潮来，无情送潮归。问钱塘江上，西兴浦口，几度斜晖？不用思量今古，俯仰昔人非。谁似东坡老，白首忘机。

记取西湖西畔，正春山好处，空翠烟霏。算诗人相得，如我与君稀。约它年、东还海道，愿谢公雅志莫相违。西州路，不应回首，为我沾衣。

▼ 南宋李嵩《月夜看潮图》 台北故宫博物院藏

这首词写作的时间、地点，多有异说：第一，作于宋哲宗绍圣四年（1097），时苏轼谪居儋州，见清人王文诰《苏诗编注集成总案》卷四十一。第二，作于宋哲宗元祐六年（1091），时苏轼由杭州知州召为翰林学士承旨、将离杭州赴汴京，见朱祖谋《东坡乐府编年本》，后龙榆生《东坡乐府笺》、曹树铭《苏东坡词》从之。第三，清人黄蓼园《蓼园词选》谓作于杭州任内："此词不过叹其久于杭州，未蒙内召耳。"建国后又有两说，元祐六年自杭到汴京后作和元祐四年（1089）初到杭州时作。

以上五说以第二说为胜。南宋胡仔《苕溪渔隐丛话·后集》卷三十九说："其词（即本篇）石刻后东坡自题云：'元祐六年三月六日。'余以《东坡先生年谱》考之，元祐四年知杭州：六年召为翰林学士承旨，则长短句盖此时作也。"苏轼离杭时间为元祐六年三月九日（据王宗稷《东坡先生年谱》），则此词当是苏轼离杭前三天写赠给参寥的。这是一。又南宋傅幹《注坡词》卷五此词题下尚有"时在巽亭"四字。巽亭，在杭州东南。《乾道临安志》卷二："南园巽亭，庆历三年郡守蒋堂于旧治之东南建巽亭，以对江山之胜。"苏舜钦《杭州巽亭》诗："公自登临辟草莱，赫然危构压崔嵬。凉翻帘幌潮声过，清入琴尊雨气来。"苏轼当时所作《次韵詹适宣德小饮巽亭》："涛雷殷白昼。"这都说明巽亭能观潮，与本篇起句相合，而且说明苏轼可能曾游过此亭，就在巽亭小宴上与詹适诗歌唱和。这是二。词中所写景物皆为杭地，内容又系离别，这是三。故知其他四说都似未确。

参寥即僧道潜，於潜人（旧县名，今并入杭州临安区），是当时一位著名的诗僧，与苏轼交往密切。此词乃苏轼临离杭州时的寄赠之作，为其豪迈超旷风格的代表作之一。词的上下片都以景语发端，议论继后，但融情入景，并非单纯写景；议论又伴随着激越深厚的感情一并流出，大气包举，格调高远。写景、说理，其核心却是一个情字，抒写他历经坎坷后了悟人生的深沉感慨。

上片"有情风"两句，劈头突兀而起，开笔不凡。表面上是写钱塘江潮一涨一落，但一说"有情"，一说"无情"，此"无情"，不是指自然之风本乃无情之物，而是指已被人格化的有情之风，却绝情地送潮归去，毫不依恋，所以，"有情卷潮来"和"无情送潮归"，并列之中却以后者为主，这就突出了此词抒写离情的特写场景，而不是一般的咏潮之作，如他的《南歌子·八月十八日观潮》词、《八月十五日看潮五绝》诗，着重渲染潮声和潮势，并不含有别种寓意。

下面三句实为一个领字句，以"问"字领起。西兴，在钱塘江南，今杭州市对岸，萧山县治之西。"几度斜晖"，即多少次看到残阳落照中的钱塘潮呵！苏轼在宋神宗熙宁年间任杭州通判时曾作《南歌子》说："笑看潮来潮去，了生涯。"他在杭时是经常观潮的。这里指与参寥多次同观潮景，颇堪纪念。"斜晖"，一则承上"潮归"，因落潮一般在傍晚时分，二则此景在我国古代诗词中往往是与离情结合在一起的特殊意象。如温庭筠《梦江南》："梳洗罢，独倚望江楼。过尽千帆皆不是，斜晖脉脉水悠悠，肠断白蘋洲。"柳永的《八声甘州》写思乡："渐霜风凄紧，关河冷落，残照当楼。"李清照《永遇乐》："落日熔金，暮云合璧，人在何处。"尤其是郎士元《送李遂之越》诗结句云"西兴待潮信，落日满孤舟"，更可与苏轼本篇合读。这夕阳的余光增添多少离人的愁苦！

"不用"以下皆为议论。议论紧承写景而出：长风万里卷潮来送潮去，似有情实无情，古今兴废，亦复如此。"不用"两句应作一句读，"思量今古"用不着，"俯仰昔人非"，即顷刻之间古人已成过眼云烟的感叹也用不着。王羲之《兰亭集序》云"向之所欣，俯仰之间，已为陈迹"，并发出"岂不痛哉"的呼喊。苏轼对于古今变迁，人事代谢，一概置之度外，泰然处之。"谁似"两句，又进一步申述己意。苏轼时年五十六岁，垂垂老矣，故云"白首"。《庄子·天地篇》云："有机械者必有机事，有机事者必有机心。""机心"，指机诈权变的心计，忘机，则泯灭机心，无意功名利禄，达到超尘绝世、淡泊宁静的心境。苏轼在《和子由送春》诗中也说："芍药樱桃俱扫地，鬓丝禅榻两忘机。"他是以此自豪和自夸的。

过片开头"记取"三句又写景：从上片写钱塘江景，到下片写西湖湖景，南江北湖，都是记述他与参寥在杭的游赏活动。"春山"一些较早的版本作"暮山"，或许别有所据，但从词境来看，不如"春山"为佳。前面写钱塘江时已用"斜晖"，此处再用"暮山"，不免有犯重之嫌："空翠烟霏"正是春山风光，"暮山"，则要用"暝色暗淡""暮霭沉沉"之类的描写；此词作于元祐六年三月，恰为春季，特别叮咛"记取"当时春景，留作别后的追思，于情理亦较吻合。这样，从江山美景中直接引入归隐的主旨了。

"算诗人"两句，先写与参寥的相知之深。参寥诗名甚著，苏轼称赞他诗句清绝，可与林逋比肩。他的《子瞻席上令歌舞者求诗，戏以此赠》云"底事东山窈窕娘，不将幽梦嘱襄王。禅心已作沾泥絮，肯逐春风上下狂"，妙趣横生，传诵一时。他与苏轼肝胆相照，友谊甚笃。早在苏轼任徐州知州时，他专程从余杭前去拜访；苏轼被贬黄州时，他不远二千里，至黄州与苏轼游从；此次苏轼守杭，他又到杭州卜居智果精舍；甚至在以后苏轼南迁岭海时，他还打算往访，苏轼去信力加劝阻才罢。这就难怪苏轼算来算云，像自己和参寥那样亲密无间、荣辱不渝的挚友，在世上是不多见的了。如此志趣相投，正是归隐的佳侣这两句使词意自然转接下文。

结尾几句是用谢安、羊昙的典故。《晋书·谢安传》载：谢安虽为大臣，"然东山之志（即退隐会稽东山的'雅志'），始末不渝，每形于言色"。他出镇广陵时，"造泛海之装，欲须经略粗定，自江道还东，雅志未就，遂遇疾笃"。病危还京，过西州门时，"自以本志不遂，深自慨失"。他死后，其外甥羊昙一次醉中过西州门，回忆往事，"悲感不已，以马策扣扉，诵曹子建诗曰：'生存华屋处，零落归山丘。'恸哭而去"。这里以谢安自喻，以羊昙喻参寥，意思说，日后像谢安那样归隐的"雅志"盼能实现，免得老友像羊昙那样为我抱憾。顺便说明，苏轼词中常用此典，如《水调歌头》："安石在东海，从事鬓惊秋。……一旦功成名遂，准拟东还海道，扶病入西州。雅志困轩冕，遗恨寄沧州。"《南歌子·杭州端午》："记取他年，扶病入西州。"超然物外、寄情山水确实是苏轼重要的人生理想，也是这首词着重加以发挥的主题。

清末词学家郑文焯十分激赏此词。他在《手批东坡乐府》中评："突兀雪山，卷地而来，真似钱塘江上看潮时，添得此老胸中数万甲兵，是何气象雄且杰！妙在无一字豪宕，无一语险怪，又出以闲逸感喟之情，所谓骨重神寒，不食人间烟火气者。词境至此，观止矣！"可谓推崇备至。本篇语言明净骏快，音调铿锵响亮，但反映的心境仍是复杂的：有人生迍遭的悒郁，有兴会高昂的豪宕，更有了悟后的闲逸旷远——"骨重神寒，不食人间烟火气"。这种超旷的心态，又真实地交织着人生矛盾的苦恼和发扬蹈厉的豪情，使这首看似明快的词作蕴含着玩味不尽的情趣和思索不尽的哲理。

减字木兰花

己卯儋耳春词

春牛春杖，无限春风来海上。便丐春工，染得桃红似
肉红。

春幡春胜，一阵春风吹酒醒。不似天涯，卷起杨花似
雪花。

这首词作于苏轼贬谪海南岛之时。己卯，宋哲宗元符二年（1099）。春词，为立春所作之词，别本题注即作《立春》。

海南岛在宋时被目为蛮瘴僻远的"天涯海角"之地，前人偶有所咏，大都是面对异乡荒凉景色，兴起飘零流落的悲感。苏轼此词却以欢快跳跃的笔触，突出了边陲绚丽的春光和充满生机的大自然，在我国词史中，这是对海南之春的第一首热情赞歌。苏轼与其他逐客不同，他对异地风物不是排斥、敌视，而是由衷地认同。他当时所作的《被酒独行，遍至子云、威、徽、先觉四黎之舍》诗中也说"莫作天涯万里意，溪边自有舞雩风"，写溪风习习，顿忘身处天涯，与此词同旨。苏轼一生足迹走遍大半个中国，或是游宦，或是贬逐，但他对所到之地总是怀着第二故乡的感情，这又反映出他随遇而安的旷达人生观。

《减字木兰花》上、下片句式全同。此词上、下片首句，都从立春的习俗发端。古时立春日，"立青幡，施土牛耕人于门外，以示兆民（兆民，即百姓）"（《后汉书·礼仪志上》）。春牛，即泥牛。春杖指耕夫持犁杖侍立；后亦有"打春"之俗，由人扮"勾芒神"，鞭打土牛。春幡，即"青幡"，指旗帜。春胜，一种剪纸，剪成图案或文字，又称剪胜、彩胜，也是表示迎春之意。

上、下片首句交代立春日习俗后，第二句都是写"春风"。一则曰："无限春风来海上。"苏轼的《儋耳》诗也说："垂天雌霓云端下，快意雄风海上来。"风从海上来，不仅写出地处海岛的特点，而且境界壮阔，令人胸襟为之一舒。二则曰："一阵春风吹酒醒。"点明迎春仪式的宴席上春酒醉人，兴致勃发，情趣浓郁。两处写"春风"都有力地强化全词欢快的基调。以后都出以景语：上片写桃花，下片写杨花，红白相衬，分外妖娆。

写桃花句，大意是乞得春神之力，把桃花染得如同血肉之色一般。丐，乞求。这里把春神人格化，见出造物主孳乳人间万物的亲切之情。写杨花句，却是全词点睛之笔。海南地暖，其时已见杨花。苏轼次年人日（农历正月初七）有诗云"新巢语燕还窥砚"，方回《瀛奎律髓》评云："海南人日，燕已来巢，亦异事。"盖在中原，燕到春分前后始至。与杨柳飞花约略同时。以此知海南物候之异，杨花、新燕并早春可见。苏轼用海南所无的雪花来比拟海南早见的杨花，那么，海南不是跟中原一般景色么！于是发出"不似天涯"的感叹了。——这实在是全词的主旨所在。

如前所述，此词内容一是礼赞海南之春，在我国古代诗词题材中有开拓意义；二是表达作者旷达之怀，对我国旧时代知识分子影响深远。这是苏轼此词高出常人的地方。我们不妨以南北宋之交的朱敦儒的两首词来对读。

朱敦儒的《诉衷情》写立春：

> 青旗采胜又迎春，暖律应祥云。金盘内家生菜，宫院遍承思。时节好，管弦新，度升平。惠风迟日，柳眼梅心，任醉芳尊。

也有"青旗""采胜""惠风""柳眼""醉尊"，但一派宫廷的富贵"升平"气象，了解南北宋之交政局的读者自然会对此词产生遗憾和失望。比之苏词真切的自然风光，逊色得多了。朱敦儒另一首《沙塞子》说：

> 万里飘零南越，山引泪，酒添愁。不见凤楼龙阙又
> 惊秋。九日江亭闲望，蛮树绕，瘴云浮。肠断红蕉花晚水
> 西流。

这是写南越（今岭南两广等地）的重阳节。但所见者为"蛮树""瘴
云"，由景引情者为"山引泪，酒添愁"，突出的是"不见凤楼龙
阙"的流落异乡之悲。

朱敦儒此词作于南渡以后，思乡之悲含有家国之痛，其思想
和艺术都有可取之处，吴曾《能改斋漫录》卷十七"颜持约词不
减唐人语"条也称赞此词"不减唐人语"。但此类内容的词作在
当时词人中不难发现，与苏词相比，又迥异其趣。二词相较，对
异地风物有排斥和认同的差别，从而更可见出苏词的独特个性。

这首词在写作手法上的特点是大量使用同字。把同一个字
重复地间隔使用，有的修辞学书上称为"类字"。（如果接连使用称"叠
字"，如李清照《声声慢》"寻寻觅觅，冷冷清清，凄凄惨惨戚戚"。）清人许昂霄《词
综偶评》云："《玉台新咏》载梁元帝《春日》诗用二十三'春'
字，鲍泉奉和用三十'新'字……余谓此体实起于渊明《止酒》
诗，当名之曰'止酒诗体'。"本来，遣词造句一般要避免重复。
《文心雕龙·练字第三十九》提出的四项练字要求，其中之一就是
"权重出"，以"同字相犯"为戒。但是，有的作者偏偏利用"同
字"来获得别一种艺术效果：音调增加美听，主旨得到强调和渲
染。而其间用法颇多变化，仍有高下之别。

陶渊明的《止酒》诗，每句用"止"字，共二十个，可能受了民间歌谣的影响，毕竟是游戏之作。梁元帝《春日》诗（一作简文帝诗）说：

> 春还春节美，春日春风过。春心日日异，春情处处多。处处春芳动，日日春禽变。春意春已繁，春人春不见。不见怀春人，徒望春光新。春愁春自结，春结讵能申。欲道春园趣，复忆春时人。春人竟何在，空爽上春期。独念春花落，还似昔春时。

共十八句，竟用二十三个"春"字，再加上"日日""处处""不见"等重用两次，字法稠叠，颇嫌堆垛。再如五代时欧阳炯《清平乐》：

> 春来阶砌，春雨如丝细。春地满飘红杏蒂，春燕舞随风势。
> 春幡细缕春缯，春闺一点春灯，自是春心缭乱，非干春梦无凭。

这首词也写立春，为突出伤春之情，一连用了十个"春"字，句句用"春"，有两句用了两"春"字，也稍有平板堆砌之感。

苏轼此词却不然。全词八句，共用七个"春"字（其中两个是"春风"），但不平均配置，有的一句两个，有的一句一个，有三句不用，显得错落有致；而不用"春"字之句，如"染得桃红似肉红""卷起杨花似雪花",却分别用了两个"红"字,两个"花"字。

其实,苏轼在写作此词时,并非有意要作如此复杂的变化,他只是为海南春色所感发,一气贯注地写下这首词,因而自然真切,朴实感人,而无丝毫玩弄技巧之弊。后世词人中也不乏擅长此法的,南宋周紫芝的《蝶恋花》下片:"春去可堪人也去,枝上残红,不忍抬头觑。假使留春春肯住,唤谁相伴春同处。"前后用四个"春"字,强调"春去人也去"的孤寂。蔡伸的《踏莎行》下片:"百计留君,留君不住,留君不住君须去。望君频向梦中来,免教肠断巫山雨。"共用五个"君"字,突出留君之难。这都是佳例。

肆

苏文简释

▶ 金武元直《赤壁图》

赤 壁 赋

　　宋神宗元丰三年（1080），苏轼因反对新法被贬到黄州做了闲散的团练副使，这篇赋是在度过两年多苦闷贫困的谪居生活以后写的，它揭示了作者当时复杂矛盾的心情，表达他深刻的人生思考。

　　本文运用了主客对答体这一赋的传统手法，但已不是简单地借设问以说理，而是用以展示作者自己思想的波折、挣扎和解脱的过程。首段写"苏子"陶醉于清风、明月交织而成的江山美景之中，逗引起"羽化而登仙"的超然之乐；次段写"客"对曹操等历史人物兴亡的凭吊，跌入现实人生的苦闷；末段写"苏子"从眼前水、月立论，阐发"变"与"不变"的哲理，在旷达乐观中得到摆脱。这里，从游赏之乐，到人生不永之悲，到旷达解脱之乐，正是苏轼在厄运中努力坚持人生理想和生活信心的艰苦思想斗争的缩影。

　　本文的最大特点是"以文为赋"，解放赋体，使之兼具诗文之长。散文的笔势笔调，使全篇文情勃郁顿挫，像"万斛泉源"喷薄而出。与骈赋、律赋之类的讲究整齐对偶不同，它的抒写更为自由。如开头一段"壬戌之秋，七月既望，苏子与客泛舟游于赤壁之下。……"全是散句，参差疏落之中却有整饬之致；以下直至篇末，虽都押韵，但换韵较快，而且换韵处往往是文义的一个段落，这就使本篇特别宜于诵读，极富声韵之美，这又体现出韵文文学的长处。

赤壁賦一首

壬戌之秋七月既望蘇子與客泛舟遊於赤壁之下
清風徐來水波不興與酒屬客誦明月之詩歌窈窕
之章少焉月出於東山之上徘徊於斗牛之間白露
橫江水光接天縱一葦之所如凌萬頃之茫然浩浩
乎如馮虛御風而不知其所止飄飄乎如遺世獨立
羽化而登仙於是飲酒樂甚扣舷而歌之歌曰桂棹
兮蘭槳擊空明兮泝流光渺渺兮予懷望美人兮天

一方客有吹洞簫者倚歌而和之其聲嗚嗚然如怨
如慕如泣如訴餘音嫋嫋不絕如縷舞幽壑之潛蛟
泣孤舟之嫠婦蘇子愀然正襟危坐而問客曰何為
其然也客曰月明星稀烏鵲南飛此非曹孟德之詩
乎西望夏口東望武昌山川相繆鬱乎蒼蒼此非孟
德之困於周郎者乎方其破荊州下江陵順流而東
也舳艫千里旌旗蔽空釃酒臨江橫槊賦詩固一世
之雄也而今安在哉況吾與子漁樵於江渚之上侶
魚蝦而友麋鹿駕一葉之扁舟舉匏樽以相屬寄蜉
蝣於天地渺浮海之一粟哀吾生之須臾羨長江之

▼《前赤壁赋》书影 《东坡集》南宋刻本第十九卷 日本内阁文库藏

原文：

壬戌之秋，七月既望，苏子与客泛舟游于赤壁之下。清风徐来，水波不兴。举酒属客，诵《明月》之诗，歌《窈窕》之章。少焉，月出于东山之上，徘徊于斗、牛之间。白露横江，水光接天。纵一苇之所如，凌万顷之茫然。浩浩乎如凭虚御风，而不知其所止；飘飘乎如遗世独立，羽化而登仙。

于是饮酒乐甚，扣舷而歌之。歌曰："桂棹兮兰桨，击空明兮泝流光。渺渺兮予怀，望美人兮天一方。"客有吹洞箫者，倚歌而和之。其声呜呜然，如怨如慕，如泣如诉，余音袅袅，不绝如缕。舞幽壑之潜蛟，泣孤舟之嫠妇。

苏子愀然，正襟危坐而问客曰："何为其然也？"

客曰："'月明星稀，乌鹊南飞'，此非曹孟德之诗乎？西望夏口，东望武昌，山川相缪，郁乎苍苍，此非孟德之困于周郎者乎？方其破荆州，下江陵，顺流而东也，舳舻千里，旌旗蔽空，酾酒临江，横槊赋诗，固一世之雄也，而今安在哉？况吾与子渔樵于江渚之上，侣鱼虾而友麋鹿；驾一叶之扁舟，举匏樽以相属。寄蜉蝣于天地，渺沧海之一粟。哀吾生之须臾，羡长江之无穷。挟飞仙以遨游，抱明月而长终。知不可乎骤得，托遗响于悲风。"

苏子曰："客亦知夫水与月乎？逝者如斯，而未尝往也；盈虚者如彼，而卒莫消长也。盖将自其变者而观之，则天地曾不能以一瞬；自其不变者而观之，则物与我皆无尽也，而又何羡乎！且夫天地之间，物各有主；苟非吾之所有，虽一毫而莫取。惟江上之清风，与山间之明月，耳得之而为声，目遇之而成色，取之无禁，用之不竭，是造物者之无尽藏也，而吾与子之所共食。"

客喜而笑，洗盏更酌。肴核既尽，杯盘狼籍。相与枕藉乎舟中，不知东方之既白。

后 赤 壁 赋

　　时隔三月，苏轼重游赤壁。一样风月，两种境界。前赋字字秋色，这篇句句冬景，但都具有诗情画意。这篇赋还写了上次没有写到的登山情景，渲染出可惊可怖的气氛，与上次风月水光的安谧幽静，恰成鲜明的对照。

　　至于后面道士化鹤的幻觉，写得迷离恍惚，带有比前赋更为浓重的虚幻缥缈的色彩，这是作者企图超尘绝俗的思想的曲折反映。

　　赋体原属韵文系统，从《楚辞》的"骚赋"经两汉的"辞赋"、魏晋时的"骈赋"，直到唐代"律赋"的曲折发展，赋体似乎走到了尽头，创作颇为沉寂，形容也趋于偏枯。发展到宋代，逐渐走向散文化，在形体上多用散句，押韵也较随便，特别是吸取散文的笔法气势，清新流畅，别开生面；但仍适当运用传统赋的铺张排比的手法，讲究词采，杂以骈偶韵语，于是成为一种类似散文诗的赋。欧阳修的《秋声赋》就是最早的成功范例。而苏轼的前后《赤壁赋》，更充分发挥诗文兼具之长，亦诗亦文，熔抒情、叙事、写景、说理于一炉，成为光照千古的不朽杰构，标志着散文赋这一新文体的成立和成熟，为赋的继续发展开辟道路。

原文：

　　是岁十月之望，步自雪堂，将归于临皋。二客从予，过黄泥之坂。霜露既降，木叶尽脱，人影在地，仰见明月。顾而乐之，行歌相答。

已而叹曰："有客无酒，有酒无肴；月白风清，如此良夜何？"客曰："今者薄暮，举网得鱼，巨口细鳞，状似松江之鲈。顾安所得酒乎？"归而谋诸妇。妇曰："我有斗酒，藏之久矣。以待子不时之须。"

于是携酒与鱼，复游于赤壁之下。江流有声，断岸千尺，山高月小，水落石出。曾日月之几何，而江山不可复识矣。予乃摄衣而上，履巉岩，披蒙茸，踞虎豹，登虬龙，攀栖鹘之危巢，俯冯夷之幽宫。盖二客不能从焉。划然长啸，草木震动，山鸣谷应，风起水涌。予亦悄然而悲，肃然而恐，凛乎其不可留也。返而登舟，放乎中流，听其所止而休焉。时夜将半，四顾寂寥。适有孤鹤，横江东来。翅如车轮，玄裳缟衣，戛然长鸣，掠予舟而西也。

须臾客去，予亦就睡。梦一道士，羽衣蹁跹，过临皋之下，揖予而言曰："赤壁之游乐乎？"问其姓名，俯而不答。呜呼噫嘻！我知之矣。畴昔之夜，飞鸣而过我者，非子也耶？道士顾笑，予亦惊悟。开户视之，不见其处。

超 然 台 记

　　苏轼在宋神宗熙宁七年（1074）秋自杭州通判调任密州知州。本篇云"处之明年"，则当作于熙宁八年。超然台，故址在今山东诸城市北城上。

　　古代的亭台楼阁记往往由叙述、描写、议论三种成分构成。本篇以议论开端，然后进入叙事、写景，在结构安排上颇见匠心。《老子》第二十六章说："虽有荣观，燕处超然。"（大意是：虽享有繁华的生活，却不沉溺在里面）苏轼之弟苏辙便取"超然"二字作为亭名。苏轼由此发挥了游于物内或物外的议论，逗引起一种脱出尘寰的缥缈意绪。这种旷达的人生思想在今人看来，未必能完全认同，却帮助苏轼在逆境中仍然保持对生活的信念和乐观态度。

　　文中叙述登台眺望一段，从南、东、西、北逐次写出，虽嫌整齐平板，但不用排偶句式，长短句兼用，因此仍觉圆转流走，一气贯注。

原文：

　　凡物皆有可观。苟有可观，皆有可乐，非必怪奇伟丽者也。铺糟啜醨，皆可以醉；果蔬草木，皆可以饱。推此类也，吾安往而不乐？

　　夫所为求福而辞祸者，以福可喜而祸可悲也。人之所欲

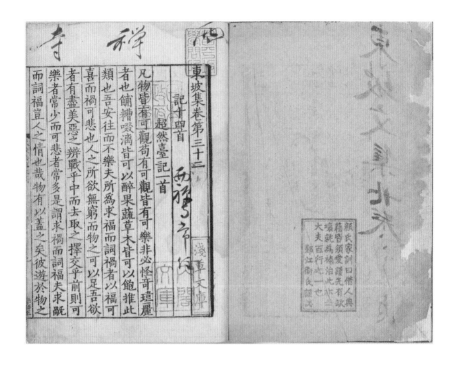

无穷，而物之可以足吾欲者有尽。美恶之辨战乎中，而去取之择交乎前，则可乐者常少，而可悲者常多，是谓求祸而辞福。夫求祸而辞福，岂人之情也哉？物有以盖之矣。彼游于物之内，而不游于物之外；物非有大小也，自其内而观之，未有不高且大者也。彼其高大以临我，则我常眩乱反覆，如隙中之观斗，又焉知胜负之所在？是以美恶横生，而忧乐出焉；可不大哀乎！

余自钱塘移守胶西，释舟楫之安，而服车马之劳；去雕墙之美，而蔽采椽之居；背湖山之观，而适桑麻之野。始至之日，岁比不登，盗贼满野，狱讼充斥；而斋厨索然，日食杞菊，人固疑余之不乐也。处之期年，而貌加丰，发之白者，日以反黑。余既乐其风俗之淳，而其吏民亦安予之拙也，于是治其园圃，洁其庭宇，伐安丘、高密之木，以修补破败，为苟全之计。而园之北，因城以为台者旧矣；稍葺而新之，时相与登览，放意肆志焉。南望马耳、常山，出没隐见，若近若远，庶几有隐君子乎？而其东则庐山，秦人卢敖之所从遁也。西望穆陵，隐然如城郭，师尚父、齐桓公之遗烈，犹有存者。北俯潍水，慨然太息，思淮阴之功，而吊其不终。台高而安，深而明，夏凉而冬温。雨雪之朝，风月之夕，余未尝不在，客未尝不从。撷园蔬，取池鱼，酿秫酒，瀹脱粟而食之，曰：乐哉游乎！

方是时，余弟子由适在济南，闻而赋之，且名其台曰"超然"，以见余之无所往而不乐者，盖游于物之外也。

喜 雨 亭 记

　　苏轼在宋仁宗嘉祐六年（1061）十二月到凤翔府任签判。次年春，修治官舍，并作一亭。恰遇久旱得雨，即以"喜雨"命亭，写下了这篇亭记。

　　文章开头说，"亭以雨名，志喜也"，一语即把命名之由说清，也指明了文章的主旨。以下几段围绕"喜""雨""亭"三层意思，通过分写与合写、实写与虚写加以淋漓尽致的发挥。第一段引用"周公得禾""汉武得鼎""叔孙胜狄"三个历史故事，说明"喜则以名物"的惯例，先单说"喜"意。二、三段才把"喜""雨""亭"三者合说，但前段实写，后段虚拟，前段正叙，后段反问，互相映衬，道尽了喜雨之情。末段歌词，谓从太守、天子、造物主到太空，均不居得雨之功，涉笔成趣，与全文轻松幽默的风格复相谐和，对写透一个"喜"字，是很好的补笔。

　　此篇题小旨大，字里行间流露出作者对人民生活的深切关怀，却无枯燥说教之感。

原文：

　　亭以雨名，志喜也。古者有喜则以名物，示不忘也。周公得禾，以名其书；汉武得鼎，以名其年；叔孙胜狄，以名其子：其喜之大小不齐，其示不忘一也。

磨虛空與有物之相推而風於是焉生輒之而不可
得也逐之而不可及也汝為居室而以名之吾又為
汝記之不亦大感歟雖然世之所謂已有而不惑者
其與是異辨若是而可以為有則雖汝之有是風
可也雖為為居室而以名之吾又為汝記之可也非
也颰起於蒼茫之間彷徨乎山澤越乎城郭道路
虛徐演瀁以沈汝之軒窗欄楯幔帷而不去也汝隱
几而觀之其亦有得乎力生於所激而不自為力故
不勞形生於所遇而不自為形故不窮嘗試以是
觀之

喜雨亭記一首

亭以雨名志喜也古者有喜則以名物示不忘也周
公得禾以名其書漢武得鼎以名其年叔孫勝狄以
名其子其喜之大小不齊其示不忘一也余至扶風
之明年始治官舍為亭於堂之北而鑿池其南引流
種樹以為休息之所是歲之春雨麥於岐山之陽其
占為有年既而彌月不雨民方以為憂越三月乙卯
乃雨甲子又雨民以為未足丁卯大雨三日乃止官
吏相與慶於庭商賈相與歌於市農夫相與忭於野
憂者以樂病者以愈而吾亭適成於是舉酒於亭上

▶《喜雨亭记》书影 《东坡集》南宋刻本第三一卷 日本宫内厅书陵部藏

余至扶风之明年，始治官舍，为亭于堂之北，而凿池其南，引流种木，以为休息之所。是岁之春，雨麦于岐山之阳，其占为有年。既而弥月不雨，民方以为忧。越三月乙卯乃雨，甲子又雨，民以为未足；丁卯大雨，三日乃止。官吏相与庆于庭，商贾相与歌于市，农夫相与忭于野，忧者以乐，病者以愈，而吾亭适成。

于是举酒于亭上以属客，而告之曰："五日不雨可乎？"曰："五日不雨则无麦。""十日不雨可乎?"曰:"十日不雨则无禾。""无麦无禾，岁且荐饥，狱讼繁兴，而盗贼滋炽。则吾与二三子，虽欲优游以乐于此亭，其可得耶? 今天不遗斯民，始旱而赐之以雨。使吾与二三子，得相与优游而乐于此亭者，皆雨之赐也。其又可忘邪?"

既以名亭，又从而歌之。歌曰:使天而雨珠，寒者不得以为襦;使天而雨玉，饥者不得以为粟。一雨三日，繄谁之力? 民曰太守，太守不有。归之天子，天子曰不。归之造物，造物不自以为功。归之太空，太空冥冥。不可得而名，吾以名吾亭。

文与可画筼筜谷偃竹记

　　文同是苏轼的从表兄，又是"文湖州竹派"的创立者；苏轼曾从他学画，成为这一画派的重要成员。文同死后，苏轼在晒所藏书画时，偶见文同所赠的《筼筜谷偃竹图》，不禁感慨万端：追思往事，遂写下这篇记文，以发抒对至亲好友的悼念之情。

　　散文的特点是"散"，也就是笔法自由，剪裁灵活。本文先写文同"成竹在胸"的艺术见解，生动地阐述了我国绘画理论中关于"神似"和"形似"的著名论点，也就是说，艺术家对于客观事物，不应零敲碎打地去追求一枝一叶的简单摹拟，而应该从整体上去突出事物的精神。文中还强调艺术作品要忠于生活，创作灵感的迸发来源于对生活的高度把握和熟练的艺术技巧，这些都是深得艺术奥秘的经验之谈。接着，本文写了与文同之间的戏谑调侃，轻松的戏笑寄托着严肃诚挚的友谊，从中可见彼此间相知相亲之深。而当年的"失笑"与现时的"哭失声"所造成的强烈反差，正显示出苏轼的悲痛之深。文章时而引证别人的诗文，时而记叙与文同的诗歌酬答或来往传语，叙事、议论、抒情交织并出，似乎散漫无章，实际上都是服从于从文同画竹写悼念之情这个主旨。文章从竹的生长写起，艺术见解由画竹而发，互相戏谑也不离竹的话题，处处有"竹"，处处活现文同的精神风貌，处处见出两人的情谊。所以，散文的特点虽是"散"，更确切地说，应该是形散神不散。

此園作蘭皋之亭以養其親其後出仕於朝名聞一
時推其餘力日增治之於今五十餘年矣其木皆十
圍岸谷隱然凡園之百物無一不可人意者信其用
力之多且久也古之君子不必仕不必不仕必仕則
忘其身必不仕則忘其君譬之飲食適於饑飽而已
然士罕能蹈其義赴其節處者安於故而難出出者
狃於利而忘返於是有違親絕俗之譏懷祿苟安之
弊今張氏之先君所以為其子孫之計慮者遠且周
是故築室藝園於汴泗之間舟車冠蓋之衝凡朝夕
之奉燕遊之樂不求而足使其子孫開門而出仕則

跬步市朝之上閉門而歸隱則俯仰山林之下於以
養生治性行義求志無適而不可故其子孫仕者皆
有循吏良能之稱處者皆有節行廉退之行蓋其先
君子之澤也余為彭城二年樂其土風將去不忍而
彭城之父老亦莫余厭也將買田於泗水之上而老
焉南望靈璧雞犬之聲相聞幅巾杖屨歲時往來
於張氏之園以與其子孫遊將必有日矣元豐二年
三月二十七日記

文與可畫篔簹谷偃竹記一首

竹之始生一寸之萌耳而節葉具焉自蜩腹蛇蚹以

至于劍拔十尋者生而有之也今畫者乃節節而為
之葉葉而累之豈復有竹乎故畫竹必先得成竹於
胸中執筆熟視乃見其所欲畫者急起從之振筆直
遂以追其所見如兔起鶻落少縱則逝矣與可之教
予如此予不能然也而心識其所以然夫既心識其
所以然而不能然者內外不一心手不相應不學之
過也故凡有見於中而操之不熟者平居自視了然
而臨事忽焉喪之豈獨竹乎子由為墨竹賦以遺與
可曰庖丁解牛者也而養生者取之輪扁斲輪者也
而讀書者與之今夫夫子之託於斯竹也而予以為

有道者則非耶子由未嘗畫也故得其意而已若予
者豈獨得其意并得其法
與可畫竹初不自貴重四方之人持縑素而請者足
相躡於其門與可厭之投諸地而罵曰吾將以為襪
士大夫傳之以為口實及與可自洋州還而余為徐
州與可以書遺余曰近語士大夫吾墨竹一派近在
彭城可往求之襪材當萃於子矣書尾復寫一詩其
略曰擬將一段鵝溪絹掃取寒梢萬尺長
予謂與可竹長萬尺當用絹二百五
十匹知公倦於筆硯願得此絹而已與可無以答則
曰吾言妄矣世豈有萬尺竹哉余因而實之答其詩

《文与可画篔簹谷偃竹图》书影　《东坡集》南宋刻本第三十二卷　日本宫内厅书陵部藏

原文：

　　竹之始生，一寸之萌耳，而节叶具焉；自蜩腹蛇蚹，以至于剑拔十寻者，生而有之也。今画者乃节节而为之，叶叶而累之，岂复有竹乎？故画竹必先得成竹于胸中，执笔熟视，乃见其所欲画者，急起从之，振笔直遂，以追其所见，如兔起鹘落，少纵则逝矣。与可之教予如此。予不能然也，而心识其所以然。夫既心识其所以然，而不能然者，内外不一，心手不相应，不学之过也。故凡有见于中，而操之不熟者，平居自视了然，而临事忽焉丧之，岂独竹乎？子由为《墨竹赋》以遗与可曰："庖丁，解牛者也，而养生者取之；轮扁，斫轮者也，而读书者与之。今夫夫子之托于斯竹也，而予以为有道者则非耶？"子由未尝画也，故得其意而已。若予者，岂独得其意，并得其法。

　　与可画竹，初不自贵重。四方之人，持缣素而请者，足相蹑于其门。与可厌之，投诸地而骂曰："吾将以为袜！"士大夫传之，以为口实。及与可自洋州还，而余为徐州。与可以书遗余曰："近语士大夫：'吾墨竹一派，近在彭城，可往求之。'袜材当萃于子矣。"书尾复写一诗，其略曰："拟将一段鹅溪绢，扫取寒梢万尺长。"予谓与可："竹长万尺，当用绢二百五十匹，知公倦于笔砚，愿得此绢而已！"与可无以答，则曰："吾言妄矣！世岂有万尺竹哉？"余因而实之，答其诗曰："世间亦有千寻竹，月落庭空影许长。"与可笑曰："苏子辩则辩矣，然二百五十匹绢，吾将买田而归老焉！"因以所画《筼筜谷偃竹》遗予曰："此竹数尺耳，而有万尺之势。"筼筜谷在洋州，与可尝令予作洋州三十咏，筼筜谷其一也。予诗云："汉川修竹贱如蓬，斤斧何曾赦箨龙。料得清贫馋太守，渭滨千亩在胸中。"与可是日与其妻游谷中，烧笋晚食，发函得诗，失笑喷饭满案。

元丰二年正月二十日，与可没于陈州。是岁七月七日，予在湖州，曝书画，见此竹，废卷而哭失声。

昔曹孟德祭桥公文，有"车过""腹痛"之语。而予亦载与可畴昔戏笑之言者，以见与可于予亲厚无间如此也。

▼ 北宋文同《墨竹图》 台北故宫博物院藏

石 钟 山 记

  "记"这种文体原以记叙为主，但宋代散文家却不拘成法，别出机杼，或巧妙地融入记叙以外的成分，如议论、抒情，或适当地吸取其他文体的特点，使杂记文呈现多姿多态的风貌。苏轼在欧阳修（如《醉翁亭记》)、王安石（如《游褒禅山记》)等基础上，对此更作出突出的贡献。

  这篇记是写石钟山命名意义的探求过程的，实是辨误之作，带有议论文的性质。作者既不满郦道元之"简"，因为他只说命名之由是"水石相搏，声如洪钟"，语焉不详；又指斥李渤之"陋"，因为他竟用潭上双石之声来求命名原因。作者亲自进行了一番实地调查，几经曲折，才对这个疑案提出了自己的解答：在郦道元"水石相搏"说的基础上做了具体的说明。虽然后人对苏轼的这个解答也提出过异议（认为因山形如覆盖之钟而得名)，但本文所阐明的道理，即"臆断"如何妨碍对事物的正确认识，仍然富有启示意义。同时，对前人成说不迷信、不盲从，必得重新加以检验，这种精神也是十分可贵的。

  文章的主旨在明理，但与叙事写景交相映衬抉发，而不是抽象的推理议论。全篇笔意轻灵，文情酣畅。尤其描写石钟山夜景一段，几笔点染，便凸现一个阴森逼人的境界，很见功力。

  原文：

   《水经》云："彭蠡之口，有石钟山焉。"郦元以为："下临深

失其二獨類而求之有不可勝悔者於是喟然歎曰
道不足以御氣性不足以勝習不鋤其本而耘其末
今雖改之後必復作盍歸誠佛僧求一洗之得城南
精舍曰安國寺有茂林脩竹陂池亭榭間一日輒
往焚香默坐深自省察則物我相忘身心皆空求罪
始所從生而不可得一念清淨染汙自落表裏儵然
無所附麗私竊樂之旦往而暮還者五年於此矣寺
僧曰連七年得賜衣又七年當賜號欲謝
殆卒謝去余是以媿其人七年余將有臨汝之行連

日寺未有記其請記之余不得辭寺立於偽唐保
大二年始名護國嘉祐八年賜今名堂宇齋閣連
易新之嚴麗深穩悅可人意至者忘歸歲正月男女
萬人會庭中欲食作樂且祠瘟神江淮舊俗也四月
六日汝州團練副使員外置眉山蘇軾記

石鐘山記一首

水經云彭蠡之口有石鐘山焉酈元以為下臨深潭
微風鼓浪水石相搏聲如洪鐘是說也人常疑之今
以鐘磬置水中雖大風浪不能鳴也而況石乎至唐
李渤始訪其遺蹤得雙石於潭上扣而聆之南聲函

胡北音清越桴止響騰餘韻徐歇自以為得之矣然
是說也余尤疑之石之鏗然有聲者所在皆是也而
此獨以鐘名何哉元豐七年六月丁丑余自齊安舟
行適臨汝而長子邁將赴饒之德興尉送之至湖口
因得觀所謂石鐘者寺僧使小童持斧於亂石間擇
其一二扣之硿硿焉余固笑而不信也至莫夜月明
獨與邁乘小舟至絕壁下大石側立千尺如猛獸奇
鬼森然欲搏人而山上栖鶻聞人聲亦驚起磔磔雲
霄間又有若老人欬且笑於山谷中者或曰此鸛鶴
也余方心動欲還而大聲發於水上噌吰如鐘鼓不

絕舟人大恐徐而察之則山下皆石穴罅不知其淺
深微波入焉涵澹澎湃而為此也舟迴至兩山間將
入港口有大石當中流可坐百人空中而多竅與風
水相吞吐有窾坎鏜鞳之聲與向之噌吰者相應如
樂作焉因笑謂邁曰汝識之乎噌吰者周景王之無
射也窾坎鏜鞳者魏獻子之歌鐘也古之人不余欺
也事不目見耳聞而臆斷其有無可乎酈元之所見
聞殆與余同而言之不詳士大夫終不肯以小舟夜
泊絕壁之下故莫能知而漁工水師雖知而不能言
此世所以不傳也而陋者乃以斧斤考擊而求之自

▼《石钟山记》书影　《东坡集》南宋刻本第三十三卷　日本宫内厅书陵部藏

潭，微风鼓浪，水石相搏，声如洪钟。"是说也，人常疑之。今以钟磬置水中，虽大风浪不能鸣也，而况石乎？至唐李渤，始访其遗踪，得双石于潭上。"扣而聆之，南声函胡，北音清越，枹止响腾，余韵徐歇"，自以为得之矣。然是说也，余尤疑之。石之铿然有声者，所在皆是也，而此独以"钟"名，何哉？

元丰七年六月丁丑，余自齐安舟行，适临汝，而长子迈将赴饶之德兴尉，送之至湖口，因得观所谓"石钟"者。寺僧使小童持斧，于乱石间择其一二扣之，硿硿焉。余固笑而不信也。至莫夜月明，独与迈乘小舟，至绝壁下。大石侧立千尺，如猛兽奇鬼，森然欲搏人；而山上栖鹘，闻人声亦惊起，磔磔云霄间；又有若老人咳且笑于山谷中者，或曰："此鹳鹤也。"余方心动欲还，而大声发于水上，噌吰如钟鼓不绝，舟人大恐，徐而察之，则山下皆石穴罅，不知其浅深，微波入焉，涵澹澎湃而为此也。舟回至两山间，将入港口，有大石当中流，可坐百人，空中而多窍，与风水相吞吐，有窾坎镗鞳之声，与向之噌吰者相应，如乐作焉。因笑谓迈曰："汝识之乎？噌吰者，周景王之无射也；窾坎镗鞳者，魏庄子之歌钟也。古之人不余欺也。"

事不目见耳闻而臆断其有无，可乎？郦元之所见闻，殆与余同，而言之不详；士大夫终不肯以小舟夜泊绝壁之下，故莫能知；而渔工水师，虽知而不能言，此世所以不传也。而陋者乃以斧斤考击而求之，自以为得其实。余是以记之，盖叹郦元之简，而笑李渤之陋也。

书蒲永升画后

在这篇谈画的跋文里，作者提出"死水"和"活水"的区别。他认为前人乃至其时董羽、戚文秀等所画之水，大都摹写了"平远细皱""波头起伏"的形貌而已，与"印板水纸"无异，是谓"死水"；自孙位、黄筌、孙知微直至蒲永升等画家，则自出新意，"尽水之变"，取得了"汹汹欲崩屋"或"阴风袭人，毛发为立"的感受效果，此之谓"活水"。他结合唐宋画水艺术的发展实际，形象地阐发了我国绘画中"形似"和"神似"的理论。也就是说，艺术家不应该满足于对事物外貌的逼真摹写，而应着力于表现事物的神理。这是深得艺术奥秘的，对我国艺术理论和文学理论都有深远影响（诗歌中即有"死法""活法"之说）。

文中还生动地描绘了孙知微创作冲动的情状，提出了创作灵感问题。灵感具有突发性、不确定性的特点，倏忽而来，瞬息即逝，但并不是完全神秘而不可理喻的。它是艺术家在长期酝酿、艰苦积累、"营度经岁"的基础上，又当精神高度兴奋集中之时的突然爆发，是艺术家"性与画会"、创作潜力的强烈迸射。作为一位大文学家，苏轼本人屡有亲身体会。本文原是信手挥就的"戏笔"，记叙议论，交错并出。写孙知微仓皇入寺一段，也堪称神来之笔；写蒲永升画品、人品处，寥寥几语，却呼之欲出，可以看作一幅极省简而又传神的人物素描。本文论画状人，可作一字评：神。

一日與元珍泝峽謁黃牛廟入門惘然皆夢中
所見子爲縣令固班元珍下而門外鐫石爲馬
缺一耳相視大驚乃留詩廟中有石馬繫祠門
之句蓋私識其事也元豐五年軾謫居黃州宜
都令朱君嗣先見過因語峽中山水偶及之朱
君請書其事與詩當刻石於廟使人知進退出
處皆非人力如石馬一耳何與公事而亦前定
況其大者公既爲神所禮而猶謂之淫祀以見
其直氣不阿如此咸其言有味故爲錄之正月
二日眉山蘇軾書

書蒲永昇畫後一首
古今畫水多作平遠細皺其善者不過能爲波
頭起伏使人至以手捫之謂有窪隆以爲至妙
矣然其品格特與印板水紙爭工拙於毫釐間
耳唐廣明中處士孫位始出新意畫奔湍巨浪
與山石曲折隨物賦形盡水之變號稱神逸其
後蜀人黃筌孫知微皆得其筆法始知微欲於
大慈寺壽寧院壁作湖灘水石四堵營度經歲
終不肯下筆一日倉皇入寺索筆墨甚急奮袂
如風須臾而成作輸瀉跳蹙之勢洶洶欲崩屋

《书蒲永升画后》书影 《东坡集》南宋刻本第二十三卷 日本宫内厅书陵部藏

原文：

古今画水多作平远细皱，其善者不过能为波头起伏，使人至以手扪之，谓有洼隆，以为至妙矣。然其品格，特与印板水纸争工拙于毫厘间耳。

唐广明中，处士孙位始出新意，画奔湍巨浪，与山石曲折，随物赋形，尽水之变，号称神逸。其后蜀人黄筌、孙知微皆得其笔法。始，知微欲于大慈寺寿宁院壁作湖滩水石四堵，营度经岁，终不肯下笔。一日，仓皇入寺，索笔墨甚急，奋袂如风，须臾而成，作输泻跳蹙之势，汹汹欲崩屋也。知微既死，笔法中绝五十余年。

近岁成都人蒲永升，嗜酒放浪，性与画会，始作活水，得二孙本意，自黄居寀兄弟、李怀衮之流，皆不及也。王公富人或以势力使之，永升辄嘻笑舍去，遇其欲画，不择贵贱，顷刻而成。尝与余临寿宁院水，作二十四幅，每夏日挂之高堂素壁，即阴风袭人，毛发为立。永升今老矣，画益难得，而世之识真者亦少。如往日董羽、近日常州戚氏画水，世或传宝之；如董、戚之流，可谓死水，未可与永升同年而语也。元丰三年十二月十八日夜，黄州临皋亭西斋戏书。

答谢民师书

本文作于宋哲宗元符三年（1100），苏轼自海南岛北归常州，途经广东清远时。

在这封回信中，作者表述了自己的艺术主张。一是崇尚"行云流水"的"自然"风格，反对束缚雕饰，又强调"常行于所当行，常止于所不可不止"，也就是说，圆活流转，自然真率之美，又必须与艺术规律的"当"相统一。二是与此相联系，

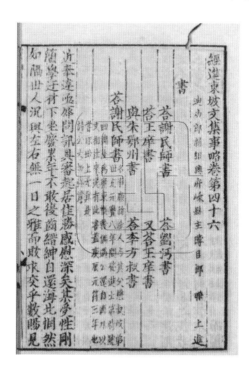

《答谢民师书》书影 《经进东坡文集事略》第四十六卷 中国国家图书馆藏

他从作家对于客观事物的艺术把握的角度，阐述了"辞达"的内涵：从"了然于心"到"了然于口与手"，这就是说，作家首先必须对事物特征具有深刻的观察和全面的认识，然后充分发挥文字的性能，加以准确而形象的表现。作为对立面，他批评了扬雄的文意浅易而辞句艰涩之弊。三是肯定文学作品"如精金美玉"，有其独立的自身价值，不由世俗的"口舌"来决定"贵贱"。这就坚持了文学批评的客观的、科学的标准。这封文艺书简，应该看作是苏轼晚年对于自己创作经验的宝贵总结，是很值得珍视的。

苏轼信笔挥洒，亲切如晤，用语简洁生动，比喻新颖贴切。短短篇幅，即把艺事真谛奥秘抉剔无遗，真非大手笔不办。吕留良云："论文到精妙处，亦唯东坡能达。"的确如此。

原文：

　　近奉违，亟辱问讯，具审起居佳胜，感慰深矣。其受性刚简，学迂材下，坐废累年，不敢复齿搢绅。自还海北，见平生亲旧，惘然如隔世人，况与左右无一日之雅而敢求交乎？数赐见临，倾盖如故，幸甚过望，不可言也。

　　所示书教及诗赋杂文，观之熟矣。大略如行云流水，初无定质，但常行于所当行，常止于所不可不止，文理自然，姿态横生。孔子曰："言之不文，行而不远。"又曰："辞，达而已矣。"夫言止于达意，即疑若不文，是大不然。求物之妙，如系风捕影；能使是物了然于心者，盖千万人而不一遇也，而况能使了然于口与手者乎？是之谓辞达。辞至于能达，则文不可胜用矣。扬雄好为艰深之辞，以文浅易之说；若正言之，则人人知之矣。此正所谓"雕虫篆刻"者，其《太玄》《法言》皆是类也。而独悔于赋，何哉？终身雕篆而独变其音节，便谓之"经"，可乎？屈原作《离骚》经，盖风、雅之再变者，虽与日月争光可也，可以其似赋而谓之"雕虫"乎？使贾谊见孔子，升堂有余矣；而乃以赋鄙之，至与司马相如同科，雄之陋如此比者甚众。"可与知者道，难与俗人言也"，因论文偶及之耳。欧阳文忠公言："文章如精金美玉，市有定价，非人所能以口舌定贵贱也。"纷纷多言，岂能有益于左右，愧悚不已。

所须惠力"法雨堂"字，轼本不善作大字，强作终不佳，又舟中局迫难写，未能如教。然轼方过临江，当往游焉。或僧有所欲记录，当为作数句留院中，慰左右念亲之意。今日至峡山寺，少留即去，愈远。惟万万以时自爱，不宣。

日　喻

　　此文题一作《日喻说》，实系韩愈《杂说》一类作品，其特点是借喻论证，托事说理抒感。它不同于一般议论文中的作为修辞手段的片段比喻，也不同有一定故事或情节的寓言，而是用比喻来建构通篇的论说结构，从喻体引发到本论，由此及彼，联想自然，推论合理。这种写法在韩愈以后的散文史中已形成系列（如周敦颐的《爱莲说》等），极大地提高了说理文的形象性和说服力。苏轼此文即以"盲人议日"和"北人学没"两个比喻来组织全篇，借以阐明"道可致而不可求"和"学以致其道"两点见解。首先应该说明，本文含有对王安石变法中改革科举制度的指责。王安石以经术取士，取代以往的以诗赋取士，自有其合理的根据；但作为封建官僚选拔的具体制度，其间的是非优劣颇难遽下判断。苏轼是主张维护原来的考试科目的，但在本文中，却同时批评两者的弊端：一个是"士杂学而不志于道"，一个是"士知求道而不务学"，态度较为辩证公允。然而，本文提出的两点见解，其意义大大超出了这一具体论争，而涉及关于"道"的本体特征的深刻思想。

　　"道"是中国古代哲学中的基本概念，它是人们对于自然或社会发展的总的认识和最高概括，有时也专指孔孟之道。作者继承先哲所谓"道可道，非常道"，"道不可言，言而非也"的看法，认为"道"是难以言传的，至理妙道存在于言语迹象之外。从根本上说，语言作为表达媒介不能完全再现道的真相，因而单靠"达者"的"巧譬善导"也是无法勉强求得的，而只能在实践中去体认领悟，使其自然而然地获得。

苏轼的论述触及"道"的无限性和模糊性的本质特征，似有一些神秘色彩；但他同时认为，"道"并不是不可知的，通过"学"，即长期不断地亲身实践，是能够逐步掌握"道"的奥秘的，充分肯定实践对认识的关键作用。

两个著名的比喻，也超出论"道"的范围而产生独立形象的意义。"盲人识日"突出强调了耳目见闻直接感受客观事物的重要性，"识日"必须用眼，要知梨子的滋味必须亲口一尝；也巧妙地说明只求一点、不及其余的方法，将会导致何等荒谬的结论。"北人学没"又生动地阐发了客观事物必须在亲身实践中才能领会和掌握，光凭一点理论知识，仍然是要碰壁的。这在认识论上都对人们具有普遍的启迪作用。

原文：

生而眇者不识日，问之有目者。或告之曰："日之状如铜盘。"扣盘而得其声，他日闻钟，以为日也。或告之曰："日之光如烛。"扪烛而得其形，他日揣籥，以为日也。

日之与钟、籥亦远矣，而眇者不知其异，以其未尝见而求之人也。道之难见也甚于日，而人之未达也，无以异于眇。达者告之，虽有巧譬善导，亦无以过于盘与烛也。自盘而之钟，自烛而之籥，转而相之，岂有既乎？故世之言道者，或即其所见而名之，或莫之见而意之，皆求道之过也。然则道卒不可求欤？苏子曰："道可致而不可

至於剛虛者養之以至於充三十而後仕五十而後流於朒溢之餘而發於至足之末此古之人所以大過人而今之君子所以不及也吾少也有志於學不幸而早得與吾子同年吾子之得亦不可謂不早也吾今雖欲自以為不足而衆且妄推之矣嗚呼吾子其去此而務學也哉博觀而約取厚積而薄發吾告子止於此矣子歸過京師而問焉有曰轍子由者吾弟也其亦以是語之

日喻一首

生而眇者不識日問之有目者或告之曰日之狀如銅槃扣槃而得其聲他日聞鐘以為日也或告之曰日之光如燭捫燭而得其形他日揣籥以為日也日之與鐘籥亦遠矣而眇者不知其異以其未嘗見而求之人也道之難見也甚於日而人之未達也無以異於眇也達者告之雖有巧譬善導亦無以過於槃與燭也自槃而之鐘自燭而之籥轉而相之豈有既乎故世之言道者或即其所見而名之或莫之見而意之皆求道之過也然則道卒不可求歟蘇子曰道可

《日喻》书影 《东坡集》南宋刻本第二十三卷 日本宫内厅书陵部藏

求。"何谓致？孙武曰："善战者致人，不致于人。"子夏曰："百工居肆，以成其事，君子学以致其道。"莫之求而自至，斯以为致也欤！

南方多没人，日与水居也，七岁而能涉，十岁而能浮，十五而能没矣。夫没者岂苟然哉？必将有得于水之道者。日与水居，则十五而得其道；生不识水，则虽壮，见舟而畏之。故北方之勇者，问于没人，而求其所以没，以其言试之河，未有不溺者也。故凡不学而务求道，皆北方之学没者也。

昔者以声律取士，士杂学而不志于道；今也以经术取士，士知求道而不务学。渤海吴君彦律，有志于学者也，方求举于礼部，作《日喻》以告之。

记承天寺夜游

　　苏轼有许多随笔式的散文，大都从日常生活片断的记叙中，坦率地表现了落拓不羁、随缘自适的个性。它们在艺术上的显著特色，是用少到不能再少的文字，鲜明地而又仿佛极不经意地渲染出一种情调或一片心境。这对以后明朝的小品文的发展，起过很大作用。这篇八十四字的短记，就是其中的一个典型例子。

　　此文俨然也是先叙事、继写景、结抒慨，具有一般杂记文的规格，但这样冷静乃至冷漠的分析，未必符合作者和读者欣赏时内心的律动。不错，不少论者指出其中"庭下"三句景物描写的入神，但类似描写在作者的《月夜与客饮杏花下》之类作品中也有（"褰衣步月踏花影，炯如流水涵青蘋"），未必获得在此文中的艺术效果。

　　这篇短记激动人们之处在于认识了一个既寂寞又自悦、遭际困于他人而在精神生活上超出常人的灵魂。胸怀大志却落得有闲之身固然引起千愁万恨，但正是"闲人"才是无主江山的真正主人，多少佳景胜概被"忙人"匆匆错过。"庭下"三句正是在这个意义上取得了诗意和哲理，使人玩味不尽。平心而论，苏轼所写之地，景物时常很平常，几乎随处可见，但他在平常景物中发现了美，或领悟到人生的某些哲理，使人们认识到发现这种自然美和人生哲理的心灵的丰富性。这是不少读者喜欢乃至偏爱他这类作品的重要原因。

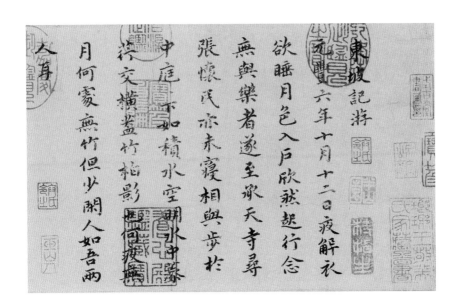

▶ 明祝允明《东坡记游卷》局部 辽宁省博物馆藏

原文：

元丰六年十月十二日夜。解衣欲睡；月色入户，欣然起行，念无与为乐者。遂至承天寺，寻张怀民。怀民亦未寝，相与步于中庭。

庭下如积水空明，水中藻、荇交横，盖竹柏影也。

何夜无月，何处无竹柏，但少闲人如吾两人者耳。

六 国 论

　　苏洵父子三人各有一篇《六国论》，不妨看作命题作文的三份答卷。从其比较中看三人之文的特点，饶有兴味。

　　一是主旨。苏轼《六国论》的论题是"养士"，认为六国久存的原因在于"诸侯卿相皆争养士自谋"，而秦朝速亡是因为不能"养士"。苏辙的论题是探讨六国灭亡的原因，他提出六国团结抗秦之法，"莫如厚韩亲魏以摈秦，秦人不敢逾韩、魏以窥齐、楚、燕、赵之国"。苏洵的论题与小苏的相同，但他尖锐地提出"弊在赂秦"的命题。

　　小苏仅从策略上着眼，提出了齐、楚、燕、赵四国支援韩、魏以摈挡强秦的策略，以对付秦国"远交近攻"的方针；而苏洵则从战略原则立论，严厉地批判屈膝求和的投降思想，并把此作为六国自取灭亡的根本原因，比小苏站得更高，看得更深。

　　至于大苏的论点，实是似是而非的皮相之见。尤应指出，大苏、小苏的文章都是就史论史，而老苏却是借古论今，有着明确的现实针对性。面对当时辽、夏的威胁，他在文末大声疾呼："为国者无使为积威之所劫哉！"并直接警告北宋统治者不要"从六国破亡之故事"，重蹈历史的覆辙。

　　二是结构。苏洵此文劈头提出六国破灭"弊在赂秦"的命题；然后分别从"赂秦"（韩、魏、楚）与"未尝赂秦"（齐、燕、赵）两类国家及其不同后果来加以论证；最后得出结论。末尾借古论今。这样的行文结撰，一是把文章的重心始终牢牢地放在论证上，并使论点层层深入、反复论证，滴水不漏；二是脉络清楚，首尾照应，古今相映，完全符合逻辑推理的要求。

相比之下，大苏之文提出论题时的文字过长，没有遵行论说文应以论证为重心的一般规则；小苏之文结构严整，但其论证缺乏层层展开、剥笋擘蕉之趣，稍嫌平板。清沈德潜认为老苏此篇比小苏"笔力远过"，是有道理的。

三是风格。苏洵以取径战国纵横之文名世，但他并非简单地重演游士们纵横捭阖、徒逞口辩的故技，而是取其某些长处来加强文章的表现力。

如文中"抱薪救火"一段，战国游士苏代、孙臣各说魏安釐王、苏秦说韩宣王、虞卿说赵孝成王时都用过，但苏洵却巧妙地融为自己文章的有机构成。大苏之文也有《战国策》之风，但他的《六国论》却非成功之作，反而有游士们强词夺理的味道。小苏之文写得从容不迫，论证平实，则与父兄异趣。

总之，苏轼散文的整体成就无疑超越乃父，但就文论文，三篇《六国论》，允推苏洵第一。

原文：

春秋之末，至于战国，诸侯卿相皆争养士。自谋夫说客、谈天雕龙、坚白同异之流，下至击剑、扛鼎、鸡鸣、狗盗之徒，莫不宾礼。靡衣玉食以馆于上者，何可胜数。越王勾践，有君子六千人。魏无忌、齐田文、赵胜、黄歇、吕不韦，皆有客三千人。而田文招致任侠奸人六万家于薛。齐稷下谈者亦千人。魏文侯、燕昭王、太子丹，皆致客无数。下至秦、汉之间，张耳、陈余号多士，宾客厮养，皆天下豪俊。而田横亦有士五百人。其略见于传记者如此。度其余当倍官吏而半农夫也。此皆奸民蠹国者，民何以支，而国何以堪乎？

苏子曰：此先王之所不能免也。国之有奸，犹鸟兽之有鸷猛，昆虫之有毒螫也。区处条理，使各安其处，则有之矣，锄而尽去之，则无是道也。吾考之世变，知六国之所以久存，而秦之所以速亡者，盖出于此，不可以不察也。夫智、勇、辩、力此四者，皆天民之秀杰也。类不能恶衣食以养于人，皆役人以自养者也。故先王分天下之富贵，与此四者共之。此四者不失职，则民靖矣。四者虽异，先王因俗设法，使出于一。三代以上，出于学。战国至秦，出于客。汉以后，出于郡县吏。魏、晋以来，出于九品中正。隋、唐至今，出于科举。虽不尽然，取其多者论之。六国之君，虐用其民，不减始皇、二世，然当是时，百姓无一人叛者，以凡民之秀杰者，多以客养之，不失职也。其力耕以奉上，皆椎鲁无能为者，虽欲怨叛，而莫为之先，此其所以少安而不即亡也。

始皇初欲逐客，用李斯之言而止。既并天下，则以客为无用，于是任法而不任人，谓民可以恃法而治，谓吏不必才取，能守吾法而已。故堕名城，杀豪杰，民之秀异者散而归田亩，向之食于四公子、吕不韦之徒者，皆安归哉！不知其能槁项黄馘而老死于布褐乎？抑将辍耕叹息以俟时也？秦之乱，虽成于二世，然使始皇知畏此四人者，有以处之，使不失职，秦之亡，不至若此之速也。纵百万虎狼于山林而饥渴之，不知其将噬人，世以始皇为智，吾不信也。

楚、汉之祸生民尽矣，豪杰宜无几，而代相陈豨，从车千乘，萧、曹为政，莫之禁也。至文、景、武帝之世，法令至密矣，然吴王濞、淮南、梁王、魏其、武安之流，皆争致宾客，世主不问也。岂惩秦之祸，以为爵禄不能尽縻天下之士，故少宽之，使得或出于此也耶？

若夫先王之政，则不然，曰："君子学道则爱人，小人学道则易使也。"呜呼，此岂秦、汉之所及也哉！

附 1　苏洵《六国论》：

六国破灭，非兵不利，战不善，弊在赂秦。赂秦而力亏，破灭之道也。或曰："六国互丧，率赂秦耶？"曰："不赂者以赂者丧，盖失强援，不能独完。故曰弊在赂秦也。"

秦以攻取之外，小则获邑，大则得城。较秦之所得，与战胜而得者，其实百倍。诸侯之所亡，与战败而亡者，其实亦百倍。则秦之所大欲，诸侯之所大患，固不在战矣。思厥先祖父，暴霜露，斩荆棘，以有尺寸之地。子孙视之不甚惜，举以予人，如弃草芥。今日割五城，明日割十城，然后得一夕安寝。起视四境，而秦兵又至矣。然则诸侯之地有限，暴秦之欲无厌，奉之弥繁，侵之愈急。故不战而强弱胜负已判矣。至于颠覆，理固宜然。古人云："以地事秦，犹抱薪救火，薪不尽，火不灭。"此言得之。

齐人未尝赂秦，终继五国迁灭，何哉？与嬴而不助五国也。五国既丧，齐亦不免矣。燕、赵之君，始有远略，能守其土，义不赂秦。是故燕虽小国而后亡，斯用兵之效也。至丹以荆卿为计，始速祸焉。赵尝五战于秦，二败而三胜。后秦击赵者再，李牧连却之。洎牧以谗诛，邯郸为郡，惜其用武而不终也。且燕、赵处秦革灭殆尽之际，可谓智力孤危，战败而亡，诚不得已。向使三国各爱其地，齐人勿附于秦，刺客不行，良将犹在，则胜负之数，存亡之理，当与秦相较，或未易量。

呜呼！以赂秦之地，封天下之谋臣，以事秦之心，礼天下之奇才，并力西向，则吾恐秦人食之不得下咽也。悲夫！有如此之势，而为秦人积威之所劫，日削月割，以趋于亡。为国者，无使为积威之所劫哉！

夫六国与秦皆诸侯，其势弱于秦，而犹有可以不赂而胜之之势。苟以天下之大，下而从六国破亡之故事，是又在六国下矣。

附2　苏辙《六国论》：

尝读六国世家，窃怪天下之诸侯，以五倍之地、十倍之众，发愤西向，以攻山西千里之秦，而不免于灭亡。常为之深思远虑，以为必有可以自安之计。盖未尝不咎其当时之士，虑患之疏而见利之浅，且不知天下之势也。

夫秦之所与诸侯争天下者，不在齐、楚、燕、赵也，而在韩、魏之郊；诸侯之所与秦争天下者，不在齐、楚、燕、赵也，而在韩、魏之野。秦之有韩、魏，譬如人之有腹心之疾也。韩、魏塞秦之冲，而蔽山东之诸侯，故夫天下之所重者，莫如韩、魏也。昔者范雎用于秦而收韩，商鞅用于秦而收魏。昭王未得韩、魏之心，而出兵以攻齐之刚、寿，而范雎以为忧。然则秦之所忌者可见矣。

秦之用兵于燕、赵，秦之危事也。越韩过魏而攻人之国都，燕、赵拒之于前，而韩、魏乘之于后，此危道也。而秦之攻燕、赵，未尝有韩、魏之忧，则韩、魏之附秦故也。夫韩、魏诸侯之障，而使秦人得出入于其间，此岂知天下之势耶？委区区之韩、魏，以当强虎狼之秦，彼安得不折而入于秦哉？韩、魏折而入于秦，然后秦人得通其兵于东诸侯，而使天下遍受其祸。

夫韩、魏不能独当秦，而天下之诸侯藉之以蔽其西，故莫如厚韩亲魏以摈秦。秦人不敢逾韩、魏以窥齐、楚、燕、赵之国，而齐、楚、燕、赵之国，因得以自完于其间矣。以四无事之国，佐当寇之韩、魏，使韩、魏无东顾之忧，而为天下出身以当秦兵。以二国委秦，而四国休息于内，以阴助其急，若此可以应夫无穷，彼秦者将何为哉？不知出此，而乃贪疆埸尺寸之利，背盟败约，以自相屠灭。秦兵未出，而天下诸侯已自困矣。至于秦人得伺其隙，以取其国，可不悲哉！

编　后　记

2002年9月，我应香港城市大学中国文化研究中心之邀，去该校讲课三个月。听课对象是该校的大学本科生，大都是理科生，还包括相当数量的香港市民，这就带来一个问题：选题与讲课形态的关系。也就是说，讲题不能太专业化，表达不能太学院化。对我而言，大众阅读长盛不衰、学术研究又日益深入的文化巨人苏东坡，自然成了必选的讲题。我一连讲了四讲，即"永远的苏东坡""苏东坡的三重社会角色""苏东坡和北宋三大文人集团""苏门四学士的词作与人生"。中华书局的热心编辑建议以此为基础，增加一些其他内容，编成《王水照说苏东坡》一书于2015年出版，意外地得到一些读者的欢迎。

但我内心颇为不安。这本10万字的小册子，以四个讲题为重点，显然不足以展示"说不全、说不完、说不透"的东坡整体轮廓，给人以平面而单薄的印象；又受口述的拘限，很难表达我自己多年来研究东坡的不少个人心得与独立见解。如何把学术研究成果进行通俗化与普及性地转化，这是一个看似简单而实极艰难的写作任务。这次出版社要我修订此书，理应向这个目标努力，但我年老体弱，已难以实现。

这次修订主要在"综论"部分，从原来的四讲扩展到十讲，采取的方式是从我的学术论著中进行摘编，摘编的要求一是对认识和理解东坡较为重要的论题，且能形成完整性和一定的著述逻辑结构；二是必须是我的独立见解，避免人云亦云；三是紧贴苏轼研究的前沿，大都与当时一些学术讨论密切相关，可引起继续探讨的兴趣。

新时期以来的苏轼研究的重点，我曾概括为从政治家到文学家再到作为文化范型的演变（参看本书第37页），我个人的研究似也与此同步。有的学者把我的《苏轼的人生思考和文化性格》一文，当作"文化范型"阶段的代表性论文，其实此文的写作是有来由的，现在不妨向读者说说。李泽厚先生的《美的历程》是轰动当年的名著，篇幅不大却内蕴丰富。它以"苏轼的意义"为题独立一节，尤为醒人眼目。行文中以充溢于苏轼作品中的"人生空漠之感"开篇，论述苏轼的"意义"，已完全突破一般仅从政治家、文学家等认识苏轼的框架，甚至也超出美学的范畴，把苏轼看作中国士大夫精英的一种范型，给我很大的启示。但他最后的结论，是苏轼已从"对政治的退避"发展为"对社会的退避"，则我又不能苟同了。我在自己上述文章中，对苏轼的人生苦难意识做了较充分的论证和发挥，但着重说明他的"苦难——省悟——超越"的成熟的人生思考路径，其落脚点"不是从前人的'对政治的退避'变而为'对社会的退避'"（参看本书第85页），引号内的十个字是《美的历程》的原文，也算委婉地点名了。后来，我和李先生同在香港讲学，有同事为我介绍，他客气地说："知道，知道，我读过你的文章。"大概不以为忤吧？

豪放与婉约之争是词学研究中聚讼纷纭的大问题。上世纪八十年代以来又引起讨论，不少老前辈都参与其中（如吴世昌、施蛰存等先生），也常常成为学术会议上争论的焦点。有的学者认为苏轼的"豪放词"只有一首《念奴娇》(大江东去)，根本不存在苏轼为首的"豪放派"。争论颇为激烈，但有一点却是共同的，即双方都单从艺术风格角度立论。我也参加了讨论，写了《苏轼豪放词派的涵义和评价问题》，认为应还原到历史语境中，从梳理这对概念的原始涵义及其演变入手，来把握其实际意义。第一位将两者对举论词的是明人张綖，他在其《诗余图谱·凡例》的"按语"中把豪放、婉约列为两种"词体"(近读张仲谋先生文，始知台北"中央图书馆"藏有此书嘉靖十五年的初刻本，有此"按语")，后人引用频繁，多有发挥延伸。我的结论是这两者不是对艺术风格的分类，"而是指宋词在内容题材、手法风格特别是形体声律方面的两大基本倾向，对传统词风或维护或革新的两种不同趋势"(参见本书第149页)。对这个争论问题试图提供另一种解决思路，荣幸地获得首届夏承焘词学奖一等奖，在词学界产生了一定影响。

苏轼一生文学创作的时间长达四十多年，作品丰硕，必然呈现出阶段性，研究与分析他的创作发展阶段自然是题中应有之义，以便更深入地认识他的思想和艺术特点。1982年，我编成《苏轼选集》一书后，准备写前言，便以《苏轼创作的发展阶段》为题了。我没有遵循论述创作分期的一般写法，即按其自然年序来划分，而是依照苏轼一生经历特点来进行。苏轼一生的主要经历，除早年初入仕途外，可概括为"在朝——外任——贬居"两个循环，一共七个阶段。从作品的思想面貌和艺术特点来看，任职时期(包括在朝和外任，三十多年)以儒家思想为主导，追求豪健清雅的风格；贬居时期(十多年)则深受佛老思想浸染，追求清旷简远、自然平淡的风格，以此向读者请教(参看本书第107页)。与上面所说的两次讨论大都由我主动参与不同，这次是由我的两位论学同道曾枣庄、谢桃坊先生著文跟我商榷了。曾先生主张早、中、晚三期说，谢先生主张前后两期说（以黄州时期为界），均以自然年序为分期标志。我们本来约定在1984年9月的苏轼学术讨论会上展开面对面的讨论，但我因出国教学，未能成行，失去当面请教的机会，深以为憾。

讲述我文章背后的这些"故事"，并不是出于老年人喜爱怀旧的习惯，以寄托对学术前辈和同道的怀想，而是希望读者能从这些讨论中得到一些启示和经验，进一步拓展苏轼研究的维度，更深刻地认识东坡。

这次另一个较重要的修订，是增加了"苏海拾贝"一辑。此组二十篇短文均是我学术论文以外的随笔，文字不多却颇费心思，我自己比较看重，至少使人不再把"一蓑烟雨"当成"穿了件蓑衣在雨中行走"，也不会再认为月亮"徘徊于斗牛之间"是当年苏轼看到的实景了（参看本书第267—278页）。

我设想本书的读者大都是东坡的崇敬者，也有部分研究者，我更希望涌现一些从崇敬转到研究的读者。"苏轼的意义"是一个需要不断探索、挖掘、阐释、深化的过程，即所谓"永远的苏东坡"。我不妨再举一个小例子。苏轼的"春江水暖鸭先知"名句，我曾写过《生活的真实与艺术的真实》一文，从清代一群学者对此句的争论，阐说"从个别表现一般"和艺术真实不同于生活真实等普遍性的文学规律（参看本书第163页）。不久前偶然翻到陈友琴先生赠书《长短集》，内有《诗话两则》一文，其一即论说此句。他引用了清人高士奇《天禄识余》中的"宋稗中载淮南谚曰'鸡寒上树，鸭寒下水'"，东坡对于街谈巷语是经常关注的，"经其变化，皆有理趣，未可辄疑其率也"。就是说，苏诗是有来历的，是广义意义上的"用典"。高士奇所谓"宋稗"，可能指陆游的《老学庵笔记》。其中说："淮南谚曰：'鸡寒上树，鸭寒下水。'验之皆不然。有一媪曰：'鸡寒上距，鸭寒下嘴耳。'上距谓缩一脚，下嘴谓藏其咮于翼间。"陆游指出，"鸭寒下水"的"淮南谚"与客观事实不符，"下水"应是"下嘴"，把鸭嘴藏在羽翼下。他讨论的是单纯的"生活真实"问题，与文学无关，与苏诗"春江水暖鸭先知"无关。如果一定要勉强陆游对苏诗是否"用事"表态，他必然是反对的。更何况寒冬腊月时，河水的温度一般比地表温度要低，有时甚至结冰，鸭子不喜也不会"下水"的。"验之皆不然"，可信。高士奇的看法却关涉诗歌中使事用典的一般性问题。使事用典是我国诗歌中常用的艺术手法，但判断两者是否存在因果关系，后人是否化用、点化前人词句，必须找出由因及果的确切证据，不能看到"鸭""水""暖"或"寒"之类，就轻易断定。对两种现象或事物作比较研究时，区别影响比较与平行比较是十分重要的。讲述这个小故事，也算是对我旧文的一点补充，更意在说明苏轼确是一个常读常新、充满寻绎不尽魅力的对象，存在尚待开掘的领域和话题。面对目前兴起的"东坡热"，希望经过各方面的努力，能从"日日热"走向"日日新"。

二〇二三年夏，九十初度之际